"十一五"国家重点图书出版规划项目　　　　大连市软科学资助出版项目
科学技术部国际合作司委托项目

21世纪
科技与社会发展丛书
（第三辑）

丛书主编　徐冠华

科技企业跨国并购规制与实务

刘凤朝　/编著

科学出版社
北京

内 容 简 介

　　本书对企业跨国并购的基本理论进行了系统阐述，分析了全球尤其是中国企业并购的发展趋势及特点，论述了后金融危机时代中国企业跨国并购面临的机遇与挑战；对以美国为代表的发达国家并购相关法律条文进行系统研究，分析中国企业跨国并购的法律限制，梳理并购操作流程及策略；结合大量国内外科技企业并购案例，指导企业特别是科技企业进行具体实务操作；针对中国实施跨国科技并购中面临的问题，从政府角度提出相关政策建议。

　　本书兼顾理论性、实证性和操作性，适合科技管理研究者、政府相关部门工作人员、企业管理人员阅读，同时可作为从事科技管理和企业管理研究的研究生的实用参考书。

图书在版编目（CIP）数据

科技企业跨国并购规制与实务／刘凤朝 编著 . —北京：科学出版社，2011

　（21 世纪科技与社会发展丛书）

　ISBN　978-7-03-029988-8

　Ⅰ . ①科…　Ⅱ . ①刘…　Ⅲ . ①高技术产业－企业合并－研究－外国
Ⅳ . ①F279. 1

　中国版本图书馆 CIP 数据核字（2011）第 006363 号

丛书策划：胡升华　侯俊琳

责任编辑：侯俊琳　陈　超　杨婵娟　卜　新／责任校对：郑金红

责任印制：赵德静／封面设计：黄华斌

编辑部电话：010－64035853

E-mail：houjunlin@ mail. sciencep. com

科学出版社 出版

北京东黄城根北街 16 号
邮政编码：100717
http://www.sciencep.com

中国科学院印刷厂 印刷

科学出版社发行　各地新华书店经销

*

2011 年 3 月第　一　版　开本：B5（720×1000）
2011 年 3 月第一次印刷　印张：15
印数：1—2 000　　　　字数：302 000

定价：**48.00 元**
（如有印装质量问题，我社负责调换〈科印〉）

总　　序

进入 21 世纪，经济全球化的浪潮风起云涌，世界科技进步突飞猛进，国际政治、军事形势变幻莫测，文化间的冲突与交融日渐凸显，生态、环境危机更加严峻，所有这些构成了新世纪最鲜明的时代特征。在这种形势下，一个国家和地区的经济社会发展问题也随之超越了地域、时间、领域的局限，国际的、国内的、当前的、未来的、经济的、科技的、环境的等各类相关因素之间的冲突与吸纳、融合与排斥、重叠与挤压，构成了一幅错综复杂的图景。软科学为从根本上解决经济社会发展问题提供了良方。

软科学一词最早源于英国出版的《科学的科学》一书。日本则是最早使用"软科学"名称的国家。尽管目前国内外专家学者对软科学有着不同的称谓，但其基本指向都是通过综合性的知识体系、思维工具和分析方法，研究人类面临的复杂经济社会系统，为各种类型及各个层次的决策提供科学依据。它注重从政治、经济、科技、文化、环境等各个社会环节的内在联系中发现客观规律，寻求解决问题的途径和方案。世界各国，特别是西方发达国家，都高度重视软科学研究和决策咨询。软科学的广泛应用，在相当程度上改善和提升了发达国家的战略决策水平、公共管理水平，促进了其经济社会的发展。

在我国，自党十一届三中全会以来，面对改革开放的新形势和新科技革命的机遇与挑战，党中央大力号召全党和全国人民解放思想、实事求是，提倡尊重知识、尊重人才，积极推进决策民主化、科学化。1986 年，国家科委在北京召开全国软科学研究工作座谈会，时任国务院副总理万里代表党中央、国务院到会讲话，第一次把软科学研究提到为我国政治体制改革服务的高度。1988 年、1990年，党中央、国务院进一步发出"大力发展软科学"、"加强软科学研究"的号召。此后，我国软科学研究工作体系逐步完善，理论和方法不断创新，软科学事业有了蓬勃发展。2003~2005 年的国家中长期科学和技术发展规划战略研究，是 21 世纪我国规模最大的一次软科学研究，也是最为成功的软科学研究之一，集中体现了党中央、国务院坚持决策科学化、民主化的执政理念。规划领导小组组长温家宝总理反复强调，必须坚持科学化、民主化的原则，最广泛地听取和吸收科学家的意见和建议。在国务院领导下，科技部会同有关部门实现跨部门、跨行业、跨学科联合研究，广泛吸纳各方意见和建议，提出我国中长期科技发展总体思路、目标、任务和重点领域，为规划未来 15 年科技发展蓝图做出了突出贡献。

在党的正确方针政策指引下，我国地方软科学管理和研究机构如雨后春笋般大量涌现。大多数省、自治区、直辖市政府，已将机关职能部门的政策研究室等机构扩展成独立的软科学研究机构，使地方政府所属的软科学研究机构达到一定程度的专业化和规模化，并从组织上确立了软科学研究在地方政府管理、决策程序和体制中的地位。与此同时，大批咨询机构相继成立，由自然科学和社会科学工作者及管理工作者等组成的省市科技顾问团，成为地方政府的最高咨询机构。以科技专业学会为基础组成的咨询机构也非常活跃，它们不仅承担国家、部门和地区重大决策问题研究，还面向企业提供工程咨询、技术咨询、管理咨询、市场预测及各种培训等。这些研究机构的迅速壮大，为我国地方软科学事业的发展铺设了道路。

软科学研究成果是具有潜在经济社会效益的宝贵财富。希望"21 世纪科技与社会发展丛书"的出版发行，能够带动软科学的深入研究，为新世纪我国经济社会的发展做出积极贡献。

程冠华

2009 年 2 月 11 日

第三辑序

随着经济与社会的发展，软科学研究的体系和成果为经济与社会发展的科学决策提供了重要支撑。"21世纪科技与社会发展丛书"的出版，旨在充分挖掘国内地方软科学研究的优势资源，推动软科学研究及其优秀成果的交流互补和资源共享，实现我国软科学研究事业的健康发展，为我国经济与社会发展的科学决策做出积极贡献。

大连市有着特殊的地缘位置，地处欧亚大陆东岸、辽东半岛最南端，东濒黄海，西临渤海，南与山东半岛隔海相望，北依东北平原，是东北、华北、华东及世界各地的海上门户，与日本、韩国、俄罗斯、朝鲜等国往来频繁。作为著名的港口、贸易、工业、旅游城市，大连市的经济社会发展对于东北地区、全国乃至整个东北亚地区都有着重要的战略意义。这个大背景为大连市软科学的发展提供了肥沃的土壤，同时大连市还拥有众多大学、科研院所及高水平的科研队伍，因此，大连市发展软科学有着得天独厚的优越条件。近年来，大连市的软科学事业发展很快，已经在产学研合作、自主创新、体制改革、和谐社会建设、公共管理、交通运输、文化交流等领域，开展了深入而广泛的软科学研究，取得许多令人瞩目的成绩。

通过"21世纪科技与社会发展丛书"的出版，大连市软科学研究的优秀成果及资源得到了科学整合。一方面，能够展现软科学事业取得的进步，凝聚软科学研究人才，鼓励多出高质量、有价值的软科学成果，为更多的决策部门提供借鉴和参考；另一方面，能够通过成果展示，加强与其他城市和地区软科学研究人员的沟通和交流，突破部门、地方的分割体制，改善软科学研究立项重复、资源浪费、研究成果难以共享的状况，有利于我国软科学研究的整体健康发展。

第三辑编委会

2010年2月5日

目　　录

第一篇 绪 论

2008 年全球金融危机爆发以来，欧美发达国家部分经营不善的企业资产价值大幅缩水，一些高新技术企业经营活动陷入困境，导致了以获取核心技术和创新团队为主要内容的新一轮全球并购浪潮的兴起，为中国企业通过跨国并购获取核心技术和高端人才，迅速提升自身创新能力提供了难得的机遇。

本篇通过界定跨国并购的内涵，回顾了全球跨国并购的发展历程及特点，分析了中国企业跨国并购的发展情况以及存在的问题，并剖析了金融危机为中国企业实施跨国并购带来的机遇和挑战，提出在金融危机背景下中国企业实施跨国并购应做的相应转变。

第一章 引 言

2008 年爆发的全球金融危机不仅带来世界范围的经济衰退，也孕育全球政治、经济格局的重组。为了在新一轮全球竞争中占领制高点，一些企业纷纷走出国门，积极并购陷入经营困境的国外高新技术企业。以欧美国家的企业为并购对象，以获取核心技术和创新团队为主要内容的第五次全球并购浪潮已悄然兴起。新一轮并购浪潮无疑正在给正在走向世界的中国企业提供了难得的历史机遇。

引进—消化—吸收—再创新是中国企业提升自主创新能力的重要途径。改革开放以来，通过积极实施"引进来"的发展战略，中国企业部分地获取了先进生产技术和经营管理经验，成为推动中国经济高速增长的重要因素。大规模的技术引进和消化吸收，在一定程度上提升了中国企业的技术水平和创新能力，使中国企业与世界先进国家企业的技术差距不断缩小。然而，单纯依靠对成熟技术的引进消化和吸收还不足以从根本上缩小能力差距并实现彻底赶超。要实现进一步的技术超越，一方面要加强中国企业的资金、技术和人才储备，培育企业引进、吸收和消化技术并进行自主创新开发的能力；另一方面更需要有一批先进企业跨出国门，通过直接实施海外并购获取相关领域核心技术，站在技术前沿加速实现技术超越。

并购发达国家掌握核心技术的科技型企业，通过消化—吸收—再创新实现能力超越，成为当前中国企业实现创新能力迅速提升的可行模式。同时，经过了改革开放 30 多年来中国特色市场经济的洗礼，特别是在最近几年的兼并重组以及与跨国公司的激烈竞争中，部分中国企业已经在一定程度上具备了实施跨国并购所需的资金技术实力和跨国经营管理经验。联想、TCL、京东方、华立等一大批优秀的中国企业已经迈出了海外并购的第一步，在不久的将来会有越来越多的中国企业加入其中。因此，通过对企业开展跨国并购相关政策法规和案例的深入研究，理清相关法律限制，明确并购流程的各主要环节以及所需掌握的并购技巧，进而通过借鉴成功经验、吸取失败教训，提升中国企业的跨国并购能力，实现中国企业的国际化发展，具有重要的理论和现实意义。

第一节 跨国并购的含义

跨国并购是跨国兼并与收购的简称，是指外国投资者兼并或收购东道国现有企业的全部或部分股权，从而取得对该企业的控制权。但是鉴于兼并与收购通常具有相同的动机和逻辑，因此通常将二者合称为"并购"。具体而言：

兼并有广义和狭义之分。狭义的兼并仅指两个或两个以上的企业通过法定方式重组后只有一个企业继续保留法人地位的情形，通常是一家占优势的企业吸收另外的一家或几家企业；广义的兼并则包括狭义兼并、收购、合并以及接管等几种形式的企业产权变更方式，目标企业的法人地位可能消失，也可能不消失。

收购又称"控股合并"，是指企业用现金、债券或股票购买另一家企业的部分或全部资产或股权（国际上通常为10%以上的股权），以获得该企业的控制权，但被收购公司的法人地位仍保留。与兼并不同，收购着重于表现这种活动的经济内容。企业可以通过证券市场或场外交易进行收购，可以用现金、股票债券或其他资产进行购买。

在实际业务中，跨国并购以改变目标企业产权关系和经营管理权关系的跨国收购为主，跨国兼并不足3%，即使被认为相对平等的合作者之间的合并，绝大多数也是由一家公司控制另一家公司。因而，就实际情况而言，收购是并购的主体，其中，出资并购的企业称并购企业（公司），被并购的企业称为目标企业（公司）。

第二节 全球跨国并购发展历程及其特点

一、发展情况

19世纪末以来，以美国为代表的发达国家已经经历了五次大规模的并购浪潮，通过不断的并购，诞生了一大批巨无霸级的跨国公司，控制着世界主要产品的生产和交易。跨国并购萌芽于20世纪60年代，伴随全球经济一体化的萌芽和产业国际化的发展趋势，市场竞争的舞台逐步从国内市场拓展到国际空间而引发了第一波跨国并购浪潮。以美国企业为代表的众多跨国公司在经历了国内市场的并购重组而实现壮大后，开展了在全球范围内的全方位品牌竞争。在70年代，由于石油危机的冲击，跨国并购有所放缓。但是，从80年代起，伴随各主要发达国家经济的复苏，跨国并购又蓬勃发展，到1989年，跨国并购占全世界企业并购总数的36%。

20世纪90年代，随着全球化步伐的加快，跨国并购进入了一个全新的加速发展阶段，美国、日本和欧洲发达国家企业为了在全球范围内抢夺更多的新市场、新技术和人才，掀起了新一轮并购高潮。大范围跨国并购频繁发生，并购交易规模不断加大，并购后"强强联手"而成的新企业往往具有庞大的规模和超强的实力是这一阶段跨国并购的主要特点。有关资料显示，1995年跨国并购超过绿地投资成为主要的国际直接投资，跨国并购总额占国际直接投资的比重不断加大，从 1987 ~ 1992 年平均的 52%，猛增到 1993 ~ 2001 年平均的 79%，2000 年全球跨国并购总额达 11 440 亿美元，占国际直接投资的比重上升到 85% 左右。《世界投资报告》显示，1999 年全球范围内并购金额超过 10 亿美元的大型跨国并购已达 109 项，平均规模为 50 亿美元，其中超过 100 亿美元的就有 21 项。从 80 年代末到 21 世纪初不足 15 年的短暂发展，跨国并购就已经成为国际上最主要的直接投资手段。有关资料显示，截至 1999 年底，全球并购案例已达 32 000 起。其中，涉及美国的案例高达 11 000 多起，美国成为并购交易的主战场。

进入新千年，受到 2001 年 "9·11 恐怖袭击事件" 和信息产业泡沫破裂的影响，全球经济陷入短暂衰退而出现国际直接投资和跨国并购额下滑的局面（2001 年跨国并购额只有 5940 亿美元，只有 2000 年的一半，2002 年和 2003 年分别下降到 3700 亿美元和 2970 亿美元）。但是随着经济的复苏，跨国并购于 2004 年重新复苏并形成了新一轮的并购浪潮。全球并购的数量和交易额持续增长，2004 年跨国并购额回升至 3806 亿美元，占当年国际直接投资总额的 58.7%；2005 年跨国并购额较 2004 年增长 39%，达到 5300 亿美元，占当年国际直接投资总额的比重也提升为 59.1%（刘力，2006）。根据毕马威会计师事务所的最新统计数据，截至 2005 年 11 月 30 日，全球已完成并购交易 2.48 万宗，总额 2.06 万亿美元，其中涉及美国并购交易的交易额高达 1 万亿美元。2006 年受到发展中国家股票市场和企业资产价值增长的持续拉动，跨国并购继续蓬勃发展。据联合国贸易与发展会议（UNCTAD）统计，全球跨国并购金额达 8880 亿美元，较 2005 年增长了 68%，并购数量为 6974 起，同比增长 14%。金融危机爆发前的 2007 年，全球交易额已达 1.64 万亿美元，占全年国际直接投资的 91%，并在下半年出现了一些超大规模的跨国并购交易，包括银行业历史上规模最大的交易——苏格兰皇家银行、富通银行和西班牙国际银行组成的银团以 980 亿美元收购荷兰银行控股公司，以及力拓矿业集团（联合王国）收购加拿大铝业集团（加拿大）等。根据 UNCTAD 的《世界投资报告》整理的 1990 ~ 2007 年全球跨国并购交易额变化情况见图 1-1。

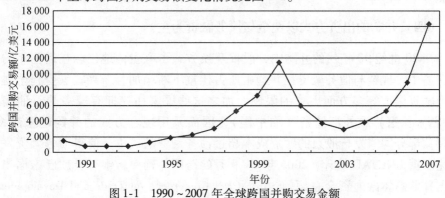

图 1-1　1990 ~ 2007 年全球跨国并购交易金额

资料来源：依据 UNCTAD《世界投资报告》整理（UN Conference on Trade and Development，2009）。

二、并购特点

进入新千年跨国并购进入了新的发展阶段，跨国并购成为全球 FDI 的主流形式，结合胡飞和黄玉霞（2008）等学者的研究，新千年跨国并购有以下特点。

（一）并购金额与数量继续保持上升之势

从图 1-1 的统计数据可以看出，从 2004 年起，跨国并购又开始了新一轮的兴起，并购金额不断增加，新兴市场国家股票市场的快速发展与企业资产价值的持续增长是推动并购兴起的主要原因。股票价格增长带来投资者购买力的增强，投资者希望在日益激烈的全球竞争中获取更大的市场份额的愿望，使得全球跨国并购能如火如荼地开展。

（二）巨额并购案数量逐步增加

在全球并购中，金额巨大的并购案件不断增加。据 UNCTAD 统计，2006 年交易金额在 10 亿美元以上的并购案件已增加到 172 起，与 2005 年的 141 起相比，增加 31 起，占 2006 年全球并购总金额的 2/3 左右。

（三）并购地区分布广泛

据 UNCTAD 统计，全球并购地区分布更加广泛，2006 年起，美国重新获得世界最大目标国地位，日本、德国和英国等仍然是并购活动最活跃的国家。欧洲地区由于企业削减成本以及加快结构调整的需要，对外并购活动频繁，同时英国等由于实施较开放的并购政策，成为战略投资者的新宠。亚洲与东欧等新兴市场国家对外并购力度的加大成为又一亮点，中国、印度和俄罗斯等国在近些年的跨国并购中均表现不俗（UN Conference on Trade and Development，2009）。

（四）并购的出资方式以现金与债务融资为主

在 20 世纪 90 年代的并购中，股权互换方式占有主体地位。在近些年的并购交易中，现金与债务融资在并购中所占比重不断增加。新兴国家受到金融市场和融资渠道等多方面因素的限制，加之这些国家往往拥有较多的石油美元（如西亚国家）或外汇储备（如中国），因而采用现金方式的并购越来越多。同时，部分国家发行股票的融资成本超过债务融资的成本，使得债务融资发展迅速。据 UNCTAD 统计，2006 年 1 ~ 9 月的跨国并购中，银行贷款已占据当年跨国并购总体融通资金总额的 36%（UN Conference on Trade and Development，2009）。

（五）私募股权基金与其他共同投资基金参与

根据 UNCTAD 的统计，2006 年私募基金、其他投资基金、共同和风险对冲基金在全球跨国并购中发挥了更加重要的作用。在 2006 年的全球跨国并购交易中，私募投资基金参与金额高达 4320 亿美元。另外，共同投资基金注入 1580 亿美元，占 18%。受全球低利率及金融一体化进程加快的影响，私募股权基金积极参与跨国并购正在成为一种趋势（UN Conference on Trade and Development，2009）。

（六）并购环境日益改善

根据 UNCTAD 投资报告统计，2006 年政策发生变动的国家总共有 93 个，政策变动的总量为 184 个。其中，147 个有利于 FDI 的开展，37 个不利于 FDI 的开展（UN Conference on Trade and Development，2009）。总体来看，全球 FDI 的环境在逐步改善，这无疑给跨国并购的顺利开展带来了更为有利的条件。

上述特点表明，全球范围内跨国并购的交易主体、行业分布和区域分布将更加广泛，交易方式和融资渠道将更加灵活，跨国并购的宏观环境也将更加宽松（胡飞，黄玉霞，2008）。

三、金融危机下的全球跨国并购

金融危机的不期而遇为全球跨国并购带来了新的影响，在金融危机的影响下，在全球范围内出现资金流动性紧缺。摩根士丹利估计，2008 年全球股市值损失达 40%。其中，美国道琼斯、纳斯达克、德国 DAX 和日经指数分别下跌 33.8%、40.5%、40.4% 和 42.1%。股市低迷不仅导致企业直接融资减少，还导致采用股票作为杠杆收购手段的跨国并购活动明显减少（闫海琪，2009）。

受金融危机的不利影响，2008 年上半年，跨国并购交易额较 2007 年下半年下降了 29%。据 UNCTAD 2008 年 9 月底发布的《2008 年世界投资报告》，2008 年全球外国直接投资流量为 1.6 万亿美元，比 2007 年下降 10%；而全球跨国并购总额预计达 11 837 亿美元，比 2007 年下降 27.7%。随后 UNCTAD 官员在 10 月进一步表示，由于金融危机的继续深化和蔓延，2008 年全球外国直接投资流量和跨国并购交易额存在降幅加大的可能（UN Conference on Trade and Development，2009）。预计 2009 年上述两项指标还将继续减少，但从长期看还会逐渐恢复增长趋势。受到融资困难、公司价值大幅波动以及投资者风险厌恶情绪的蔓延的影响，被取消的交易数量和金额也创下了历史纪录。其中，必和必拓放弃 1470 亿美元收购同行力拓成为历史上规模最大的被撤销交易。全球跨国并购在经历了

5 年的涨势后，在金融危机的影响下，开始陷入萎缩状态（国家发展和改革委员会外事司，2008）。

与发达国家并购大萧条相比，以中国为代表的广大新兴市场国家由于受到金融市场的隔离与外汇市场的管制，在整个金融危机中损失较小，经济形势普遍看好。2008 年中国实际利用外资增长了 23.6%，世界排名也从第五位上升至第四位。据估计，2009 年中国虽受到金融危机的负面影响，增长速度可能有所回落，但整体增长势头仍将保持强劲（间海琪，2009）。

第三节　中国企业跨国并购及其特点

一、发展情况

中国企业的跨国并购是在西方跨国公司大举进入中国并抢占中国企业市场份额的背景下展开的。萌芽于 20 世纪 80 年代，从小到大，从无到有，经过 20 多年的发展壮大，中国企业在跨国并购中的地位正在逐步提高。中国的跨国并购历程大致分为以下三个阶段。

（一）萌芽阶段（1984～1996）

中国企业的海外并购起步于 1984 年，中银集团和华润集团联手收购香港最大的上市电子集团公司——康力投资有限公司，揭开了中国企业海外并购的序

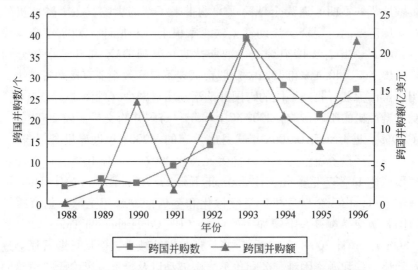

图 1-2　1988～1996 年中国内地企业跨国并购交易数和交易额

资料来源：UNCTAD Cross-border M&A Database（UN Conference on Trade and Development，2009）。

幕。随后以中信集团、中国化工进出口总公司、中国首钢集团、华润集团等为代表的国有大中型企业开始不断进行海外扩张尝试。这一时期跨国并购尚处于起步阶段，特点是规模小、次数少、目标地区有限（许博，2008）。UNCTAD 数据显示，1988～1996 年，中国企业跨国并购年均金额仅为 10.2 亿美元。1997 年中国企业的跨国并购才开始进入快车道。这一阶段中国企业的跨国并购交易数和交易额见图 1-2。

（二）起步阶段（1997～2002）

1997 年起全球并购浪潮高潮迭起，中国企业也深受鼓舞，改革开放的经济建设成果开始显现，一批大型企业已经成功完成企业原始积累，跨国并购能力有了很大的提高。同时，民营企业也开始涉足跨国并购。2001 年 2 月，民营企业万向集团美国公司正式并购美国 UAI 公司，开辟了中国乡镇企业海外并购的先例。随后，海尔、华立、中石化也纷纷在欧洲市场开展了并购业务。2002 年京东方以 3.8 亿美元收购韩国现代电子 3 条薄膜晶体管液晶显示器生产线，完成了生产技术的大跃进而成为并购的典范（许博，2008）。据 UNCTAD 数据显示，1997～2002 年中国企业跨国并购年均金额已增长到 51.4 亿美元，无论是规模还是数量上都有了较大幅度的提升（UN Conference on Trade and Development，2009）。这一阶段的主要特点是并购主体多元化、并购规模逐步扩大、并购区域和行业领域更加广泛，从上一阶段的少数垄断行业开始向电器、网络和医药等行业扩展。这一阶段中国内地企业跨国并购交易数和交易额见图 1-3。

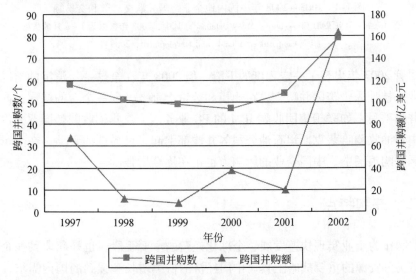

图 1-3　1997～2002 年中国内地企业跨国并购交易数和交易额

资料来源：UNCTAD Cross-border M&A Database（UN Conference on Trade and Development，2009）。

（三）发展阶段（2003 年至今）

新一轮中国企业跨国并购中，中国企业表现得更加活跃，特别是在石油、家电、IT 和矿冶业四大重要行业更为典型，从 2003 年起整体呈现较强的增长势头。据中国商务部统计，2004 年和 2005 年通过收购兼并实现的对外直接投资分别占当年全部对外直接投资的 62.3% 和 56.5%。到 2006 年并购额已接近 150 亿美元（刘力，2006）。这一阶段中国企业的跨国并购交易数和交易额见图 1-4。

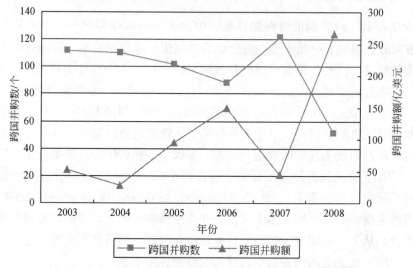

图 1-4　2003～2008 年中国内地企业跨国并购交易数和交易额
资料来源：UNCTAD Cross-border M&A Database（其中，2008 年数据为 1～6 月的数据）
（UN Conference on Trade and Development，2009）。

尽管 2007 年出现了一定程度的下滑，但 2008 年在全球一片消沉的情况下中国企业一枝独秀，跨国并购交易在规模和数量上都上升到一个新的层次。同时一大批并购项目，如联想集团收购 IBM 的 PC 业务、上汽集团收购韩国双龙汽车公司、中石油收购哈萨克斯坦石油公司等并购都引起了世界性的轰动。在全球新一轮跨国并购浪潮中，中国企业的影响力也正在逐渐增强。

二、并购特点

并购作为企业实现快速发展、全球化经营的主要手段，也是获取其他企业技术和市场等资源的重要战略工具。中国经济的持续增长和强劲的国内需求，为中国企业积极开展海外并购提供了充足的动机。近些年，人民币汇率的持续走高、外汇储备的迅速增长以及各级政府的大力支持，成为企业积极并购国外企业的重要推动力。中国企业并购特点表现在以下几个方面。

（一）并购速度逐步加快

随着经济全球化的不断深入和政府"走出去"战略的推动，中国企业跨国并购数量不断增加。据商务部统计，跨国并购已成为中国企业走出去的重要方式，2006年境外并购占同期中国对外直接投资总额的54.7%。而据UNCTAD统计，2002年中国企业以并购方式进行的对外投资额只有2亿美元，到2005年已达65亿美元，2006年提高47.4亿美元（UN Conference on Trade and Development，2009）。

（二）并购主体以国有企业为主，民营企业参与度提高

20世纪末期走向国际市场的中国企业以中信、中化、首钢等国有企业为主。随着全球竞争的加剧和自身实力的增强，民营企业开始逐渐在跨国并购中崭露头角，联想、华立、TCL、万向等一大批民营企业开展了海外并购业务。

（三）并购产业集中于第一和第二产业，第三产业涉及较少

当前受中国企业的发展情况和环境等限制因素影响，跨国并购主要以与自身所在产业相同或高度相似的产业为主，横向并购仍是主体。从并购产业分布来看，第一产业中的石油、矿产等资源开发型行业和第二产业中的汽车、家电、机械与新兴高科技行业仍占据主导地位，第三产业发生并购的数量有限。

（四）并购区域日益广泛

当前中国企业跨国并购的目标公司集中在东南亚、俄罗斯、拉美地区、北美、西欧，由于不同的区位具备不同的地区优势，在上述地区开展跨国并购，致力于获取东南亚、俄罗斯的丰富石油，拉美地区的丰富矿产以及北美、西欧的先进技术和广阔市场。总体而言，自然资源导向型并购以东南亚、俄罗斯为主，市场导向和技术导向型并购以北美和西欧为主。

三、存在的问题

跨国并购为中国企业的迅速成长提供了一个非常好的途径，直接帮助中国产生了一批跨国经营型企业。但是纵观中国企业20多年的跨国并购史，中国企业的海外并购业务仍存在着一些问题，制约甚至阻碍着企业的进一步发展。

（一）并购经验不足

与发达国家跨国公司相比，中国企业的跨国并购起步较晚，仍处于起步阶

段。这也直接造成了中国企业缺乏跨国并购经验和管理能力，并购过程中对目标企业、竞争对手、法律、文化和政治环境缺了解。此外，精通法律、外语、国际商业惯例的跨国经营人才的严重匮乏逐渐成为制约企业跨国并购的障碍。

（二）并购企业缺乏核心竞争力的支撑

在跨国并购中，国有企业虽然占有着重要地位，但由于其现代企业制度不够健全，经营管理体制不够完善，在国际市场中往往难以自由灵活地对市场做出反应，核心竞争力不强。而民营企业经过多年发展，虽然在企业实力上得到突飞猛进的增强，但是与跨国巨头相比，无论是企业规模、融资渠道还是品牌影响力都明显偏弱。在缺乏先进管理经验、技术研发能力、知名品牌及营销网络等核心要素的情况下，并购后持续发展能力有限。

（三）并购初期绩效不佳

从全球范围来看，跨国并购70%以上将趋于失败，复杂的并购交易及整合环节甚至会影响企业现有经营业务的正常开展。从中国企业现有的并购经历看，除个别企业成功外，大部分的并购没有取得预期的效果，以TCL为代表的部分企业在一定程度上出现了由于水土不服而造成的企业亏损。并购初期绩效不佳是中国企业当前跨国并购存在的一个非常重要的问题。同时，也应该看到，并购给中国企业带来的收获是多方面的，并购经验的积累、核心技术的掌握、管理水平的提高、对国际市场的了解等，都是通过非并购渠道难以获得的，因此，初期的绩效不佳仅仅是前进道路上的一时波折。

（四）宏观管理与扶持体系不够完善

跨国并购的顺利开展，不仅需要企业自身能力的积累和提高，还需要政府宏观管理体制的支持和引导。尽管近些年来政府在鼓励企业"走出去"方面做了很大的努力，对跨国并购企业给予了很大的优惠政策，但是相比较而言，由于在金融市场透明度、融资渠道、并购法律制度、并购中介组织等方面对跨国并购的支持力度有限，政府在企业跨国并购中的支持作用还显不足，特别是在中国企业遭受海外不公待遇时的干预能力还有待提高。

四、金融危机对中国企业跨国并购的影响

2007年以美国为首的西方国家因爆发次贷危机而出现经济滑坡，从而对全球并购市场产生不利影响，但由于受到金融隔离的保护，次贷危机还未对中国跨国并购市场的繁荣产生实质性影响。据统计2007年中国共发生跨国并购事件84

起，其中披露金额的 63 起事件，交易总额达 186.69 亿美元，相比 2006 年的 90.89 亿美元，增加 105.4%。在 84 起跨国并购中，中国公司并购海外公司的为 37 起，相比 2006 年 17 起的数目增幅达 117.6%。国内强劲的宏观经济增长势头、消费需求和人民币升值等因素以及西方国家受到次级债的冲击，是 2007 年中国跨国并购市场格外热闹的原因（沈乎，2008）。

2008 年，随着次贷危机的扩散并逐步演变成全球性金融危机，全球跨国并购市场进一步缩小。受到市场需求萎缩和不确定性增加的影响，中国企业的并购行为也有所放缓，企业对跨国并购更为谨慎。从已披露的跨国并购金额看，交易总额为 129.58 亿美元，相比 2007 年下降了 30.6%（畅言，2009）。

进入 2009 年，全球金融危机对多国实体经济的冲击逐步呈现，欧美等发达国家和地区部分经营不善的企业资产价值大幅缩水，甚至因出现资不抵债的情况而纷纷宣告破产，大量原来的优质企业正在成为并购的目标。受整体宏观形势影响，即使经营业绩良好的跨国公司也开始有所收敛，对于并购事宜采取了更加谨慎的态度。中国虽受到危机影响，出口形势恶化，但在各行业中都存在许多运营健康、资金充裕的企业，特别是在国家各项振兴计划提出后，为中国企业积极实施"走出去"战略提供了众多的优惠政策，加之欧美企业也因价值缩水而导致并购成本下降，为中国企业创造了良好的跨国并购外部环境。在这样的背景下，中国企业海外并购势头有所提升。清科研究中心报告显示，与 2008 年同期市场的低迷相比，2009 年第一季度中国市场上的跨国并购活动明显活跃，无论是并购件数，还是并购总额，都有大幅增加。第一季度中国市场完成了 13 起跨国并购事件，与 2008 年同期相比增长了 30.0%；其中 10 起披露价格事件的并购总额达到了 4.75 亿美元，比 2008 年同期增长了 87.6%。其中，中国企业并购国外企业的事件就有 7 起，占跨国并购总数的 53.8%（清科研究中心，2009）。中国市场和中国企业正在跨国并购中扮演越来越重要的角色。

第四节　金融危机为中国企业跨国并购带来的机遇和挑战

一、发展机遇

2008 年，由美国次贷危机引发的全球金融危机，逐渐向实体经济延伸并演变成全球性的经济衰退。在危机的冲击下，许多欧美企业陷入经营困境，以美国汽车行业为例，行业龙头企业股价已跌至 1980 年以来最低谷，以 2008 年 10 月 9 日的股价计算，福特、通用两大汽车公司市值总计只有 74 亿美元，而以高投入、高风险为特征的众多科技型企业更是危机四伏（熊焰，2009）。

以半导体行业为例，受到全球经济环境疲软和消费电子企业业绩不良的影响，芯片需求持续萎靡，全球半导体行业陷入巨亏。英特尔 2008 财年第四季度报告显示，该季度公司净利润 2.34 亿美元，合每股 4 美分，同比下跌达 90%。欧洲最大的芯片制造商——意法半导体 2008 财年第四季的亏损更是高达 3.66 亿美元。为应对业绩下滑，众多企业纷纷选择了裁员、削减不必要开支甚至以出售非核心业务的方式来节约大量资金。英特尔宣布对芯片制造业务进行整合，计划于 2009 年在全球关闭 5 家工厂，预计裁员 5000 名员工。荷兰飞利浦宣布全球裁减 6000 人，NEC 宣布全球裁员 1 万人。此外微软、爱立信、谷歌、摩托罗拉、索尼、松下、佳能等一大批全球知名企业也纷纷公布了裁员和出售业务的相关计划（佚名，2009）。

在金融危机的深刻影响下，全球范围内的行业调整和企业洗牌正在加速展开，跨国并购的新一轮浪潮正在席卷全球。思科、甲骨文等一大批经营业绩良好的欧美巨头纷纷表示，已着手对拥有核心技术资源但身陷困境的企业开展并购。同时，受金融危机影响较小的日、韩等国的企业已经开始着手对海外资产进行抄底，三菱、野村证券、三井等日本金融机构已经纷纷开始介入华尔街资产，并进行一系列并购活动。日本企业以金融机构为先导，已经对部分欧美金融机构业务进行了大规模的并购，以扩大海外业务、提高国际金融市场影响力。

从全球范围来看，同深陷困境的发达国家相比，中国是遭受金融危机直接冲击较小的国家。在这种大背景下，规模空前的兼并大潮也正在席卷中国企业界。据统计，2008 年 1~10 月，中国企业并购交易量同比增长 37%，非国有产权的交易已经超过 50% 以上，企业并购重组已经涉及 20 几个省市的近万家企业。2009 年初以来，中国企业的海外并购更为活跃，仅前两个月就有 22 起发生，涉及金额达 218 亿美元，较去年同期上升了 40%。并购活动也开始呈现出纵向并购增加、大量中小企业加入并购大军、国内企业与国外企业的联动并购频繁等新的特点和趋势（刘丽靓，2008；谭浩俊，2009）。

二、潜在挑战

金融危机的爆发所引发的全球经济疲软造成中国出口环境的持续恶化，导致中国国内市场消费能力不足、企业生产能力过剩、失业人数增加、通胀压力增大等一系列问题开始显现。伴随美元的不断贬值，中国正面临 2 万亿美元外汇储备不断缩水的风险。同时，随着中国对外部能源依赖性的不断增加，美元贬值而引起的能源价格提高带来的产品生产成本增加和能源供应安全问题的风险开始集聚。在这种背景下，如何将贬值风险极高的美元储备转换成中国急需的战略资源，确保中国国有金融资产的安全成为一个非常现实而紧迫的问题。金融危机在创造机遇的同时，也给中国的经济发展带来了一个巨大的挑战。

　　在不利的宏观经济形势下，虽然，金融危机的爆发为中国企业通过跨国并购整合优质资源，全面提升国际竞争力，深度参与经济全球化竞争提供了良好的外部环境；但是，与此同时，国际金融市场的动荡不安、全球消费市场的萎靡不振、一些国家贸易保护主义的抬头都给中国企业的海外并购在安全性和收益性等方面蒙上了一层神秘的面纱，极大地增加了企业的融资风险和经营风险。面对不确定性风险的增加，中国企业尤其是新近发展壮大的广大企业尚不具备跨国并购及运营管理方面的经验和能力，在并购战略制定、融资资金筹集、并购对象选取、并购交易谈判以及并购后期整合等方面都与发达国家存在明显差距，全方位的"抄底"还不具备比较优势。从现有的并购经历来看，也是损失大于收获，缺乏战略指引的盲目出海行为造成的结果往往是适得其反。在真切感到并购复杂性后，中国的企业家们才感觉到在轰轰烈烈的海外并购中隐藏的巨大风险。金融危机下不确定因素的增加，使得中国企业的海外并购面临潜在的挑战，预计未来的并购之旅也将充满艰辛。

第五节　金融危机背景下中国科技型企业的 "海外并购之路"

　　金融危机导致众多高投入、高风险的科技型企业面临经营困境，行业调整与企业洗牌加速，这都为中国科技型企业通过跨国并购进行消化吸收再创新，进而实现创新能力的提升提供了千载难逢的机会。然而，金融危机引发的众多不确定性风险也给中国科技型企业的海外并购带来了挑战。在机遇与挑战并存的背景下，为实现科技型企业做大做强的目标，更好地完成中央政府提出的"走出去"发展战略，中国科技型企业应时刻保持高度清醒，有条不紊地严格依照企业发展战略、并购动机定位、目标企业选择、并购策略运用以及并购后期整合的逻辑顺序进行战略部署和战术策划，从战略的高度进行系统筹划和周密部署，同时又能从战术策略的角度考察并购方案的可行性与操作性，真正做到宏观把握与细节关注的完美结合。

　　为了更好地适应国际形势及跨国并购的新特点，广大中国科技型企业应实现以下几个方面的转变。

　　首先，积极调整并购观念，树立合理并购动机。并购观念直接决定着企业的后续并购行为，为此企业应从观念入手树立正确的并购动机，真正做到海外并购与企业发展战略相吻合。避免将跨国并购仅仅视为是一种短期"抄底"的投机行为，只注重短期利益而忽视整合后协同效用的收益，或者并购动机单一且盲目乐观，缺乏对并购复杂性和艰苦性的认识造成后续问题的不断产生。海外并购应作为科技型企业一种长期战略资产配置行为，其目的在于服务企业整体发展战略，立足长远和稳定的收益是取得成功的关键。

其次，相机而动，果断出手，周密部署，严防风险。金融危机引发的大调整必然会在全球范围内引起格局转换和力量洗牌，在动荡调整过程中，一些国家的特定产业会出现权力真空，适时而动果断出手率先占据有利位置非常重要。同时，跨国并购交易金额巨大，操作流程复杂，外部环境多变，贸易壁垒增多，竞争对手更为强大，这些因素都决定了跨国并购相对于中国企业熟悉的国内并购而言，风险和难度增加。这就要求中国企业在并购过程中必须看准时机，未雨绸缪，周密部署，在清晰、明确的战略指引下，运用竞争性、灵活性、系统性的交易手段实现风险防范，确保跨国并购顺利、安全、有效地进行。

最后，统筹兼顾全面出击。跨国并购作为一种提升科技型企业创新能力、提升科技型企业核心竞争能力、扩大科技型企业产品市场范围的战略行动，应该是企业发展战略的一种补充和延伸。因此，一味以获取核心技术、先进设备和管理经验为出发点未必能够获得最大收益。在金融危机深刻影响下，部分欧美企业或其非核心业务往往负债累累，并购上述企业或业务很可能会使企业的发展背上沉重的负担。而"一窝蜂"地扑向欧美市场，相互之间开展恶性竞争对整体发展也未必是好事。在当前"东方不亮西方亮"的情况下，不少新兴经济体和发展中国家受金融危机的影响不大，特别是巴西、印度、俄罗斯等"金砖国家"发展势头良好，非洲、中东等国家市场潜力很大，在欧美面临经营压力而无暇光顾的情况下，通过对上述国家企业的适当并购打开市场，扩大经营领域，实现投资地区的分散化和多元化不失为一个良策。

非常时期、非常环境下的非常行动具有特殊的意义。金融危机下的中国科技型企业"海外并购之路"将充满机遇和挑战，实施跨国并购的基础是企业自身实力的不断增强和市场需求的不断推动。有理由相信在正确并购观念的指引下，通过对企业战略和并购动机的深入分析、统筹兼顾、全面发展，注重从不同市场获取不同资源，在此基础上通过制定正确的并购策略以及后期整合方案，中国科技型企业有希望将金融危机的不利影响转变为企业腾飞的一个重要跳板。

第六节　研究意义与框架设计

由于跨国并购可以在短时间内以低成本提升现有企业的生产水平和技术能力，进而实现跨越式发展，因而对科技型企业而言具有极大的吸引力。在金融危机的背景下，部分经营业绩良好的欧美跨国巨头正凭借丰富经验和雄厚实力策划一场通过大规模并购，实现市场变革的宏伟蓝图。而日、韩等后发国家的企业在尝到通过不断的并购，快速实现生产规模和市场份额扩张而建立属于自己的商业帝国的甜头后，也深谙并购对于企业成长的重要性，纷纷开始着手对陷入经营困境的众多欧美科技型企业特别是中小企业的并购事宜进行战略布局。

与发达国家企业百年以上的发展史和日韩企业等多年的并购经验相比，中国企业尤其是科技型企业大多处于起步阶段，很少有过直接在海外市场同跨国巨头开展针锋相对竞争的经历，更鲜有对欧美等发达国家企业并购的经验。因而，跨国并购经验严重不足正成为制约中国企业跨国并购取得成功的最重要因素。为了提升中国科技型企业对于欧美发达国家（特别是美国）并购相关法律条款的认识程度，提高在并购目标选取的准确性、并购技巧的针对性以及并购整合的全面性等方面的能力，同时也增强各级政府积极推动本地企业实施海外并购的引导能力和管理能力。迫切需要尽早着手对以美国为代表的发达国家并购相关法律条文进行系统梳理，从中了解各国跨国并购法律限制和操作流程要求，以避免遭受不公正待遇和法律限制，最大限度地减小并购阻碍。

作为世界上并购最活跃和法律体系最完善的国家，美国拥有最为健全、庞杂的并购规制体系，其设立的众多并购规制制度极具代表性。鉴于此，本书以美国并购规制法律体系为例，对其并购相关法律条文进行系统梳理。此外，为了明确科技型企业并购流程中的各主要环节以及所需掌握的并购技巧，迫切需要通过对国内外已有大量企业并购特别是科技型企业并购案例的研读，从中提炼可供借鉴的经验策略，吸取失败案例的经验教训，为中国科技型企业更好地实施海外并购提供理论指导和经验支持。鉴于此，本书研读了大量国内科技型企业的并购案例，从中提炼出成功经验及失败教训，并将其依照并购交易顺序流程进行整合。

本书拟按以下框架展开（图1-5）。

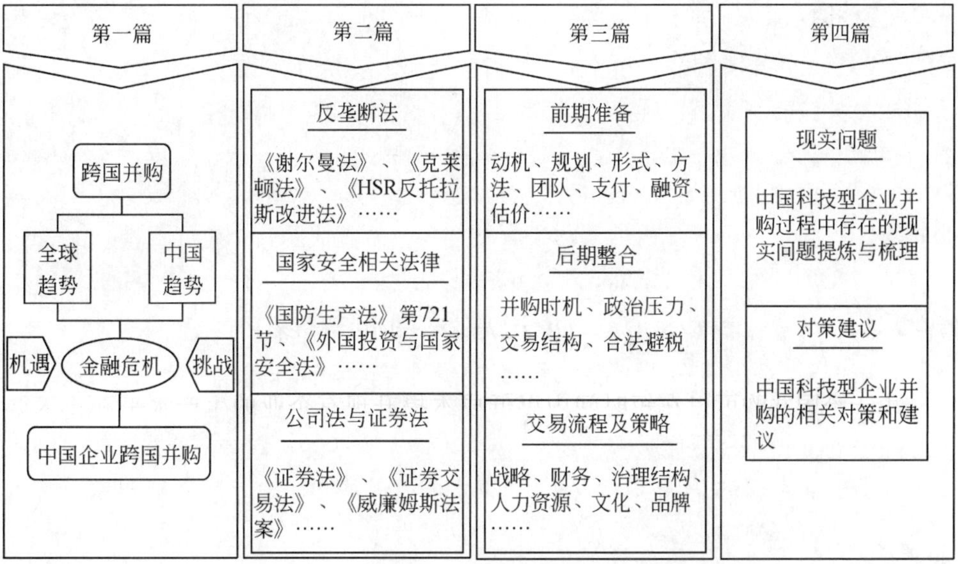

图1-5 总体框架

第二篇　美国管辖跨国并购的相关法律

　　在跨国并购中，东道国政府一般都对外国企业的并购设置某些限制。如果不熟悉这些相关法律，中国科技型企业跨国并购计划很难顺利执行。跨国并购一般涉及公司法、证券法、反垄断法、劳动法、外汇管理法等相关法律，且其法律关系极其繁杂。如果对国外法律环境缺乏足够的了解将给跨国并购带来商业风险。因此，中国科技型企业在进行海外并购前，需要对目标公司所在东道国的法律规定进行仔细研究。

　　本篇对美国规制并购的法律法规进行梳理，旨在明确美国法律的相关规定（参见附录1），继而了解并购过程中常见的法律规制制度，从而保证我国科技型企业在并购外国企业（特别是美国企业）的过程中，能够充分利用法定的权利、履行法定的义务（参见附录2），必要的时候选择采取不同的方式合理规避法定义务，从而合理规避并购过程中存在的法律风险。

第二章　美国反垄断法涉及跨国并购的规定

反垄断审查是每一项并购交易履行法律程序的起点，反垄断法的立法宗旨是反对和限制任何形式的垄断，保护公平竞争，促进生产力发展和科技进步，同时保护广大消费者的利益。因为无论是横向并购还是纵向并购，都可能导致企业拥有同一产品或服务的更大市场份额，或在价值链上形成更强的控制能力，所以，在少数大公司控制某一产品或服务的情况下，这些企业间的并购将导致对该产品或服务某种程度的垄断，不利于竞争，从而影响消费者的利益。从这个层面来看，对于任何并购交易，反垄断审查都是必需的，反垄断审查是所有针对并购交易审查的起点。

自 1890 年美国国会通过世界上最早的反垄断法《谢尔曼法》以来，美国政府、国会不断对反垄断法进行修正，作为判例法系的代表，美国通过不断出现的案例对反垄断法加以完善，后续的《克莱顿法》、《联邦贸易委员会法》、《哈特－斯科特－罗迪诺反托拉斯改进法》等一系列的成文法构成美国反垄断法的完整体系。

美国反托拉斯法涉及并购的主要内容有管辖权、实体法和程序法等方面内容。管辖权规定主要体现在法院的大量判例中，其涉及一项外资并购是否应接受美国反托拉斯主管机关的审查、是否适用美国反托拉斯法；实体性规定主要包含在《克莱顿法》中，其会影响并购交易的可能性以及为完成并购所必须采取的资产剥离或其他补救措施的范围；程序性规定主要由《哈特－斯科特－罗迪诺反托拉斯改进法》及有关实施细则来规定，其会影响并购交易的审查时间、执法机构进行调查和提出异议的可能性等。

第一节　反垄断法的立法历程及主要内容

一、1890 年《谢尔曼反托拉斯法》

美国国会于 1890 年通过《谢尔曼反托拉斯法》（*The Sherman Antitrust Act*），简称《谢尔曼法》，是美国第一个反垄断法律，它是美国乃至世界各国反垄断法的基础。《谢尔曼法》中的两点规定对反垄断起到了重要作用：一是禁止任何妨碍贸易或商业活动的合约、联合及共谋行为，二是禁止任何旨在垄断某一特定行业的企图或合谋行为。《谢尔曼法》明确提出，禁止任何限制交易的协议，防止交易中的反竞争活动因素超过有利于竞争的因素，将任何用来限制交易或商业活动的合同，无论是信托、共谋或其他何种形式，均列为非法合同，受《谢尔曼法》的管辖。《谢尔曼法》也明确罗列出对垄断的判断依据：一是按照区域和产业划分的市场力量，主要是以市场占有率为依据。如果某个企业的产品市场占有率达到一定的比例（80% ~ 90%），则视其为具有较高的市场势力。二是受管辖交易的企业采取了某些掠夺性定价或排他性的行动。总体来说，《谢尔曼法》对垄断没有给出明确的规定，导致在实施中存在困难，所以在《谢尔曼法》颁布不久的1897 ~ 1904年出现了美国的第一次并购浪潮，伴随着这次浪潮，钢铁、石油、铁路等行业中形成了许多大型垄断公司，他们各自占据很大的市场份额，可见为规制垄断而颁布的《谢尔曼法》在第一次并购浪潮中没有起到应有的作用，使其在随后的十多年中缺乏政府的认同和有效的实施。

二、1914年《克莱顿反垄断法》

作为对《谢尔曼法》的补充，1914年美国国会通过了《克莱顿反垄断法》（*The Clayton Antitrust Act*，简称《克莱顿法》），是美国真正意义上的反垄断法，该法案将价格歧视、排他性交易、限制性条款、为削弱竞争而交叉持股、互派董事等界定为违法的垄断行为。虽然该法明确限制不正当竞争，但是它允许对不同品质、等级或销售数量的产品实施差别价格。同时，《克莱顿法》第7条详细规定了对企业间并购的控制，它不仅限制企业间为削弱竞争和形成垄断而进行的权益交易，而且还规定进行交易活动或对交易活动有影响的任何企业，不得擅自进行减弱竞争或有利于形成垄断的并购活动，即以直接或间接的形式获得其竞争对手的权益。它同时规定，任何公司如果通过收购相关价值链上的企业会显著减少竞争或产生垄断，则此收购活动将受《克莱顿法》管辖。《克莱顿法》还授予反托拉斯机构足够的权力来防止可能构成垄断的交易发生，任何企业进行并购活动必须事先向反托拉斯机构提出申请，以待委员会的审查，审查通过后方可进行并购交易。该法案还对违犯反垄断法的相关法人列出处罚条款。与《谢尔曼法》相比，《克莱顿法》具备防范垄断的功能，即对于那些可以预见到的会减少竞争的行为都视为违法，这样有助于进一步打击垄断行为，但仍没有解决《谢尔曼法》的相关执法机构缺位的问题，1914年通过的《联邦贸易委员会法》建立了相应的执法机构，解决了上述问题。

三、1914年《联邦贸易委员会法》

1914年，美国国会通过《联邦贸易委员会法》（*The Federal Trade Commission Act*），

并依据此法案成立了联邦贸易委员会，作为一个准司法机构性质的独立执法机构，联邦贸易委员会除了管辖《联邦贸易委员会法》和《克莱顿法》所涉交易之外，还管辖与贸易有关的法律。《联邦贸易委员会法》拓展了在《克莱顿法》中所界定的非法商业活动的范围。而由总统提名组成的联邦贸易委员会专门负责调查与垄断有关的经济和商业活动，制定禁止不公平竞争和垄断的具体条例，防止不公平竞争和欺骗行为的发生。《联邦贸易委员会法》赋予联邦贸易委员会广泛的权力，依据《联邦贸易委员会法》的规定，凡通过不正当的手段进行竞争的企业、实体等都将受到联邦贸易委员会的调查。联邦贸易委员会和司法部联合负责反垄断法的实施，并且共同制定了企业并购准则，用于指导联邦贸易委员会和司法部对企业间的横向和纵向并购采取相应的对策和审查标准等。尽管《联邦贸易委员会法》赋予了联邦贸易委员会提起对反垄断行为诉讼的权力，但是并没有给予其对垄断行为的判罚和执行过程中的权力。在《谢尔曼法》、《克莱顿法》和《联邦贸易委员会法》相继颁布，以及联邦贸易委员会成立之后，美国的反垄断法律体系基本确立。

四、1976 年《哈特－斯科特－罗迪诺反托拉斯改进法》

1976 年国会通过了《哈特－斯科特－罗迪诺反托拉斯改进法》（*Hart-Scott-Rodino Antitrust Improvements Act of* 1976），旨在防止那些最终会导致竞争减少的并购交易的发生，以避免不得不解散正在组建的由并购而形成的具有垄断性质的公司，由于政府不能通过禁令的方式来阻止企业间的合并交易，在《哈特－斯科特－罗迪诺反托拉斯改进法》的指导下通过适当机构的干预，避免具有垄断倾向的企业间的并购。

第二节　反垄断法中的并购规制及其管辖范围

一、反垄断法对并购的规制

美国现有的反垄断法律体系中的《谢尔曼法》、《克莱顿法》和《哈特－斯科特－罗迪诺反托拉斯改进法》中均涉及对并购中可能产生的垄断进行规范的法条。其中，《谢尔曼法》中明确规定，当交易中所涉及的公司以某种不正当的手段、方式来垄断或企图垄断市场或妨碍竞争时，即构成非法垄断。法院在对受管辖的交易进行判断以确定此交易是否构成垄断时，主要以是否存在交易方采取不正当手段为依据，或该公司是否有合理的商业理由对所采取的活动进行抗辩。《谢尔曼法》以并购交易发生的事实为依据进行判断，即当有既成事实的证据证明受管辖的交易形成了垄断，而对潜在的或可能形成垄断的并购交易并无规制。

因此，在该法案最初颁布的几年中，竟然发生了美国第一次并购浪潮，美国许多大的垄断公司在第一部反垄断法通过之后形成的一个主要原因。

《克莱顿法》弥补了《谢尔曼法》只对既成事实做出构成垄断的判罚的缺陷，《克莱顿法》第 7 条是明确指出如何判定受管辖交易构成垄断，并对构成垄断的并购交易进行规制的最主要法律条文。其中规定：如果判定并购旨在减少竞争或者形成垄断，则这种并购行为是被法律禁止的；如果仅以投资目的购买公众公司的股票，基于美国民航局、联邦电讯委员会、联邦电力委员会、州际商业委员会、股票交易委员会依据《1935 年公共设施控股公司法》第 10 条在其管辖权内的授权，美国海运委员会、农业局等法定机构授权进行的并购交易等则不适用该法案。

1976 年美国国会通过的《哈特－斯科特－罗迪诺反托拉斯改进法》对受反垄断法管辖的并购交易做出进一步的规定，进而形成对《克莱顿法》第 7 条的重要补充。《哈特－斯科特－罗迪诺反托拉斯改进法》中规定，当一项并购交易达到一定规模时，并购相关交易方必须要在并购发生前就并购相关事宜依据《哈特－斯科特－罗迪诺反托拉斯改进法》向美国联邦贸易委员会和美国司法部进行申报，由相关法律执行部门和司法部门来确定交易是否将导致垄断的发生。

二、反垄断法对并购的管辖范围

在《谢尔曼法》之后，美国的《克莱顿法》、《哈特－斯科特－罗迪诺反托拉斯改进法》法及其实施细则做出规定，对于包括要约收购（tender offers）、兼并（mergers）和合并（consolidations）等形式在内的并购交易，凡达到相关法律规定的申报门槛的并购，应向包括美国联邦贸易委员会和美国司法部在内的反托拉斯主管机关进行申报，以备相关执法部门的审查。按照上述法律规定，交易中所涉及的并购人（acquiring persons）和被并购人（acquired persons）首先必须是对交易中所涉及公司的最终控制人（ultimate parent entity）或其直接或间接控制的所有企业。最终控制人是指自身具有法律效力的，不受任何其他企业控制的一家企业。按照反垄断法的界定，控制（control）主要体现在两个方面：其一，持有一个发行人 50% 或 50% 以上已发行的具有投票权的股票（voting securities），或者对于非公司企业，相关交易方对该企业享有 50% 或以上的利润分配权，或在破产清算时对该企业的剩余资产享有 50% 或以上的分配权，则属于对该企业的控制；其二，根据相关合同或协议，交易方有权任命营利性或非营利性公司 50% 或 50% 以上董事，或在信托时有权任命该信托 50% 或 50% 的受托人，则构成控制。并购人是指由于并购而直接或间接或通过信托受托人、代理人或代表该法人的其他企业持有投票权股票或资产的任何人，而资产或投票权股票被并购的相关交易方则被称为被并购人。

　　按照《克莱顿法》和《哈特－斯科特－罗迪诺反托拉斯改进法》的规定，当由几个企业组成合资企业（joint venture）时，相关交易也属于美国反托拉斯法上的并购。尽管按照规定，合资企业的设立本身并不需要向相关法律的执行机构，即美国联邦贸易委员会提起并购申报，但所设立企业的发起人，需要就企业中各股东的最初出资额所获取的新公司的投票权股票的分配进行申报。美国联邦贸易委员会颁布的《哈特－斯科特－罗迪诺反托拉斯改进法》规定，出资人将被视为获得新企业具有投票权股票的法人，新企业将被视为被并购人，而新企业在设立之时不需要对其所获得的出资进行申报。然而每一个出资人所获得的新企业的投票权股票，应单独遵守相应主管部门的特殊申报门槛标准进行申报，同时法律指出，对设立的非营利性合资企业或公司投票权股票的取得则享有申报豁免权，即非营利性合资企业的并购人无须就其并购进行申报。

　　《哈特－斯科特－罗迪诺反托拉斯改进法》适用于包括购买多数股或少数权、合资企业、合并以及涉及购买资产或具投票权股票等在内的所有交易。同时，《哈特－斯科特－罗迪诺反托拉斯改进法》的申报要求不仅限于涉及控制权变更的交易，任何导致收购方持有另一公司超过价值6520万美元（该金额每年2月做出调整，以反映国民生产总值的变化），并具投票权股票的并购都可能需要进行申报，即使上述金额仅占目标公司所有股份很小的一部分。与《克莱顿法》第7条中对资产给出的宽泛定义相比，《哈特－斯科特－罗迪诺反托拉斯改进法》中的"资产"的定义也很宽泛，其中指出并购所涉及的资产包括有形资产和无形资产。例如，获取专利排他许可就可能需要通知反垄断机构。与"资产"类似，《哈特－斯科特－罗迪诺反托拉斯改进法》对"具投票权股票"的定义也不具体，一般包括任何授予持有者当前的董事选举权或能转化成此等股票的股票。而收购任何当前无董事选举权的股票或不能转化成此类股票的股票则不受《哈特－斯科特－罗迪诺反托拉斯改进法》的审查和控制。对于可转换股票、期权和股权凭证，《哈特－斯科特－罗迪诺反托拉斯改进法》中的规则略有不同，虽然这些股票也被定义为具投票权股票，但是这些股票在转换前并不被要求并购通知。《哈特－斯科特－罗迪诺反托拉斯改进法》中通知要求是否适用于某项具体收购的初步判断主要侧重于以下管辖权问题：①商业标准，即收购方或被收购方是否是从事美国商业活动或任何影响美国商业活动的实体。②交易规模标准，即因并购而持有的具投票权股票或资产的金额，除收购方在交易前所持有的具投票权股票或在某些情况下所持有的资产外，在所涉及的并购后将持有的具投票权股票或资产都将纳入考察范围。只有当收购方并购后持有的资产或具投票权股票总额超过每年调整的资产额外，其他并购无须向相关审查部门申报。③相关交易方规模标准，即在交易额不超过2.607亿美元（每年调整）但大于6520万美元（每年调整）时，全球销售规模以及收购方和被收购方的资产规模，各方规模标准考察收购方和被收购方的规模，通常如果一方（包括其公司集团内所有实体）全球销售总额或资产总额达到1300万美元（每年调整），另一方全球销售总额或资产总额达到1.303亿美元（每年调整），就满足相关交易方规模标准，作为普适规则，销售额及资产规模以该企业最近一期定期准备的损益表和资产负债表为准。④交易是否享有任何豁免。

三、对中国企业的启示

对于中国拟对美国科技型企业进行并购的企业来说，在确定目标企业的过程中需要对其进行准确的评估以确定此并购交易是否会涉及《谢尔曼法》、《克莱顿法》和《哈特－斯科特－罗迪诺反托拉斯改进法》等反垄断法的规制，对可能构成既成事实的反竞争或垄断行为，要主动提请相关部门，做出申报，并根据《谢尔曼法》、《克莱顿法》和《哈特－斯科特－罗迪诺反托拉斯改进法》等的管辖范围采取相应的应对措施。

第三节　反垄断法的域外管辖权

一、反垄断法的域外管辖权与对美国企业的并购

早在《谢尔曼法》制定的时候，第1条规定"任何限制几个州之间的或与外国之间的贸易或商业合同、以托拉斯或其他形式达成的联合或共谋行为"均为违法的。1945年，美国在完成对美国铝业案的诉讼之后，对境外管辖权提出了严格的要求，法院确立了"意图效果"原则，并在20世纪40～60年代严格执行该原则。相关执法部门主张美国反托拉斯法具有域外管辖性，1980年美国第7巡回法院在尤卡特尔案判决中再次体现出其反托拉斯法域外管辖上的单边主义和霸权主义，导致了其他国家颁布阻止性立法加以对抗。由于单边域外管辖无法实现管辖的目的，且不利于发展正常的国际关系，美国效果原则从"意图效果"原则逐步向"直接、实质性和合理的可预见性"的效果、坚持国际礼让和积极礼让分析及合理管辖原则演变。采取合理管辖权或考虑礼让原则，容易获得其他国家的认可。

在对外资并购的管辖方面，司法部和联邦贸易委员会于1995年第一次联合发布了《国际经营活动反托拉斯执法指南》，该指南的核心内容就是关于对外资并购的相关法律的管辖权问题，指南以效果原则（effects doctrine）为基础提出了美国所主张的激进管辖权观点。其中，第3.1.4条明确规定《克莱顿法》在涉外商业活动的管辖权方面，相关交易的主管机关将对该法第7条所管辖范围内的并

购案件采用与《谢尔曼法》相同的原则。《谢尔曼法》最初的侧重点在于限制对美国产生且事实上产生重大反竞争或垄断效果的外国行为，所以按照其规定，所有与外国有关的商业活动都应予以适用；对于非进口性的涉及外国企业的商业活动，美国国会于 1982 年《外贸反托拉斯改进法》中专门就涉外贸易中如何适用《谢尔曼法》和《联邦贸易委员会法》做出合理的补充，规定其适用于对美国产生直接、重大、合理可预见影响的外国行为。因此，两家在美国境内从事商业活动的非美国企业之间发生并购交易，且该并购将对美国产生重大影响，若并购当事人一方或双方在美国有生产设施或销售场所，或当事人向美国出口且共同占有美国某一特定产品销售的重大比例，则无须考虑该并购行为发生地及该行为当事人的国籍，由于"效果标准"（effects test）都将被满足，所以《克莱顿法》对此项交易适用。即便外国企业所发生的并购适用于美国的反托拉斯法，并购当事人也必须接受其母国的相关法律的管辖，因此为提高反托拉斯执法效果，该指南强调与其他国家反托拉斯执法机关的合作、协调的必要性和重要性，通过必要的国际礼让分析，并尽力仅在能够解决美国反竞争问题范围内制定结构性救济措施（如剥离资产），同时也允许其他国家为防止其国内反竞争问题制定补救措施。

二、对中国企业的启示

美国反垄断法及后续的修正法案、指南中明确规定，若按照"效果标准"来衡量的并购交易会对美国企业或商业活动产生反竞争或垄断等形式的影响，则只要相关交易方在美国从事商业活动，或者在美国境内有分支机构、子公司或生产设施、销售场所等均将受美国反垄断法的管辖，所以对中国企业来说，在选择目标企业以及进行并购的过程中需要明确其所进行的并购交易是否构成反竞争或垄断的效果，或存在对美国直接、重大、合理可预见影响，如果存在上述情形，则将受到相关执法部门或主管部门的调查，应该尽量在效果标准满足前采取合理的措施对其进行规避，促成交易。

第四节 反垄断实体法的相关规定

一、反垄断实体法的规定

实体法涉及相关的并购交易是否合法的判断标准，因此实体法是反托拉斯法的核心内容。1914 年通过的《克莱顿法》是美国反垄断法中规制并购所引起的实体间竞争相关问题的基本法律。《克莱顿法》第 7 条规定，如果任何并购交易的结果将导致实质性地减少竞争而构成垄断的效果，则任何人都不得直接或间接并购其他人的全部或部分资产。《克莱顿法》第一次以成文法的形式确立了并购控制的严重削弱竞争（substantially lessen competition，SLC）的标准。

根据《谢尔曼法》第 1 条和第 2 条规定，相关的并购交易也会被指控为反竞争性共谋或垄断行为，对于合资企业，尽管也会接受《谢尔曼法》中所规定的禁止不合理的限制贸易、试图垄断或垄断化标准的审查，但其同时应根据《克莱顿法》的要求进行反托拉斯评估。美国在反垄断的实体法中明确地规定了对并购交易进行合法性审查的"划线标准"，这一标准构成了相关法律发挥反托拉斯功能的基础。自规定生效之日起，SLC 标准经过法院和联邦贸易委员会的判例和总结，不断得到解释和细化，目前主要采用 1997 年司法部和联邦贸易委员会共同发布的《横向并购指南》中描述的分析架构。从总体看，在具体的评判过程中，联邦贸易委员会对那些可能产生、增强市场势力或促进行使市场势力的并购提出异议，从并购所影响的有关产品或地域市场的划分和界定入手，根据市场份额、集中度（用赫芬达尔指数 HHI 来反映）以及并购前后集中度可能发生的变化，确定是否需要进一步的并购审查，然后结合产生或增强市场势力的市场性质、新竞争者或现有企业的市场进入、并购所特有的效率等因素进行综合评估，最终决定是否阻止该并购交易的进行。尽管指南不具有法律约束力，但其为并购审查和分析提供了非常重要的分析框架，并对相关法律的效果做出指导，因此日益被大多数法院所采纳。

在对外资并购监管方面，1995 年《国际经营活动反托拉斯执法指南》第 2 条明确指出，对于发生的外国商业活动中可能涉及反托拉斯法规定的情形，主管机关和相关执法机关不可因当事人国籍不同而在反托拉斯执法中采取任何歧视性做法，而只需考虑到相关并购交易是否符合管辖权要求、礼让及外国政府干预原则，并且将所有案件适用同一实体规则，即涉及的外资并购，在实体法上也要接受 SLC 标准的检验。

二、对中国企业的启示

由于反垄断法中的实体法是对相关并购交易是否构成垄断的判断依据，在联邦贸易委员会或司法部对相关交易进行审查的过程中，将以《谢尔曼法》中的划线标准和《克莱顿法》严重减少竞争标准为基础进行评估。在具体操作上，审查机构将《谢尔曼法》、《克莱顿法》及后续的《并购指南》作为评判的依据对交易展开调查。所以中国企业在对美国企业进行并购前，在选定目标企业之后，应在可能的范围内先按照相关法律和商业原则要求，对自身进行预评估，以判断自己是否会构成严重削弱竞争或垄断行为，会被相关审查机构界定为构成垄断而禁止交易，如果可能严重削弱竞争或构成垄断，则需要采取相应的规避措施以促成交易被批准。

第五节 反垄断法中的程序法——《哈特－斯科特－罗迪诺反托拉斯改进法》

一、《哈特－斯科特－罗迪诺反托拉斯改进法》概述

1976 年颁布的《哈特－斯科特－罗迪诺反托拉斯改进法》是在《克莱顿法》的基础上对其第 7A 节进行修正形成的。《哈特－斯科特－罗迪诺反托拉斯改进法》要求包含规定资产或具投票权股票的并购交易进行申报，并由联邦贸易委员会和美国司法部反垄断司进行审批。在此期间，交易双方必须等待限定时间（一般为 30 天）才能完成交割。对于某项具体的并购交易是否需要进行申报取决于其交易金额，在某些特殊情况下还取决于交易双方的销售额和资产量。对于小型收购以及其他不对反垄断构成威胁的收购享有对《哈特－斯科特－罗迪诺反托拉斯改进法》的豁免权。

设立《哈特－斯科特－罗迪诺反托拉斯改进法》的初衷是使得反垄断执行机构能够在相关并购活动完成前进行审查以确定是否严重削弱竞争。兼并前申报程序（the premerger notification program）包括对书写和提交报告的要求，为反垄断审查机构提供必要的时间和信息以进行反垄断审查。对于起始阶段反垄断评估（preliminary antitrust evaluation），交易双方需向执行机构提交申报材料以便执行机构能够在等待期（the waiting period）便开始对该项交易进行审查。

在等待期内，如果反垄断机构认为有必要进行深入调查，则按照《克莱顿法》第 7A（e）节授权该执行机构获取额外信息和文本材料的权利，即"二次请求令"（a second request）。二次请求令从交易双方履行被要求义务算起，将延长期再增加一段时间（一般为 30 天）。在这段附加延长期内，执行机构能够对相关交易方提交材料进行分析，从而在最终交割完成以前采取有效行动。如果反垄断机构认为某项交易可能削弱竞争，那么该机构有权向联邦地方法院提起诉讼以终止交割，联邦贸易委员会同样可以依据行政职能对某项交易提出反对意见。

二、《哈特－斯科特－罗迪诺反托拉斯改进法》对外资并购的豁免

按照实体法的规定，外资对美国企业的并购也会受到反垄断法的管辖，不过，《哈特－斯科特－罗迪诺反托拉斯改进法》在一定程度上根据随意的门槛来

决定哪些并购应在并购前受到相关审查部门的控制，美国反托拉斯主管机关较早就认识到该门槛将迫使那些不对美国相关产业、企业构成重大影响的外资并购履行申报义务。由于《哈特－斯科特－罗迪诺反托拉斯改进法》要求影响美国商业的并购必须进行申报，因此有关并购人在美国没有子公司、分支机构或资产，并不意味着《哈特－斯科特－罗迪诺反托拉斯改进法》和《克莱顿法》对其不适用。为减少企业的负担以及行政审核成本，根据礼让原则，联邦贸易委员会为外资并购规定了几种豁免申报的例外情形。《哈特－斯科特－罗迪诺反托拉斯改进法》要求，在美国境内的资产、在美国的销售额或向美国的销售额不超过6520万美元，同时"与美国商业只有少量联系的并购"豁免申报义务。《哈特－斯科特－罗迪诺反托拉斯改进法》实施细则对美国企业之间的并购与外资并购在以下方面实行不同的规则，并对以下四种涉及外国企业的并购豁免《哈特－斯科特－罗迪诺反托拉斯改进法》的申报义务。

（一）对外国资产的并购（acquisitions of foreign assets）

《哈特－斯科特－罗迪诺反托拉斯改进法》第 802.50 条规定："（a）除非并购人因并购所持有的被并购人位于美国之外的资产在最近一个会计年度在美国或向美国的销售额超过 5000 万美元（2009 年已调整为 6250 万美元），否则收购位于美国境外的资产豁免《克莱顿法》中规定的申报义务。（b）当被收购的境外资产超过（a）规定门槛，且符合以下条件的，并购仍被豁免：（1）并购人和被并购人都是外国人；（2）在最近一个会计年度，并购人和被并购人在美国或进入美国的总销售额少于1.1 亿美元；（3）并购人和被并购人在美国的总资产额少于1.1 亿美元；（4）并购不符合《克莱顿法》第 7A（a）（2）（A）条的标准。"也就是说，被并购资产在美国产生的销售额低于 5000 万美元的，一律豁免申报；即使超过 5000 万美元，如果并购当事人都是外国人，并购双方在美国总销售额和总资产额均低于 1.1 亿美元且并购人在并购后所持有的目标企业资产总额低于2 亿美元，无须进行申报，从而对外国资产并购尤其是外国人之间发生的资产并购尽量减少干预。

（二）美国人对一家外国发行人投票权股票的并购（acquisitions of voting securities of a foreign issuer by U. S. persons）

根据《哈特－斯科特－罗迪诺反托拉斯改进法》第 802.51 条的规定："（a）美国人对一家外国发行人投票权股票的并购。（1）美国人对一家外国发行人投票权股票所进行的并购应豁免《克莱顿法》上的申报义务，除非该外国发行人（包括该发行人控制的所有企业）：在美国持有的资产总值超过 5000 万美元，或者在最近一个财务年度在美国或进入美国的总销售额超过 5000 万美元。（2）如果同一被并购人从多家外国发行人处取得利益，则在判断是否超过 5000

万美元时，应包括发行人在美国境内的所有资产和在美国或向美国的销售额。"

（三）外国人对一家外国发行人投票权股票的并购（acquisitions of voting securities of a foreign issuer by foreign persons）

根据《哈特－斯科特－罗迪诺反托拉斯改进法》第 802.51 条的规定："（b）外国人对一家外国发行人投票权股票的并购。（1）由一个外国人对一家外国发行人投票权股票的并购应豁免《克莱顿法》的申报义务，除非通过并购会取得对该外国发行人的控制且该发行人（包括其控制的所有企业）：在美国持有的资产总值超过 5000 万美元，或者在最近一个会计年度在美国或向美国的总销售额超过 5000 万美元。（2）如果同一被并购人在多家外国发行人处取得控制权利益，则在判断是否超过 5000 万美元时，应包括发行人在美国境内的所有资产和在美国或向美国的销售额。（c）当外国发行人被并购的股票超过本条第（b）（1）款所规定的门槛时，在符合以下条件时，该并购应豁免申报义务：（1）并购人和被并购人都是外国人；（2）在最近一个会计年度，并购人和被并购人在美国或向美国的销售总额少于 1.1 亿美元；（3）并购人和被并购人在美国的总资产少于 1.1 亿美元；（4）本并购不符合《克莱顿法》第 7A（a）（2）（A）条的标准。"

显然，对外国企业股票的并购，只有目标企业在美国的资产总值或销售总额超过 5000 万美元的，才需向联邦贸易委员会和司法部提起并购申报，否则无须履行申报义务；对于外国人之间发生的股票并购，即使超过 5000 万美元的门槛，如果并购当事人双方在美国的销售总额和总资产额低于 1.1 亿美元，且并购人持有被并购人股票的总值低于 2 亿美元的，不需进行申报。这就形成并购豁免中的豁免，即美国人对外国企业股票的并购与外国人对外国人股票的并购实施差别待遇，后者履行的申报条件更加宽松，从而大大减少对外国人之间并购的干预，有利于减轻国际性并购当事人的交易成本，提高跨国并购的效率。

（四）外国政府性公司所从事的并购（acquisitions by or from foreign governmental corporations）

根据《哈特－斯科特－罗迪诺反托拉斯改进法》引进符合国际法的国家主权豁免原则，对外国政府控制的企业对美国企业资产或股票的并购不进行干预，以尊重他国主权。其第 802.52 条规定，符合以下条件中的一项并购豁免申报要求：（a）并购人或被并购人的最终控制人（ultimate parent entity）是由外国政府及其机构控制；（b）对位于该外国的资产进行并购，或对根据该外国法律设立的发行人投票权股票的并购。例如，外国 X 的政府决定出售其全资子公司 B，该子公司全部资产都位于 X 国境内。并购人是美国公司 A。不管 B 公司有关资产在美国或向美国销售总额的大小，根据本条，该并购都豁免申报（如果总销售额等于或少于 5000 万美元，则根据第 802.50 条，该并购将豁免申报）。

此外，为减轻跨国并购提交申报资料的成本，对于实行双重审批的行业，只要求并购当事人在向行业主管机关提交有关资料时向 FTC 或司法部报备、提交副本，便无须履行 HSR 法上繁琐的申报义务，而且可以通过提供索引方式提供资料。

必须注意的是，上述四类豁免仅适用于《哈特－斯科特－罗迪诺反托拉斯改进法》及实施细则中的申报和程序要求，不能豁免国家安全审查和产业政策主管部门的审查，而且只要并购影响美国商业或涉及在美国从事商业的人，即使被豁免申报义务的并购仍能够根据《克莱顿法》的实体法标准（SLC）对之提出异议，外国人对外国人资产或股票的并购也概莫能外。同时，《哈特－斯科特－罗迪诺反托拉斯改进法》和《克莱顿法》都没有为低比例市场份额的并购交易提供豁免，因此，不排除联邦贸易委员会和司法部对未达到《哈特－斯科特－罗迪诺反托拉斯改进法》申报门槛的小型并购进行调查并提出异议。联邦主管机关甚至会对符合申报标准、根据《哈特－斯科特－罗迪诺反托拉斯改进法》进行申报且在最初的审查中未提出异议的并购，随后再提出异议，这尽管很少见，但确实发生过。引人注目的是，自 2001 年并购申报门槛提高以来，联邦主管机关非常重视对数起较小的并购以及多起通过《哈特－斯科特－罗迪诺反托拉斯改进法》审查的并购提出异议。这样，外资并购即使未达到《哈特－斯科特－罗迪诺反托拉斯改进法》规定的申报门槛或已豁免申报义务且《哈特－斯科特－罗迪诺反托拉斯改进法》规定的等待期届满或提前终止，仍存在遭受《哈特－斯科特－罗迪诺反托拉斯改进法》、司法部、总检察长以及私人提出异议的可能性。

三、《哈特－斯科特－罗迪诺反托拉斯改进法》的审查程序

（一）《哈特－斯科特－罗迪诺反托拉斯改进法》审查的步骤

满足提前申报条件的相关交易方需填写并提交《哈特－斯科特－罗迪诺反托拉斯改进法》表格。一旦相关交易方提交了《哈特－斯科特－罗迪诺反托拉斯改进法》表格，美国联邦贸易委员会将对其提交的《哈特－斯科特－罗迪诺反托拉斯改进法》表格进行初步审查，以确认其完整性及是否符合传送规则。然后由两个反垄断审查机构（美国联邦贸易委员会、美国司法部反垄断司）决定它们中哪一个机构在审查申报本身和公开信息之外对该项交易展开进一步审查。如果美国联邦贸易委员会或反垄断司打算展开进一步审查，它就通知另一机构并获得"认可"。如果两个主管机构都打算对并购进行审查，则通过内部沟通解决。通常情况下，对不同特定行业或公司而言，两个机构各有专长。

确定了交易的具体主管机构后，该机构的调查人员通常会联系相关交易方的

律师以获得更多信息。在初始等待期内，并不强制相关交易方回复该要求，但如果不回复，可能会使主管机构留有尚需解决的重大问题而导致发出正式的二次请求令。通常，初始等待期内向主管机构提供的信息将足以使该机构结束调查，相关交易方常常在初始等待期向主管机构呈交某类书信或"意见书"来回答主管机构的问题以及详细解释为什么该项交易不会削弱竞争。主管机构也常常联系相关交易方的客户和竞争对手，以获得关于该行业的更多信息或采访收购方的高管。

二次请求令包含了详细的质询内容和文件清单，旨在向主管机构提供诸如市场结构、准入条件、竞争、营销策略以及受审查并购的合理性等信息。对二次请求令的满足可能繁冗且耗时，需要交易中涉及的各相关交易方提交大量文件并回答细节性的问题。对于位于美国境外的参与方而言，这将尤其繁重，因为《哈特－斯科特－罗迪诺反托拉斯改进法》规则要求对二次请求令的所有答复文件必须翻译成英文。在满足二次请求令后，主管机构须决定是否继续进行交易，或请求法庭对该交易发出禁令，或针对所认定的违反反垄断法的行为采取其他强制措施。另外，各交易方也可以和主管机构签订一份"同意协定"，作为主管机构认为可能产生的反竞争效应的解决方案。如果主管机构没有采取任何行动，各方可以在第二个 30 天的等待期结束后完成该交易。

（二）《哈特－斯科特－罗迪诺反托拉斯改进法》表格

《哈特－斯科特－罗迪诺反托拉斯改进法》表格用来向反垄断执行机构提供必要信息，以便该机构对申报交易进行反垄断评估并做出最终决策。

1. 需要申报的信息

通常情况下，提交申报通知的双方需要确定交易参与方和交易结构。申报人必须同时提供制定文件，例如资产负债表或其他相关财务信息，还应该包括向美国证券交易委员会提交的文件副本。另外，交易双方还需提交与交易相关的计划和评估的制定文件。《哈特－斯科特－罗迪诺反托拉斯改进法》表格同时要求交易双方披露收购方或被收购方的主营业务是否属于北美工业分类系统（North American Industry Classification System）。如果属于，需要指明具体属于哪个领域。通过检查双方彼此重复的工业分类码，可以看出交易双方是否从事相同或相似的商业活动。收购方必须提供，重复工业分类码相关领域过去 5 年的收购交易。需要指出的是，收购方需要完成《哈特－斯科特－罗迪诺反托拉斯改进法》表格的全部内容；而被收购方只需完成第 5~7 项内容。另外，就单纯资产收购而言，被收购方也不需要对第 6 项内容做出回应。

图 2-1 列出了 1998~2007 财年提交申报通知交易数。从图 2-1 可以看出，

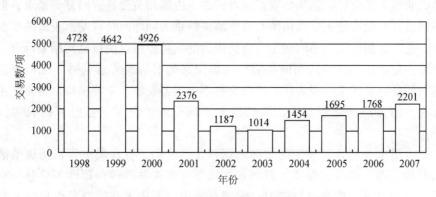

图 2-1　1998～2007 财年提交申报通知交易数

2007 财年，在《哈特－斯科特－罗迪诺反托拉斯改进法》要求下共有 2201 项交易进行提交申报通知程序，比 2006 财年的 1768 项增加 24%。2000 年以后，可申报交易数的急剧下降主要是由《哈特－斯科特－罗迪诺反托拉斯改进法》相应条款的变更所引起。从 2001 年 2 月 1 日起，《哈特－斯科特－罗迪诺反托拉斯改进法》法规将交易规模的门槛值由过去的 150 万美元提高至 500 万美元（每年调整），同时对申报准备时间也做出相应调整。在 2007 财年，该门槛值为 598 万美元。

2. 联系人

《哈特－斯科特－罗迪诺反托拉斯改进法》表格第 1（g）项要求交易双方指定具体人员代表申报方，同时他应该熟悉《哈特－斯科特－罗迪诺反托拉斯改进法》表格的相关内容。通常情况下这位联系人应该是公司的法律顾问或管理者。同时，该联系人在整个初始等待期内都应该随时保持与审查机构的联系。

3. 保证书（certification）与宣誓书（affidavits）

《哈特－斯科特－罗迪诺反托拉斯改进法》中第 803.5 条要求宣誓必须采取指定的书面形式。当收购方试图从不具控制权的股东手中获取具投票权的股票时，仅收购方被要求提交一份宣誓书。在宣誓书中，收购方必须声明完成该项交易是出于合理动机，同时已经向被收购方就其潜在报告义务发出正式通知。在其他各种类型的交易当中，收购方和被收购方都必须提交各自的宣誓书来说明一项合同、协议或备忘录已经被执行，以证明完成该项交易是出于合理的动机。在交易双方提交一份并购前通知时，这些指定的声明是非常必要的。提交宣誓书的目的在于杜绝执行机构审查一项假设的并购交易活动。

第 803.6 条要求《哈特－斯科特－罗迪诺反托拉斯改进法》表格的内容是

可被证实的，同时必须指定具体人员做出保证。提交保证书的目的在于防止《哈特－斯科特－罗迪诺反托拉斯改进法》表格中出现虚假信息。同时该保证书还可以指定具体某人对《哈特－斯科特－罗迪诺反托拉斯改进法》表格中信息的真实性、准确性和完整性负责。保证书和宣誓书都需要经过公证，否则将被作为出示伪证行为处理。

4. 自愿提交的信息

规则允许申报人提交《哈特－斯科特－罗迪诺反托拉斯改进法》表格要求之外的其他相关信息。如果交易双方自愿提供对反垄断审查有帮助的其他信息和相关文件，执行机构对该项交易的审查将会大大加快。然而，自愿提交信息的行为本身，并不意味着审查程序的必然加快。自愿提交的信息受到《哈特－斯科特－罗迪诺反托拉斯改进法》和《哈特－斯科特－罗迪诺反托拉斯改进法》规则保密协议的保护。

（三）初始等待期

提交表格后，申报双方必须经历特定的法定等待期，在此期间交易双方不能完成该项交易。对于现金要约收购，以及满足特定联邦破产条款的收购，初始等待期为 15 天，其他类型的交易初始等待期为 30 天。初始等待期可能被延长，以确保交易双方提交审查机构需要的文件材料和额外信息。在星期六、星期日或其他法定假日结束的初始等待期将自动延续至下一个工作日。

1. 初始等待期的开始

通常情况下，初始等待期在交易双方向两个反垄断审查机构提交表格后开始。但是对于特定交易，比如一个法人通过第三方或者公开市场交易获得其他法人而非发行人处购买的具投票权股票时，初始等待期在收购方提交完整《哈特－斯科特－罗迪诺反托拉斯改进法》表格后开始。对于合资企业初始等待期在所有收购方提交《哈特－斯科特－罗迪诺反托拉斯改进法》表格后开始。需要指出的是，没有缴纳审查费以及提交不准确或不完整文件将会延缓初始等待期的开始。

2. 初始等待期的提前终止

提交申报的任何一方可以申请在法定等待期结束前结束反垄断审查。提前终止请求在满足如下条件时会被接受：首先，至少有一个交易方在《哈特－斯科特－罗迪诺反托拉斯改进法》表格中明确指明；其次，所有交易方在《哈特－斯科特－罗迪诺反托拉斯改进法》表格中对该请求表示同意；最后，两家反垄断机构均完成对该项交易的审查，并且不会采取进一步强制行动。

（四）二次请求令

如果执行机构认为有必要进行深入调查，则可以向交易任意一方索取额外信息和相关材料。这种要求获得附加信息的行为通常被称为"二次请求令"。虽然美国联邦贸易委员会和美国司法部反垄断司同时对提交的申报进行审查，但对于任一项具体交易，只有一家机构可以对其发出二次请求令。表 2-1 中罗列出 2007年受《哈特－斯科特－罗迪诺反托拉斯改进法》管辖的并购交易中提交二次请求令的交易相关数据，1998～2007 年交易中涉及二次请求令的比例如图 2-2所示。

表 2-1　2007 年提交二次请求的并购交易

交易额/百万美元	二次请求的调查/项			二次请求所占比例/%								
				交易总数			各个交易额划分			二次请求交易总数		
	FTC	DOJ	合计	FTC	DOJ	合计	FTC	DOJ	合计	FTC	DOJ	合计
50～100	5	3	8	0.2	0.1	0.3	0.7	0.4	1.1	7.9	4.8	12.7
100～150	3	2	5	0.1	0.1	0.2	1.7	1.1	2.8	4.8	3.2	8
150～200	2	3	5	0.1	0.1	0.2	1.1	1.7	2.8	3.2	4.8	8
200～300	2	5	7	0.1	0.2	0.3	0.9	2.2	3.1	3.2	7.9	11.1
300～500	5	4	9	0.2	0.2	0.4	2	1.6	3.6	7.9	6.3	14.2
500～1000	6	4	10	0.3	0.2	0.5	2.1	1.4	3.5	9.5	6.3	15.8
超过1000	8	11	19	0.4	0.5	0.9	2.6	3.6	6.2	12.7	17.5	30.2
所有交易	31	32	63	1.4	1.4	2.8	11.1	12	23.1	49.2	50.8	100

资料来源：2007 财年哈特－斯科特－罗迪诺年（Federal Trade Commission, Department of Justice, 2008）。其中，HSR 代表《哈特－斯科特－罗迪诺反托拉斯改进法》，FTC 代表美国联邦贸易委员会，DOJ代表美国司法部。

1. 被要求的信息

通常情况下，二次请求令要求提供关于具体产品或服务的相关信息，以协助审查机构进行相关的法律和经济问题审查。一个典型的二次请求令包括包含相关问题的问卷以及要求提供相关产品文件的清单。

2. 缩小审查范围

如果接到二次请求令的交易方认为，审查机构所要求提供的信息超出了反垄断审查所需的必要信息的范围，则交易双方可以与负责该项审查的检察官协商以缩小被要求的信息范围。通常情况下，负责审查的小组成员仅依据初次提交的申

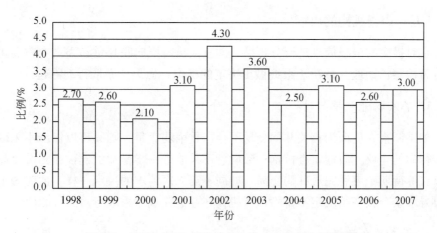

图 2-2 1998～2007 年交易中涉及二次请求令的比例

请以及其他相关信息发出二次请求令。在这种情况下，审查人员可能无法获取与公司结构和具体产品或服务相关的信息。通过与审查小组的成员会面，企业代表有机会缩小被二次审查的范围，并限定提交指定产品或服务的文件信息。如果通过与审查小组成员的会面仍然无法就二次审查内容达成一致，执行机构采用一项内部申述程序，由该机构指定的某一位决策者决定二次审查的内容和范围。

执行机构要求的二次请求将有助于调查相关的一个或几个关键问题。在这种情况下，审查小组成员可能建议交易方采取"快速审查"程序。在快速审查程序要求下，审查小组会首先向交易双方索取与待解决关键问题相关的资料（如关于产品市场的定义，进入该市场的难易程度）。如果提交的信息解决了小组成员对于该问题的关注，初始等待期将会自动终结，交易双方将不会为完全履行二次审查要求而浪费大量时间和成本。当然，如果所提交的材料没有解决审查小组对于该问题的关注，那么交易双方将完全履行二次请求的整个程序。

3. 初始等待期的延长

当交易双方应二次请求令要求提交完整信息后（在现金要约收购或特定破产程序的情况下，当收购方提交完整信息后），二次请求令将初始法定等待期延长30 天（在要约收购或破产程序的情况下延长 10 天）。在此期间，参与调查的法律人员将会见交易双方的相关人员或采取其他必要程序获得审查所需信息。

二次请求令必须在初次等待期到期之前由执行机构发出。如果初次等待期结束并且执行机构没有向任何交易方提出二次请求令，那么交易双方可以自由完成该项交易。执行机构没有发出二次请求令并不排除反垄断机构在此后时间内对该项交易采取行动的可能。在这种情况下，反垄断机构将行使其他手段或程序对该项交易进行调查。

（五）审查机构的决策

在对提交的申报信息进行分析后，调查人员需要向联邦贸易委员会或美国政府首席检察长助理（取决于最终做出决定的机构）做出所采取行动的建议。

1. 不采取进一步行动

如果调查人员认为相关并购交易不会严重削弱竞争，则其可以做出不采取进一步行动的建议。假定审查机构一致同意不采取进一步行动的建议，相关交易方可以在等待期结束后完成并购交易。如同不需二次请求的决定一样，此时做出的不再寻求禁令救济的决定不排除执行机构在并购完成后采取行动的可能性。

2. 寻求禁令救济

如果调查人员认为相关并购交易属于反竞争交易，则其会建议审查机构向美国联邦地方法院提起诉讼来阻止并购交易。如果联邦贸易委员会或美国政府首席检察长助理就调查人员的建议达成一致，审查机构将向合适的联邦地方法院提起诉讼。如果是由联邦贸易委员会做出的决定，则联邦贸易委员会需要在 20 天（法院要求更短的时间）内作为原告提起诉讼，并且在此期间对交易方采取临时限制或初步禁令。委员会通过行政诉讼来决定交易合法性与否。如果是由司法部作为审查机构，则交易的合法性完全取决于联邦地方法院的判决。

3. 解决方案

在调查期间，调查人员可以就相关交易的解决方案与相关交易方进行谈判和磋商。法律规定联邦贸易委员会的调查人员可以与交易方进行谈判并寻求解决方案，但该方案需要提交给委员会，获得多数通过，并在做出最终决定前作为公众记录以待公众的评判和评论。由司法部的调查人员与交易方谈判得出的解决方案需要得到总检察长的同意，并且按照反垄断程序和处罚法的规定在提交联邦地方法院做出最终判决前作为公众记录以待公众的评判和评论。

四、对中国企业并购的启示

由联邦贸易委员会和司法部按照《哈特－斯科特－罗迪诺反托拉斯改进法》的要求提交的 2007 年年报可知，2007 年按照交易额不同共有 2108 项并购交易向联邦贸易委员会或司法部（审查机构）提交申报通知（表 2-2）。其中，被批准的交易为 296 项（联邦贸易委员会批准 201 项，司法部批准 95 项），只有 63 项交易需提交二次请求（联邦贸易委员会批准 31 项，司法部批准 32 项）。而并购交易涉及多个产业（图2-3）。其中，消费品业、金融业和制造业中发生的并购交易前三位，分别占交易总数的22.80%、18.70%和16.20%（Federal Trade Commission，Department of Justice，2008）。

表2-2 2007年按交易额统计的并购交易

交易额/百万美元	HSR 交易		FTC 或 DOJ 批准的交易					需提交二次请求的交易				
	数量/项	比例/%	数量/项		交易比例/%			数量/项		交易比例/%		
			FTC	DOJ	FTC	DOJ	合计	FTC	DOJ	FTC	DOJ	合计
低于50	1	0.0	0	0	0	0	0	0	0	0	0	0
50~100	484	23	42	18	8.7	3.7	12.4	3	2	0.6	0.4	1
100~150	370	17.6	11	6	3	1.6	4.6	5	3	1.4	0.8	2.2
150~200	156	7.4	15	5	9.6	3.2	12.8	2	2	1.3	1.9	3.2
200~300	250	11.8	17	7	6.8	2.8	9.6	2	5	0.8	2	2.8
300~500	254	12	30	10	11.8	3.9	15.7	5	4	2	1.6	3.6
500~1000	290	13.8	31	14	10.7	4.8	15.5	6	4	2.1	1.4	3.5
超过1000	303	14.4	55	35	18.2	11.6	29.8	8	11	2.6	3.6	6.2
所有交易	2108	100	201	95	9.5	4.5	14	31	32	1.5	1.5	3

资料来源：2007 财年哈特－斯科特－罗迪诺年（Federal Trade Commission，Department of Justice，2008）。其中，HSR 代表《哈特－斯科特－罗迪诺反托拉斯改进法》，FTC 代表美国联邦贸易委员会，DOJ 代表美国司法部。

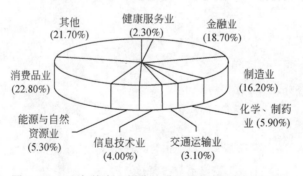

图2-3 2007年按产业划分的受反垄断审查的并购交易

依据《哈特－斯科特－罗迪诺反托拉斯改进法》的要求，任何拟进行并购的企业需在并购交易前向联邦贸易委员会或司法部提交申报通知，由上述两个审查机构确定并购交易是否会严重削弱竞争。对于中国的拟并购美国企业的企业来说，《哈特－斯科特－罗迪诺反托拉斯改进法》的域外管辖权仍然适用，所以在目标企业确定后，需要按照联邦贸易委员会或司法部申报通知的要求，提交必要的信息和审查费用，并确保提交信息的真实性、准确性和完整性，在可能的情况下，自愿提交可能对反垄断审查有帮助的其他信息和相关文件，以尽量加快审查。在提交信息被接受的初始等待期内，由于不能完成相关的并购交易，中国企业应尽其所能配合审查机构的审查。如果审查机构认为有必要对并购交易采取进一步的调查，则相关交易方需要按照要求提供关于具体产品或服务的相关信息，以协助审查机构进行相关法律和经济问题的审查。当中国企业在接到二次请求令时认为审查机构所要求的信息超出了反垄断审查的必要信息范围，则可以通过与其交流、协商确定必须提交的信息，待需提交的信息完整后，重新开始30天的等待期，此时同样需要相关交易方与审查机构的配合，审查机构会在对提交的信息分析和评估后做出批准或禁止交易的决定。

美国针对可能构成对反竞争或垄断的威胁，从管辖权、实体法和程序法三个方面对企业间并购进行规制，并在此基础上确立了域外管辖权上需要坚持的国际礼让分析的效果管辖原则，实体法上的严重削弱竞争标准（SLC）和程序法上的事先申报模式，并对某些关系到国家安全的，包括金融、电信、广播、电力、能源开采、航空航海运输以及核能源等产业进行严格的管制，并指派联邦贸易委员会或司法部展开反垄断审查，使得任意一项外资并购在接受联邦贸易委员会或司法部审查的同时，还需要接受特定产业政策上的审查，从而形成了完善的反垄断法体系。当前，中国正面临着产业结构的调整，某些产业技术落后，所以对中国企业来说，应当在美国相关反垄断法豁免的行业或急需获取核心技术、先进技术的行业多参与并购来促进相关产业、技术水平提升，加速产业结构调整的同时使中国企业能在相关行业、产业处于领先地位。

第三章　美国国家安全相关法律涉及
跨国并购的规定

随着跨国并购的兴起，美国政府出于对国家安全的考虑，于 1988 年对美国 1950 年《国防生产法》中第 721 节进行修订，形成《埃克森－弗洛里奥修正案》，作为判定针对美国企业的并购是否对国家安全存在威胁的法规和依据。21 世纪以来，特别是 2005 年之后，世界各国针对美国企业的并购呈现出上升的趋势，据美国外国投资委员会统计，在 1993~2007 年受管辖的交易中，来自英国、加拿大、日本、德国、法国、印度、荷兰、瑞士、澳大利亚等国家的企业完成的并购交易占总数的 86% 左右，且所涉及的行业、领域、技术等层面也逐渐增多，主要集中在化学制品、先进材料及工艺、信息技术、电信、微电子技术、半导体设备制造、军用电子设备、生物技术、专业科学仪器、航天器及地面交通、能源、空间技术和海洋技术等，使得国家安全问题越来越受美国政府、国会及相关部门、机构的关注。

2006 年美国国会议员对美国外国投资委员会初步批准迪拜港世界公司 (Dubai Ports World) 收购美国 5 个港口的运营权提出批评，使得美国国会更关注对美国国家安全的界定、对外国国有或国家控股的外资企业收购美国企业的审查、关于外国投资委员会工作程序以及对《埃克森－弗洛里奥修正案》中相关条款的强化等，对《埃克森－弗洛里奥修正案》进一步修改和完善。2007 年 7 月 26 日，布什总统签署并出台《外国投资与国家安全法》。

第一节　国家安全立法历程及执行机构

一、立法历程

（一）1950 年《国防生产法》第 721 节（Section 721 of the Defense Production Act of 1950）

1950 年颁布的《国防生产法》第 721 节明确提出对相关的可能危及美国国家安全的兼并、收购或接管进行审查。

（二）1988 年《埃克森－弗洛里奥修正案》（Exon-Florio Amendment，1988）

《埃克森－弗洛里奥修正案》授权美国总统当"有确切证据表明交易后由外

国实体控制的企业可能采取有害国家安全的行动"时，可禁止非美国所有或控制的实体对美国企业的"任何兼并、并购或收购"。

（三）2007 年《外国投资与国家安全法》（The Foreign Investment and National Security Act of 2007，FINSA）

2007 年《外国投资与国家安全法》在对《埃克森 - 弗洛里奥修正案》的修正基础上，明确了外国投资委员会的结构、任务、工作程序和职责以及外国投资委员会各有关行政部门的具体职责等，指出了国家安全的审查范围，扩大了国家安全的概念和美国政府对非美国实体收购美国资产的现行审查程序的范围，增强了对外资并购审查的力度，将威胁美国国家安全的关键领域数量从 8 个扩大到 11 个，并增加了 5 类受到攻击可能对国民生命及信心产生严重影响的关键资产，将集中审查影响"重要基础设施"和"关键技术"的交易，以及交易的结果可能是外国政府或代表外国政府的实体控制某些行业的交易。对外资并购的审查也加入以下必须考虑因素：首先，并购交易是否可能发生向对美国构成威胁的国家进行技术转移的风险，并购对重要基础设施和关键技术的影响程度，并购是否涉及外国政府所有的资产。其次，外资并购如果威胁到美国在关键技术领域的世界领先地位，或影响美国的本土就业，都将视为威胁国家安全。最后，法案根据国籍来区别对待不同国家国有企业（或代表外国政府的企业、机构等）。《外国投资与国家安全法》明文规定，并购交易如果涉及受外国政府控制的企业，审查将更为严格，涉及外国国有企业的收购案需要考虑该外国政府与美国政府之间的外交一致性，包括在多边反恐、防止核扩散、武器控制、裁军协议以及出口限制等方面的政策一致性等。考虑到能源在国家安全方面的重要地位，将能源部也列入美国外国投资委员会。而"9.11"之后，美国政府出于对并购目标国之间的情报改革、反恐合作方面以及美国公民就业的考虑，根据总统命令，国家情报局（DNI）局长和劳工部部长也成为外国投资委员会"依职权"成员，同时总统有权按照具体操作的需要加入其他成员。

（四）2008 年《关于外国法人在美兼并、收购和接管的规定》（Regulations pertaining to Merger，Acquisitions，and Takeovers by Foreign Persons）

2008 年 4 月 28 日，美国财政部作为美国外国投资委员会的牵头机构在《联邦纪事》上公布《关于外国法人在美兼并、收购和接管的规定》，并给予 45 天的公众评论期，在充分吸取了来自社会各界、别国的相关部门、企业的意见及建议的基础上，该规定的最终版本于 2008 年 11 月 14 日生效。《关于外国法人在美兼并、收购和接管的规定》是 2007 年颁布的《外国投资与国家安全法》的实施细则，旨在落实《外国投资与国家安全法》有关规定。

二、执行机构

美国外国投资委员会（CFIUS）是依据 1975 年福特总统颁布的第 11858 号总统令设立的执行机构，第 11858 号总统令任命财政部部长为外国投资委员会主席，规定外资委对受相关法律管辖的交易的执行力，专门执行涉及对外国企业在美国投资进行调查、监督以确定其对美国国家安全的影响。在 1988 年通过的《埃克森－弗洛里奥修正案》中，国会授予了总统对外国投资进行审查的权力，同时在里根总统的第 12661 号总统令中，美国外国投资委员会的权力得以加强。

美国外国投资委员会是横跨 13 个部门的机构，由财政部作为外资委主席负责牵头，共有财政部、国务院、国防部、商务部、贸易谈判代表处、司法部、国土安全部部门人员和总统国家安全事务助理、总统经济政策助理、经济顾问委员会主席、科学技术办公室主任、管理及预算办公室主任参加。其职能是对外国投资趋势和重要变化进行分析，为外国在美投资提供咨询与指导，考察与国家安全相关的新立法及规定的必要性等，对外资进行监管、对外国企业并购美国企业进行监督和评估，判定其是否会对美国国家安全产生影响以及对美国国家安全的影响程度，并授权外资委下属的相关部门、机构对并购方进行审查和调查，视情况上报总统就是否阻止外资并购做出最后决定。受该法案管辖的各交易方，可自行向美国外国投资委员会对相关的信息做出书面证明，以便美国外国投资委员会对交易进行审查和调查，来确定其是否存在任何潜在的国家安全方面的问题。

2007 年的《外国投资与国家安全法》明确了外国投资委员会对受管辖的交易进行审查的程序。外国投资委员会首先对受管辖的交易进行 30 天的审查以确定交易是否会危害国家安全。如果在 30 天的审查期内仍不能确定对国家安全的威胁，则可对以下情形的交易展开 45 天的调查，包括：第一，交易威胁国家安全，且此种威胁未在 30 天的审查期之前或之内得到减轻；第二，交易方受外国政府控制或代表外国政府；第三，交易的结果是外资控制重要基础设施或掌握关键技术，外国投资委员会认为其威胁国家安全且在 30 天的审查期内此种威胁未能减轻；第四，负责审查的主要部门认为需要采取此种调查并得到外国投资委员会认可。

《外国投资与国家安全法》要求外国投资委员会高度负责地做出决定，并且要求财政部和负责对相关交易进行审查的牵头机构，须向国会保证通过外国投资委员会审查的交易不存在国家安全问题。对于外国政府控制的并购交易，如果财政部或牵头机构的副部长或以上级别官员需要确定该笔交易不会危及国家安全，抑或根据第 721（b）（2）（B）（i）（Ⅲ）节和第 721（b）（2）（D）（i）节规定，如果外资控股重要基础设施存在危及美国国家安全的可能性，但财政部或主要部门助理部长或以上级别官员可保证该交易不会危及美国国家安全，则该笔交易可以不进行为期 45 天的全面调查。

对于可能威胁美国国家安全的交易，《外国投资与国家安全法》授权外国投资委员会同交易相关方进行接触，通过制定缓冲协议来消除威胁。而如果交易相关方提交错误或误导性材料导致审查终止，或交易相关方故意违反其同外国投资委员会所达成的有关缓冲协议，则外国投资委员会可以重新对交易进行审查。但以上重新审查决定必须由副部级以上官员做出。当交易相关方故意且实质性违反其同外国投资委员会所达成的有关缓冲协议时，《外国投资与国家安全法》授权外国投资委员会给予违反方民事处罚。

依据《外国投资与国家安全法》的规定，外国投资委员会一方面需要为其最终决定向国会做出保证；另一方面还必须向国会提供年度报告，包括过去 12 个月中做出审查和调查的交易，外国投资、重要基础设施和关键技术的有关分析以及具体国家的对美投资情况。

第二节　2007 年《外国投资与国家安全法》及其实施细则

一、主要内容、适用性及相关界定

（一）FINSA 的内容

2007 年的《外国投资与国家安全法》及其实施细则主要包含以下内容：首先是该法律的适用性及法律中涉及的概念界定，该法律所管辖的交易类型、不受管辖的交易类型、借贷交易和其他需要考察的因素，外国投资委员会对威胁国家安全的因素的考察，外国投资委员会进行的国家安全审查的程序及相关说明以及本法律对其他法律的影响和生效日期等。

（二）适用性

2007 年《外国投资与国家安全法》作为 1950 年颁布的《国防生产法》第 721 节、1988 年《埃克森–弗洛里奥修正案》的修正法案，适用于 1988 年 8 月 23 日当日或之后提出的或尚未确定的交易。根据第 721 节，如果总统认为有可靠的证据表明通过被调查的交易控制美国企业的外国实体、法人可能采取危害美国国家安全的行动，且除第 721 节外没有其他法律为总统提供充分而适当的权力处理当前的交易以保护美国国家安全，则总统可以中断或禁止该交易。本法案没有规定其可以改变、调整或影响由其他联邦法律规定的权力机关、机构、程序、规定、调查、执行措施或审查所制定的法律和法案，包括国际危机经济势力法案以及其他的由总统或国会按照美国宪法的规定制定的法律。

另外，对于任何出于规避第 721 节、《埃克森－弗洛里奥修正案》和《外国投资与国家安全法》的交易应考察其交易的实质内容，通过其实质内容判断该法案的适用性，专栏 3-1 列举了一个虽然采取规避性交易，但具有实质内容的受管辖交易的情形。

【专栏 3-1　具有实质内容的规避性交易】

假设某企业 X 是按照外国法律成立的，由某位拥有该国国籍的人士全资拥有并控制的企业。在其拟并购某美国企业的过程中，为规避第 721 节及后续的《埃克森－弗洛里奥修正案》和《外国投资与国家安全法》的限制，该企业法人将 X 的资金转至某位美国公民名下，并与其签订非正式的安排，让其行使代表权来购买一美国企业 A，即完成对 A 的控制，则此项交易虽采取了规避性的手段，但仍存在受第 721 节及后续的《埃克森－弗洛里奥修正案》和《外国投资与国家安全法》管辖的实质内容，所以第 721 节及后续的《埃克森－弗洛里奥修正案》和《外国投资与国家安全法》仍适用于该交易。

（三）《外国投资与国家安全法》中涉及的一些界定

2007 年《外国投资与国家安全法》及其实施细则中对法案中涉及的相关概念进行界定。

1. 委员会、委员会主席、常务主席

"委员会"指美国外国投资委员会，"委员会主席"指财政部长，"常务主席"指由财政部长或部长所指派的财政部官员。

2. 控制

该法案中涉及的控制主要包括以下 4 种情形。

（1）指拥有直接或间接决定有关公司重要事项的权利

①通过各种途径出卖、出租、抵押、质押或以其他方式转让企业主要有形或无形资产；②企业的重组、并购或解散，企业的关闭、迁址、转产等；③开销或投资、发行股票和债券，支付红利，批准预算；④选择新的行业或业务；⑤订立、终止或不履行重要合同；⑥处理非公共技术、金融或其他专有信息的政策或

程序；⑦管理人员、技术人员的任用和解雇；⑧公司章程、成分协议或其他组织文件的修改等。

专栏3-2罗列出具有重要合同权利的控制和否决权的控制两种情形的控制。

【专栏3-2　拥有对重要事项或否决权的控制】

情形1　拥有重要合同权利的控制

　　假设A是一私募基金，其经营业务包括经常性的收购企业大量股份并对其收购的企业进行一段时间的管理经营。B是一美国企业，如果A通过收购获得B企业7%的股权和中止B的重要合同的权利，则认为A存在对B的控制。

情形2　拥有否决权的控制

　　假设一外国企业A通过收购获得了一家美国企业9%的股权，同时还获得对该美国企业一些重要事务的否决权，包括解雇其高级职员或接触敏感技术的职员的否决权，则A存在对该美国企业的控制。

（2）多个外国企业共同拥有一个企业权益的情况

通过判断这几个外国企业之间是否存在联系，通过正式或非正式的协议采取联合行动，或被同一外国政府下属机构控制等，请见专栏3-3。

【专栏3-3　共同拥有的企业的控制权】

　　假设A是一家美国企业，某美国投资者拥有其50%的股份，其余股份由5个互不相关的外国投资者拥有，如果上述5个外国投资者就有关A事务作为整体投票，且这些外国投资者之间存在对A的相关问题进行协同行动的非正式协议，则这些外国投资者构成对A的控制，如果上述5个外国投资者之间不存在协同行动的协议或安排，则其不构成对A的控制。

（3）某些对少数股东进行保护的权利

这些权利不应当被认为构成控制，包括：①阻止出卖或质押企业全部或大部分资产的权利；②阻止企业同大股东或其关联企业订立合同的权利；③阻止企业为大股东或其关联企业提供担保的权利；④在企业增发时购买额外股份以避免其按比例权益被稀释的权利；⑤阻止修改企业章程、成分协议或其他组织文件的权利等，专栏3-4列举了少数股东保护的非控制情形。

【专栏 3-4 少数股东保护的非控制情形】

假设某外国企业 A 获得美国企业 B 的 11% 股权，按照少数股东保护协定，在美国企业 B 未来增发过程中，公司 A 有权按比例获得配股以避免股权被稀释，而除此之外 A 对美国企业 B 没有其他权利，则企业 A 对企业 B 不构成控制。

（4）没有在（3）中列明的对相关企业的少数股东保护

外国投资委员会将进行个案审查以确定其是否构成控制。

3. 转换

"转换"指拥有或持有特定金融工具的人通过将金融工具转换为投票工具来行使其权利的行为。

4. 转换可兑现投票工具

"可兑现投票工具"指目前并未赋予其拥有者或持有者以投票权，但转换为投票权的金融工具。

5. 受管辖交易

"受管辖交易"指自 1988 年 8 月 23 日当日或之后提出的或待定的兼并、收购或接管等交易中，可能导致外国法人对美国企业所从事的商业活动的控制的交易。

6. 重要基础设施

"重要基础设施"是指在受管辖的交易范围内，在交易完成后属于被外国实体所控制的企业，且对美国至关重要的有形或无形的系统或资产，此类系统或资产如被破坏或摧毁，会对美国国家安全产生重要影响和威胁。

7. 关键技术

"关键技术"是指重要技术、关键组成部分或者对国家安全至关重要的关键技术项目，主要包括以下方面：①《国际武器贸易条例》所包含的《美国军火清单》所列国防装备或国防服务；②受多边框架管制（例如出于国家安全、生化武器扩散、核不扩散或导弹技术等原因）或出于地区稳定或侦听原因受到管制，被列入《美国出口管制条例》、《商品管制清单》中的物项；③《外国能源活动协助条例》及《核装备和核材料进出口条例》中所列核装备、核设施以及核材料、软件和技术；④《受管制生化品条例》所列受管制生化品等。

8. 实体

"实体"主要是指任何形式的企业、企业的某一部门或组织（包括分支机构、合伙制、集团或子集团、协会、财产、信托等）；由上述实体所运营的资产以及任何政府等（包括外国政府、美国政府、美国地方政府和政府所属部门、公司、金融机构或其他包括政府出资机构在内的实体与机构）。

9. 外国实体

"外国实体"是指依照外国法律成立的，其股票在一家或多家外国证交所流通的上市公司，或依照外国法律组建，并由外国公民直接或间接持有不低于50%已发行所有者权益的其他任何实体。

10. 外国政府

"外国政府"是指除美国联邦政府、州政府或联邦、州政府的分支机构之外的任何政府，或可行使政府职能的机构，包括中央、地方政府及其下属部门、机构和单位等。

11. 外国政府控制的交易

"外国政府控制的交易"是指任何可能导致美国企业被外国政府或受外国政府控制或代表外国政府的实体所控制的交易。

12. 外国国民

"外国国民"是指任何非美国国民的个人。

13. 外国法人

"外国法人"是指任何外国国民、政府、实体或任何受外国国民、政府或实体控制的实体，专栏3-5列出4种属于外国法人的情形。

【专栏3-5　外国法人与美国法人的区分】

情形1　依据外国法律建立的法人

假设A为依据外国法律组建并且只在美国之外开展业务的企业。X公司持有A的全部股份，因此X控制着A企业。X公司在美国组建，并由美国国民控制，在无其他相关事实的情况下，尽管A在美国之外组建并只在国外运营，但其并非外国法人。但如果该外国政府通过政府干预者对A实施控制，则 A 被视为外国法人。

情形2　依据美国法律建立的外国法人

假设 A 为在美国组建并在美国开展跨州商业活动的企业，其受企业 X 的控制，而 X 是依照外国法律建立的企业，其一半的股份由外国国民持有，而另一半由美国国民持有，则 A 和 X 均为外国法人。

情形3　受外国企业控制的法人

假设 A 为依照外国法律建立并由外国国民所有与控制的企业。A 通过其分支机构在美国开展跨州商业活动，则 A 企业及其分支机构均为外国法人，而其分支机构同时也是美国企业。

情形4　依据外国法律建立的美国法人

假设 A 为依照外国法律建立的企业，其 45% 的投票权由多个无关联的外国投资者持有，任何单个外国投资者都不具有对企业 A 的控制权，并且外国投资者之间并无针对 A 采取一致行动的正式或非正式协议或安排。若 A 企业其余投票权均由一个美国投资者持有，则假定无其他相关事实的情况下，A 并非为外国法人。

14. 牵头机构

"牵头机构"是指由外国投资委员会主席指定的，代表外国投资委员会对受管辖的交易的审查、调查、谈判或对缓冲协议或条款的监督和执行等活动行使主要职权的部门。

15. 母公司

母公司主要包括以下两种情形。

（1）第一种情形

"母公司"是指法人直接或间接在某实体中持有或将持有不低于 50% 的已发行投票权；或在某实体中持有或将持有不低于 50% 的利润，或当该实体解散时拥有或将拥有其不低于 50% 的资产。

（2）第二种情形

任何符合本节中第（a）（1）款或第（a）（2）款条件的，针对另一实体的实体也是中间母公司下属实体的母公司。专栏 3-6 就构成母公司的情形进行介绍。

【专栏 3-6　构成母公司的情形】

情形 1　持有投票权证券的母公司

　　假设 A 公司拥有 B 和 D 各 50% 的投票权证券，B 拥有 X 公司 40% 的投票权证券，D 拥有 Y 公司 50% 的投票权证券，Y 拥有 Z 公司 50% 的投票权证券，则 A 公司是 B、D、Y 和 Z 的母公司，但不是 X 的母公司，D 是 Y 和 Z 公司的母公司，Y 是 Z 公司的母公司。

情形 2　拥有独立行使权证的母公司

　　假设 A 持有可获 B 公司发行股票 50% 的投票权的可独立行使权证，则 A 是 B 的母公司。

16. 相关交易方

"相关交易方"是指：①在收购某实体所有者权益的情况下，收购所有者权益的法人以及被收购的法人；②在兼并的情况下，兼并实体以及在交易中被并入兼并实体的其他一个或多个实体；③在合并的情况下，被合并的实体及合并后产生的新实体；④在征求投票代理权的情况下，征求投票代理权的法人以及出让投票权益的法人；⑤在可兑现投票工具的兑现过程中，发行人和持有可兑现投票工具的法人等。

17. 法人

"法人"指任何个人或实体。

18. 交易

根据《外国投资与国家安全法》，"交易"是指提出申请或已完成的兼并、收购或接管，具体包括收购某实体的所有者权益，收购或兑现某实体的可兑现投票工具，收购某实体股东的投票代理权，兼并或合并，成立合资企业等，见专栏 3-7。

【专栏 3-7　按照规定终止协议或采取惩罚措施】

　　外国法人的 A 企业同一家美国企业 B 签订了 99 年期的收费公路特许经营协议。协议规定 B 负责该业务的安全保证工作，并监督 A 对协议运营要求的日常执行情况。如果企业 A 违反运营要求，则 B 可终止该协议或采取其他惩罚，在没有其他相关事实的情况下，这不属于交易。

19. 美国

"美国"是指美利坚合众国及其下属各州、哥伦比亚特区、各自治区、准州、属国（或属地）或上述地区的组成部分，包括《大陆架外缘土地法案》[43 U.S.C.1131（a）]第2（a）节指定的大陆架外缘。为了本规定及其案例之目的，凡依据美利坚合众国、美国各州、哥伦比亚特区、各自治区、准州、属国（或属地）法律而组建的任何实体均属于美国实体。

20. 美国国民

"美国国民"是指美国公民或不是美国公民但对美国永远忠诚的个人。

21. 美国企业

"美国企业"是指在美国从事跨州商业活动的实体（无论其控制人的国籍为何）。对美国企业的区分见专栏3-8。

【专栏3-8　美国企业的区分】

情形1　依据外国法律建立的企业的美国子公司（或分支机构）

假设A是依据外国法律建立并由外国国民全权所有与控制的企业，A通过其子公司或分支机构在美国从事跨州商业活动，则A的子公司或分支机构是美国企业，但在其收购美国企业时，A的子公司或分支机构均为外国法人。

情形2　依据外国法律建立向美国出口的企业

假设A是依据外国法律建立并由外国国民全权所有与控制的企业，且其在美国并无分支机构、子公司或固定经营场所，但是A向美国的非关联公司出口并授权技术，在没有其他相关事实的情形下，A不属于美国企业。

情形3　被美国企业控制的非美国企业

假设A依照外国法律建立，并由在美国组建并由美国国民全权所有与控制X公司控制，但A在美国并无分支机构、子公司或固定经营场所。如果A出口产品给X公司和其他非关联的美国公司。假设没有其他相关事实，A不属于美国企业。

（四）对中国企业的启示

对于中国拟走出国门对美国企业进行并购的企业来说，凡交易结果可能涉及对美国企业的控制，就属于1950年颁布的《国防生产法》第721节、1988年《埃克森－弗洛里奥修正案》及2007年《外国投资与国家安全法》等管辖范围。

在确定并购目标企业的过程中：首先，中国企业需要对拟并购企业做全面的评估，包括所属产业、领域、在美国相关产业中的地位、所拥有的技术是否涉及美国国家安全的关键技术、交易完成后是否会导致对美国重要基础设施的控制进而对国家安全构成威胁，以确定其对美国企业的并购是否受管辖。其次，在交易过程中需要澄清自己作为交易中的相关交易方是否为政府控制或代表政府的实体，并购完成后是否会导致外国政府对美国企业的控制，进而威胁美国国家安全。最后，可以根据相关法律中对美国国民、美国企业、外国法人等的界定，通过在"美国"的实体或法人来进行并购，以规避受国家安全相关法律的管辖。

二、《外国投资与国家安全法》的管辖范围

（一）受管辖的交易类型

《外国投资与国家安全法》规定的"受管辖的交易类型"主要包括以下4种：

1）无论交易方之间在交易条款中对公司控制权如何进行实际安排，任何导致或可能导致外国法人控制美国企业的交易均在该法案的管辖之内，专栏3-9列举了3种情形。

【专栏3-9　外国法人控制美国企业的交易属于受管辖范围】

情形1　外国法人控制美国企业的交易

　　假设外国法人A拟收购美国企业X的全部股份，而作为唯一的所有者，A在收购X之后将选举产生X公司的董事和任命其他重要管理人员的权利，而这些董事将有权决定关闭或转移特定的生产设施和终止重要的合同，他们还将有权向作为唯一持股人的A建议解散X公司和出售其主要资产，所以该交易为受管辖交易。

情形2　保留公司控制权的外国法人控制美国企业的交易

　　假设外国法人A拟收购美国企业X的全部股份，而作为唯一的所有者，A企业拟保留X的现有董事，而这些董事均为美国公民。尽管A公司可选择不行使其选举产生X新董事的权利，但其保留该可行使权利，则该交易为受管辖交易。

情形3　合同中约定未来某个时间可行使控制权的交易

　　假设外国法人A拟从美国企业B处收购其持有的另一个美国企业X的50%的股权，而B公司仍保留X剩余50%的股权，且A和B以合同方式约定A在10年内不行使其投票权及其他权利，则该交易为受管辖交易。

2）某外国法人将其对一家美国公司的控制权转让给另一个外国法人的交易，

见专栏 3-10。

【专栏 3-10　两个外国法人间就美国企业的转让交易】

假设 X 是一美国企业，但由外国 Y 全权所有与控制，Z 也是外国法人，但与 Y 公司并无关联，若 Y 拟将 X 的所有权转让给 Z，则该交易为受管辖交易。

3）交易结果造成或可能造成一个外国法人控制美国企业的资产，主要可分为以下 5 种情形，见专栏 3-11。

【专栏 3-11　外国法人控制美国企业资产的交易属于受管辖范围】

情形 1　外国法人购买另一外国法人在美的子公司属受管辖交易

假设 A 是外国法人，其拟购买另一外国法人 X 在美国的分支机构或子公司，就 X 在美国的分支机构或子公司来说，X 公司是一家美国企业，因此该交易是受管辖的交易。

情形 2　外国法人购买美国企业的境外子公司不受管辖

假设外国法人 A 购买在美国注册的 Y 公司的在美国境外的分支机构或子公司，在没有其他有关事实的情形下，由于 Y 公司的海外分支机构或子公司不是美国企业，所以该交易不受管辖。

情形 3　未收购美国企业的投资不受管辖

假设 A 是外国法人，在美国开始投资新公司或进行"绿地"投资，其投资行为包括对生产新产品工厂的融资支持，安排和建设，购买原材料，雇佣人员和购买必要的技术，该投资还可能包括购买新注册的子公司的股权，若无其他相关因素，因为 A 未收购美国企业，其所进行的初始投资是不受管辖的交易。

情形 4　实质性购买美国企业资产

假设 A 公司是外国法人，实质购买了一家在美国注册、从事工业设备制造的企业 B，但在 A 收购 B 的所有资产前一个星期停止生产和销售。如果在发生交易时，B 将其保留的员工、生产工业设备的技术和原有客户关系都转交给 A，A 实际获得 B 的所有资产，则该交易为受管辖交易。

情形 5　涉及实体的收购

假设 X 是外国法人，拟从美国企业 A 处收购在美国的一个空仓库，与此同时还获得其人员、客户名单并且管理该设施的库存管理软件，在这种情况下，X 是对美国实体的收购，所以该交易受管辖。

4）当交易方在合同、协议等基础上组成合资企业，且只有当合资中一方投入合资公司内的资产是美国企业，而一个外国法人通过这个合资企业控制该美国企业时，为受管辖交易，可能出现的情形见专栏3-12。

【专栏3-12　合资公司情形的控制与例外】

情形1　对合资建立的企业具有控制权属于受管辖的交易

假设外国法人A与美国企业X组成了一个单独的公司B。其中A以现金入股，而X以一家美国企业的形式入股，各占有成立后的B公司50%的股权。根据新公司设立的章程，A和X对所有影响B公司的事务都有否决权，同时各自对B都有控制权。所以B的设立是受管辖的交易。

情形2　不构成对合资公司的控制的交易

若A为外国法人，X为美国企业，A与X建立了一个单独的公司B，在公司成立的过程中，A公司通过投入资金及管理和技术人员，而X公司投入一定土地和设备，但X的投入并未形成一个美国企业，虽然A和X各持有合资公司50%的股份，但在假定没有其他相关影响因素的情况下，B的设立不属于受管辖的交易。

（二）不受管辖的交易类型

以下几种交易类型为不受《外国投资与国家安全法》管辖的交易类型：

1）股份分割或按比例分配股息但未涉及控制权变化的情形，专栏3-13描述了按比例配股的交易不被管辖的情形。

【专栏3-13　按比例配股的交易不被管辖】

假设一个外国法人A持有一个美国企业B 10 000股股份，占B公司总股本的10%。若B以每一股送一股的方式派发股息，作为此次股份分割的结果，A持有B 20 000股股份，仍然占总股本的10%，在无其他相关因素的情况下，外国法人A获得额外股份不属于受管辖的交易。

2）获得可转换投票权工具，但不涉及公司的控制权。在判断可转换投票权工具的获得是否涉及控制权时需要考虑以下几方面的因素：首先，交易各方是否就具有投票权的工具的转换时间达成一致意见；其次，通过交易购入有投票权工具的实体是否对其有决定权；最后，购入有投票权工具的实体是否能合理决定其在转换时能获得多少投票权，可能出现的情形见专栏3-14。

【专栏 3-14　外国法人购买美国企业有投票权工具的交易】

某外国法人 A 购买一家美国企业 X 公司的债券、期权或认股权。根据交易双方达成的协议和条款，只有在发生特定事件，而股票持有者不能控制该事件发生时间的情况下，该债券才可转化为普通股，期权和认股权才可作为普通股行使权利，在无其他相关因素的情况下，获得债券、期权和认股权的交易属于不受管辖额度交易。

但是在上述情形下，如果 A 获得的 X 公司的具有投票权的有价证券的比例达到控制公司的比例，或者这些有价证券赋予外国法人 A 以某些权利时，此项将债券转换为普通股或将期权和认股权兑换成普通股的行为可能属于受管辖的交易。

如果 A 获得的有价证券可以在 1 年后转换为可行使权利，通过转换外国法人 A 代表 X 公司 50% 的权益，则 A 获得债券、期权或认股权的行为是受管辖交易。

3）对于仅以投资为目的交易，不论交易中涉及的实质金额为多少，若交易的结果是一外国法人获得一家美国企业已公开发行的具有投票权的 10% 及以下股份时，属于不受管辖的交易类型，专栏 3-15 列举了 3 种与投资有关的交易情形。

【专栏 3-15　与投资相关的 3 种交易情形的分析】

情形 1　以投资为目的的公开市场交易

仅以投资为目的外国法人 A 在公开市场购买一家美国企业 X 7% 的具有投票权的股份，若无其他额外需要考虑的情形，则该交易为不受管辖的交易。

情形 2　低于 10% 的拥有控制权的收购

外国法人 A 通过收购获得一家美国企业 X 9% 的具有投票权的股份，如果 A 拥有的合同权力还包括控制 X 公司的重大事务，则 A 获得 X 公司的股权不仅以投资为目的，还包括对 X 的控制权，因此此项交易是受管辖的交易。

情形 3　获得部分控制权的交易

外国法人 A 拥有一家美国企业 B 5% 有投票权的股份。除债券外，A 公司还获得任命 B 公司 11 名董事中一名董事的权利。则 A 公司获得 B 公司股份不仅以投资为目的。该交易是否受管辖取决于该交易是否使 A 公司获得对 B 公司的控制。

4）通过交易获得美国某企业或实体的资产或实体的一部分，但该部分资产或实体是否构成一个美国企业，主要存在专栏3-16所列的6种情形。

【专栏3-16　交易所获美国企业的资产或实体是否构成一个美国企业】

情形1　收购美国企业

外国法人A在美国境内和境外都有企业，若外国法人B拟收购A，则B收购A在美国境内的企业是受管辖的交易。

情形2　获取长期购买产品的合同

某企业X在美国制造装甲人员运载工具，外国法人A与X就在长期合同基础上获得其每年生产的全部该产品达成协议。在无其他因素的条件下，则该交易不受管辖。

情形3　获取利用重要技术进行生产的协议

某美国企业X是开发与装甲人员运载工具有关重要技术的企业，外国法人A通过谈判达成获得授权以该技术生产产品的协议。在无其他假定条件时，无论是依据授权协议获得技术还是实际获得技术都不是受管辖的交易。

情形4　获取运营部门的协议

外国法人A通过合同协议收购从事开发与装甲人员运载工具的X企业的运营部门，包括生产设施、客户名单、技术和人员，则此交易是受管辖的交易。

情形5　获取部分不构成美国企业的资产或实体

外国法人A通过购买从某美国公民手中获取存货的产品、土地或用于出口的机械设备，假定没有其他相关的条件，则认定A获得的资产不属于美国企业，因此该交易不受管辖。

情形6　获取构成美国企业的资产的交易

某外国法人A通过收购获取美国企业X的装甲人员运载工具业务，若企业X于1年前已暂停其全部与装甲人员运载工具运营有关的活动，并正进行破产程序。现存X所供设备的维保服务由从X公司购得服务合同的另一家公司提供，X生产设备闲置但仍可使用，部分员工同意在企业恢复运营后返回，并且X的技术、客户和销售商名单仍现行有效，则X的装甲人员运载工具业务仍构成美国企业，所以上述交易为受管辖的交易。

5）外国法人作为证券承销商在正常的商业及承销过程中购买美国企业的证券，不被作为受管辖的交易。

6）保险公司在正常商业行为中所订立根据有关诚信、担保或损失赔偿义务的保险合同中所确定的条件下而进行的收购，也是不受管辖的交易。

7）外国法人利用借贷或其他融资形式购买一美国企业的有投票权的债券或资产，从而获得担保物权，但不构成控制的交易，被确定为不受管辖的交易。

（三）借贷交易

1）外国法人向一美国公司借贷或提供类似融资，如果该美国公司以债券或其他资产作为担保，则此交易不构成受管辖的交易。但是，如果该外国法人通过借贷或其他融资形式，获得对该美国企业的控制权，则此借贷交易属于受管辖的交易。

2）外国法人借贷或进行其他融资，但由于美国企业违约或其他原因而使外国法人获得美国企业的具有投票权的股份或资产，则不被视为获得控制权，不作为受管辖的交易，见专栏3-17。

【专栏3-17 通过银行贷款或请偿权获得美国企业】

情形1 美国企业与外国银行就贷款达成的协议

美国企业A从依据外国法律设立，并由外国法人控制的B银行贷款，作为贷款条件，A同意不向任何其他人出售或抵押其主要资产，在没有其他条件的情况下，此贷款不是受管辖交易。

情形2 通过请偿权获得美国企业或其资产构成美国企业的交易

美国企业A拖欠偿付依据外国法律设立，并由外国法人控制的B银行贷款并寻求破产保护。若A无资金满足B的求偿权，即其欠款额超过其主要资产价值。B的担保请偿是对A资产的唯一担保请偿，则B极有可能通过此请偿权获得A的主要资产，这些资产构成了一美国企业，则此交易构成受管辖的交易。

（四）其他需要考察的因素

《外国投资与国家安全法》明确规定，除了传统的涉及"国防安全"的领域外，对外资并购的管辖范围还扩大到所有"如果遭到破坏或被外国人控制会对美国国家安全造成威胁的系统和资产"，如银行、供水、关键技术、重要基础设施等，同时该法案认定为可能威胁美国国家安全的关键领域数量也有所增加。主要包括以下领域和产业部门：化学制品、先进材料及工艺、信息技术、电信、微电子技术、半导体设备制造、军用电子设备、生物技术、专业科学仪器、航天器及地面交通、能源、空间技术和海洋技术等，并增加了5类若受到攻击可能对公民的生命和信心产生严重影响的"关键的有形和无形资产"。

美国外国投资委员会还需要考察并购交易是否存在向对美国构成威胁的国家进行技术转移的风险，影响美国在长期发展中所需要的能源和关键性资源、材料，威胁到美国在关键技术领域的领先地位，影响美国的本土就业情况等；并购交易对美国重要基础设施和关键技术的影响程度，并购是否涉及外国政府所有的资产或外国政府控制的企业或代表外国政府的实体的交易；并购目标国与美国之间的关系，该外国政府与美国政府之间的外交一致性，包括多边反恐、防止核扩散以及出口限制方面的政策一致性等，特别是在反恐领域合作的记录，并购的目标国是否遵守防扩散控制制度，包括各种条约、多边协议、指导原则、"遵守和服从武器控制、防扩散和裁军协议与承诺"等，都是美国外资委员会管辖的交易需要考察的因素。

（五）对中国企业的启示

当中国企业准备并购美国企业时，需要依据 1950 年颁布的《国防生产法》第 721 节、《埃克森－弗洛里奥修正案》和《外国投资与国家安全法》等法律来确定其所参与的交易是否为受管辖的交易，即交易完成后是否导致或可能导致中国企业对美国企业的控制，包括解散公司、出售其资产、参与董事会业务、行使董事权利和投票权等；是否会构成对美国企业资产（包括子公司、分支机构、员工、设备、客户关系等形式的资产）的控制和处置权，进而存在对美国国家安全的威胁。在充分分析可能的受管辖交易情形的基础上，采取合理的措施来规避并购过程中外国投资委员会的审查。例如中国企业在公开市场上收购美国企业股票，纯粹以投资为目的的交易，购买可转换为投票权的工具但不构成控制权的交易，或者通过交易获得美国企业的不构成企业的资产或实体，包括存货、土地、机械设备、产品合同或某些不涉及关键技术或重要基础设施的部门等都为不受管辖的交易。同时对于可能影响传统安全和国防安全的包括银行，供水，能源，与国防相关的关键技术、材料、资源和基础设施、军用设备、空间技术、海洋技术等领域，威胁到美国在某些技术领域的领先地位的交易都要提前做好准备，以备外国投资委员会的审查、调查，确保交易得以实现。

三、威胁国家安全的因素的考量

（一）需要考察的因素

外国投资委员会参考 1950 年《国防生产法》第 721 节中列举的国家安全因素以及《埃克森－弗洛里奥修正案》和《外国投资与国家安全法》等法律补充的需要考察的国家安全因素和其他与被审查交易相关的国家安全因素，做出受管辖交易是否构成对美国国家安全威胁的判断。

在众多可能威胁到国家安全的因素当中，外国投资委员会提出全部涉及与交易相关的国家安全因素，从而对受管辖交易是否威胁国家安全做出分析与评价。在分析处理某项交易是否威胁国家安全时，外国投资委员会会针对外国法人是否有能力或倾向造成威胁以及美国企业或其相关的系统内部存在的缺陷是否会削弱国家安全的敏感性做出判断。国家安全风险是通过外部威胁与内部缺陷之间的相互作用实现的，其结果是最终将影响到美国国家安全。对国家安全评估的信息由相关交易方、公众渠道和政府渠道提供，依据相关法律的规定在交易方提交的书面通知被接受后，国家情报局要对其进行为期 20 天的调查以确定其是否对国家安全构成威胁。

1950 年《国防生产法》第 721 节中列举的国家安全因素以及《埃克森－弗洛里奥修正案》和《外国投资与国家安全法》等法律为外国投资委员会和总统提供以下说明性条款，作为判定一项受管辖交易是否构成国家安全威胁的参考：①交易对与国防相关的国内产品、技术、人力资源、材料等有形和无形资产产生的潜在影响；②交易对与国防相关产业的竞争力、生产力，相关厂商、供应商等的潜在影响；③交易对满足国家安全要求的国内产业和商业活动竞争力、生产力的潜在影响；④交易对美国企业在与国家安全相关技术领域的国际领先地位产生的影响；⑤交易对与美国国家安全相关的关键技术构成的影响；⑥交易对满足美国能源和其他重要资源、材料等长期项目造成的影响；⑦交易对包括大型能源设备在内的美国国家安全相关的重要基础设施的潜在影响；⑧交易涉及对恐怖主义，导弹扩散，化学、生物或核武器扩散以及地区军事威胁等原因而生产、销售军用产品、设备或者技术的潜在影响；⑨交易被作为军事应用技术转移和分散的可能性，包括相关国家的出口控制系统；⑩交易是否会导致美国企业被外国政府或者受外国政府控制或代表外国政府的企业所控制，相关交易方所在国对防止核武器扩散的控制体制、与美国跨国反恐行动的合作记录、是否遵守防扩散控制制度，包括各种条约、多边协议和指导原则等，专栏 3-18 中的交易因涉及军事技术而受关注。

【专栏 3-18 涉及军事技术的交易】

1981 年，科威特石油公司 25 亿美元收购美国 Santa Fe 石油公司，由于 Santa Fe 公司的子公司 C. F. Braun 是美国核工业供应商，涉及军事技术管制方面的因素，所以该收购交易受到外国投资委员会的关注。

自其成立以来，外国投资委员会接受书面通知、展开审查以及调查的交易涵盖了美国经济的诸多领域，而不局限于某一具体行业或者其相关行业。外国投资委员会在对国家安全做出判断的过程中仅考虑确定和应对受管辖交易所构成的国家安全风险，而不针对相关交易方所处的具体产业及行业。受委员会审查、调查并且被认定可能构成对国家安全威胁的受管辖交易往往因为其涉及向美国政府或州及地方政府提供产品或服务的企业，涉及美国国家机密的企业，如与国防、安全相关的武器和军需品制造、航空以及雷达系统等行业的美国企业，相关法律规定的与国防安全相关的行业，诸如信息技术（咨询、硬件、软件）、通信、能源、自然资源、工业产品等向与国家安全相关的美国政府机构提供具有广泛适用性产品或服务的美国企业，以及其他影响美国国家安全相关机构运行并为袭击和谍报活动提供可能的产品或服务等几乎都将涉及国家安全审查。涉及与美国政府、机构之间存在合同、协议的美国企业的并购同样会引致国家安全审查，专栏3-19、专栏3-20、专栏3-21列举了3种因涉及国家安全因素而受调查的情形。

【专栏3-19　新日铁收购阿勒根尼公司涉及国防安全因素】

1983年，新日铁（Nippon Steel）株式会社准备收购阿勒根尼（Allegheny-Ludlum）公司旗下的特殊金属公司（Special Metals Corp.），特殊金属公司的主营业务是生产军用飞机发动机用的合金。如果将特殊金属公司出售给日本，有可能导致涉及美国的机密军事信息泄露给日本。出于国家安全的考虑，美国国防部牵头劝说阿勒根尼公司不要将特殊金属公司出售给新日铁株式会社（胡丹，2005）。

【专栏3-20　与国防产品、设施相关的影响国家安全因素】

1990年中国航空进出口总公司（CATIC）收购美国MAMCO，Asea Brown Boveri收购西屋（Westing House）的高压输电设备生产部门，日本德山化工（Tokuyama Soda）收购陶瓷铍元件生产商General Ceramics，尼康（Nikon）收购半导体设备生产厂（Perking-Elmer）等都因为涉及国防设备、产品等因素而受到外国投资委员会的调查（杨逢柱，2007）。

【专栏3-21　富士通（Fujitsu）收购半导体企业 Fairchild Industries 涉及国防安全因素】

1986年日本富士通计划从法国公司 Schlumberger 收购其在美的子公司 Fairchild Industries，Fairchild Industries 是一家位于美国硅谷的半导体生产企业，为飞行器、导弹制导、战略防卫研究和加密解密所用的巨型计算机生产精密电子元件。由于富士通同一些美国企业在国防相关的合同上存在竞争关系，而这些企业在完成国防合同时只能从 Fairchild Industries 获取一些独特子部件。如果富士通成功收购 Fairchild Industries，它极有可能让 Fairchild Industries 停止生产这些子部件，从而在源头上遏制其美国竞争对手的竞争力。而美国相关部门担心由于此并购的发生而面临着关键子部件的国内唯一提供商被日本公司控制的局面，导致美国国防工业和制造企业对日本半导体企业的过度依赖，也可能导致关键技术的泄露。此收购案在很大程度上推进了美国相关部门对1950年《国防生产法》第721节的修正（胡丹，2005）。

一些涉及美国重要基础设施的企业，如主要能源设备，在某些能源领域或者相关产业链上的美国企业，如自然资源的开采、资源的传输、资源向能源的转换以及能源向美国政府和国民的输送的产业，其运营、生产的产品或提供的服务都会对美国国家安全产生影响。影响国家运输系统的美国企业，包括海上运输、港口运营、导航维护、更换及检修，涉及明显或直接影响美国金融系统的美国企业的交易同样将受到外国投资委员会国家安全的审查，中海油在收购优尼科的交易中涉及能源领域而受调查，见专栏3-22。

【专栏3-22　中海油（CNOOC）收购优尼科（Unocal Corporation）涉及能源领域的安全】

2005年6月23日，中国海洋石油总公司（简称中海油）宣布其拟收购于2005年初挂牌出售的美国石油企业优尼科公司。作为第九大石油企业，优尼科拥有100多年的历史，其在北美洲的墨西哥湾、得克萨斯、亚洲的印度尼西亚、泰国、缅甸和孟加拉国等地都有石油和天然气开采资产、项目及大量优质油气储备。中海油收购优尼科的理由是，优尼科所拥有的已探明石油天然气资源约70%在亚洲和里海地区，而中海油在液化天然气项目方面具有得天独厚的优势，能够很好地消化优尼科的资源，若将"优尼科的资源与中海油占有的市场相结合，将会产生巨大的经济效益"。但美国国会议员和外国投资委员会以优尼科所属的领域为能源领域，其被收购可能影响国家安全为由，反对将该资产出售给中国，因为石油开采、加工中会涉及一些敏感技术，而优尼科的确拥有一些海洋勘探方面的先进技术，所以引致美国外国投资委员会的调查，并且在其审查的过程中通过相关法律、政策的制定排除了中海油胜出的可能（梁咏，2009）。

根据外国投资委员会 2008 年的年报，2005 年 1 月至 2007 年 12 月，受外资委员会国家安全审查的受管辖交易中，有相当一部分是由于涉及从事受美国出口控制的技术，如产品、软件或服务的研发、生产或销售，涉及从事民用或军用半导体设备或组件的设计和生产以及在密码、信息保护、互联网安全、网络入侵调查等领域生产产品或提供服务的美国企业。

在外国投资委员会考察的影响国家安全因素中，与获得对美国企业控制权的外国法人的性质有关的因素也需要加以考虑。如果某项交易是受外国政府控制的交易，或涉及的外国法人受外国政府控制或者代表外国政府，则其所属国家在防止核扩散和其他与美国国家安全相关事务中与美国关系记录也会被当做重要因素来考察。外国投资委员会审查的受管辖交易还会因为外国法人及其雇员是否存在削弱美国国家安全行为的历史记录、动机或倾向进行国家安全关切。例如，获得美国企业控制权的外国法人是否计划终止向与其存在合同、协议的其他美国企业或政府机构提供国防安全相关产品和服务的合同等。

（二）对中国相关企业的启示

外国投资委员会在评估受管辖交易的相关交易方，特别是外国交易方时，不是单纯地考察其是否构成实质的威胁，而是尽量做到对所有可能的、潜在的因素均加以考察。同时，公众渠道、政府、两院议员、委员会的相关部门、牵头机构以及国家情报局等均有权就交易对国家安全的威胁做出自己的判断。所以对中国的企业来说，在并购过程中需要对拟并购的企业进行全面的考察来确定是否构成威胁或存在潜在的威胁。对涉及生产、研发与国防相关的武器和军需品制造、航空以及雷达系统等产品或服务的企业，在与国家安全相关技术或关键技术领域处于领先地位的企业，能源、资源、材料等相关产业的企业，涉及重要基础设施，军事相关设备，技术的生产、研发，与政府存在长期合同、协议的企业，涉及国家机密、运输系统、金融系统的企业的并购交易都需要做出准确的定位和充分的准备来促成交易的完成。对于中国某些曾有过在美并购经历的企业，其并购交易的历史记录也是委员会重要考察的内容。另外，相关并购的企业与中国政府的关系、并购动机或倾向，是否会在获得美国企业控制权后终止其并购前的合同、协议等也是外国投资委员会需要考察的因素。如上述案例所述，日本德山化工、富士通和中海油等都因为在并购交易中涉及美国国防产业、能源领域而受到审查、调查，做出缓冲，进而实现交易，或直接撤回交易，详见专栏 3-20、专栏 3-21、专栏 3-22。

四、外国投资委员会对国家安全审查的程序

按照 1950 年《国防生产法》第 721 节、《埃克森－弗洛里奥修正案》和《外国投资与国家安全法》等法律的要求，外国投资委员会对受管辖交易的国家安全审查主要分为 4 个阶段：书面通知的申报、审查阶段、调查阶段和总统决定。

（一）交易方就受管辖的交易提交书面通知

1. 书面通知程序

凡具有以下情形的可向外国投资委员会或其任命的牵头机构提交书面通知：①受 1950 年《国防生产法》第 721 节、《埃克森－弗洛里奥修正案》和《外国投资与国家安全法》等法律管辖的正在审议或已完成的交易的一方或几方可自愿向外国投资委员会通知其交易情况；②外国投资委员会认为某项未自愿提交书面通知的交易可能是受管辖交易并可能影响到国家安全，则常务主席可按照外国投资委员会的建议，要求交易各方向其提交包含必要信息的书面通知以判断该交易是否为受管辖交易，如外国投资委员会认为该交易为受管辖交易，则交易各方需根据规定提交书面通知并披露相关的受管辖交易的信息；③如果任何副部级及以上的委员会成员认定某项未自愿进行书面通知的交易属于受管辖交易并可能引起国家安全关切，则其可代表该部门通过常务主席向委员会提交通知。在相关部门提交通知的情况下，常务主席应立即将通知的书面文本提供交易各方。而对于已经完成 3 年以上的交易，若非外国投资委员会主席与其他成员协商做出需提交书面通知的要求，不得提交部门通知。

外国投资委员会鼓励交易各方在提交书面通知前向外国投资委员会进行咨询，并在适当情况下提交通知草稿或其他合适的文件，以帮助外国投资委员会了解交易相关的内容，并有机会对通知中应包含的额外信息做出要求或指导。如若相关交易方拟在提交书面通知前向外国投资委员会进行咨询或提交通知草稿，则咨询或通知草稿应在自愿通知提交前至少 5 个工作日完成。

2. 书面通知包含的内容

对于自愿提交书面通知的交易各方，他们应详细、准确、完整地提供关于交易方与交易本身的信息；而在恶意并购情况下，如果交易各方未能自愿提交统一

的书面通知，则各方应提交涉及本身的交易信息，并提供其已知或应知的未提交通知的交易方信息。

交易各方提交的书面通知的内容应包含关于交易情况、所涉及的美国企业或实体的相关情况等6个方面的内容。

1）关于交易基本情况的信息主要包括：交易目的陈述，交易范围，交易的性质及收购方式，包括兼并、联合、购买投票股权或其他诸如借贷交易等；作为外国交易方的企业或实体的名称、地址、网址、国别、注册地及主营业务所在地等；作为交易对象的美国企业或实体的名称、地址、网址、注册地及主营业务所在地等；如果外国交易方拥有母公司则需要提供关于其直接母公司或总公司的名称、地址、国籍、注册地等信息，若其总公司为私人企业，则需要提供关于其所有人的信息，若总公司为上市公司，则需提交持有总公司5%以上股票的股东的信息；并购后将控制被收购美国企业的所有人的名称、地址、网址、国籍或注册地等信息；交易完成日期或预期的完成日期；用于并购美国企业所做出的支付及对美国企业价值的评估、陈述等；此项交易中所涉及的所有金融机构。

2）如果交易的结果是外国交易方获得美国企业的资产，外国交易方应详细描述被收购美国企业的资产及该资产的价值等信息。

3）作为交易方的美国企业应提供：①关于其商业行为的信息，如其在年报所列内容，该美国企业所从事生产的产品或服务内容，包括在美国市场的份额及这些产品或服务的直接竞争者名单等；②关于其是否制造保密或非保密产品、国防部颁发的商业及政府实体代码（CAGE 码）、DUNS 身份号、北美工业分类系统（NAICS）代码等信息；③若该企业目前或过去5年内与美国政府、机构签订有效合同，如涉及第12958号总统令所规定的保密信息、技术、数据的，则应提供合同、估计完成时间以及签约机构、人员等相关信息；④该美国企业目前或过去3年内生效的与美国政府机构签订的不涉密合同的相关信息；⑤作为生产商、承包商、供应商为美国政府、机构直接或非直接提供包括研发在内的产品或服务，或者知道市场上是否存在对政府、机构来说是独家供应商或唯一供应商的产品或服务等；⑥其生产的产品或服务将被第三方买主作为其品牌或者纳入另一企业时，需通报更换品牌的产品与服务的新名称、品牌，以另一实体的名义提供的产品或服务需提供实体的名称；⑦在过去3年，作为交易方的美国企业接受的重要合同或订单（根据国防重要性及分配系统（DPAS）办法进行界定的合同或订单）的数量和级别，或者是美国企业与其他实体签订的此类重要合同或订单的数量和级别的相关信息；⑧企业如果针对美国企业服务、网络、系统、数据存储、设施的运营、设计、开发的网络攻击制定网络安全计划，则需提供相关描述及复本。

4）如果被收购的美国企业从事下列产品或服务的生产或销售，则其需提供相关信息：①如果从事受出口管制法规（EAR）管制的产品的生产或销售则需提供这些产品的说明及相关产品按商品管制清单（CCL）分类的清单；②国防产品、国防服务以及国际武器交易规章（ITAR）下美国军火清单（USML）管辖的相关技术数据，同时包括正待进行司法判定的国防产品、服务和技术数据或可能被判定为受USML管辖的国防产品、服务和技术数据等；③受能源部出口授权管理或核管理委员会出口许可证管理的产品和技术；④某些作用剂和毒素及相关的产品等。

5）作为交易方的美国企业如拥有任何美国政府部门所颁发的许可证、许可或其他授权，或者拥有军事用途的技术等均需要提交相关的信息。

6）对于交易中涉及的外国法人及其母公司，需要在书面通知中包含以下的内容：①外国法人及其总公司的商业信息，如企业年报所示，同时需提供企业的商业和政府实体（CAGE）代码、北美产业分类系统（NAICS）代码、数据通用编码系统（DUNS）等。②如果外国法人拟对交易后的美国企业有如下计划，则需对相关信息进行披露，包括减少、取消或变卖研发机构，改变产品质量，将某些设施关闭或转移到美国以外，合并或出售相关产品生产线或技术，修订或终止与美国政府、机构当前或5年以内签订的合同或订单，停止在美国国内供货等。③对美国企业从事并购的外国法人是否受外国政府控制、代表外国政府或以某种身份代外国政府行事等。④外国政府或受外国政府控制的法人是否拥有外国收购方或其任何母公司的所有权或可转换投票权工具，如果有则需说明这类可转换投票权工具的性质和所占百分比，是否对外国交易方具有控制权，拥有的外国交易方可能的利益及其实现形式以及是否拥有可以影响外国投资委员会判定该交易是否为外国政府控制交易的权力。⑤如果存在多个收购方，外国收购方之间或外国企业与其他方之间是否有任何正式或非正式协议或安排，使其能够在某些事情上按照协同一致的方式来影响被收购的美国企业，如果存在这种正式或非正式协议或安排，则应提供这种协议或安排相关描述。⑥交易方、交易方中外国企业的母公司及总公司的董事会成员、高级管理人员以及占5%以上份额最终收益所有人的个人信息。⑦另外对于交易方的个人身份信息，出于保护隐私的需要，需要对其信息在书面通知以外以单独文件的形式提交，同时也需要对直接并购者母公司，包括总公司及拥有类似所有权并能对作为交易对象的美国企业施以控制的其他实体提交包括商业名称、地址、电话等基本信息的"商业确认信息"。

自愿通知的内容还包括在交易了结前已经或准备向美国政府部门提交或报告的有关交易的内容，应包括这些报告的性质、提交日期或预计提交的日期等，包括最近的资产或股票购买协议或其他规定交易条款文件的复印件。在收购某法人部分而非全部财产的情况下，要求提交已被或将被收购的美国财产的指定信息。外国交易方、其直接母公司、作为交易对象的美国企业以及外国企业的所有子公司应当在书面通知后面附上其最新英文年报。

若在外国投资委员会或总统对受管辖交易进行审查期间，通知中的计划、事实和条件以及提交给外国投资委员会的信息发生了任何实质性变更，已提交书面通知的交易方应立即向外国投资委员会的常务主席通报，并重新提交书面通知反映这些实质性变更。如果交易方已与外国投资委员会或相关的牵头机构就执行收购的缓冲协议达成一致，或正在执行则需要就该协议或条件的日期、目的和美国政府签约方做出说明，即使交易方曾就该交易向外国投资委员会做过通知，也需要加以说明。

为了确保相关交易方自愿向外国投资委员会提交敏感和准确的信息，外国投资委员会保证相关交易方所提交的书面通知中信息的保密性，除非存在与行政或司法行为、程序有关或存在某项法律诉讼，相关法律禁止外国投资委员会向公众公布交易方所提交的书面通知中的信息。受保护信息包括文件提交者的身份和被通告交易的细节等，还包括交易过程中向外国投资委员会提供的非正式信息。

3. 外国投资委员会对书面通知采取的行动

外国投资委员会针对交易方所提交的书面报告所采取的行动主要包括驳回、推迟接受或处置等。

（1）书面通知的驳回

外国投资委员会主要通过其常务主席对相关交易方提交的书面通知做出驳回的决定，存在下列情形的，外国投资委员会可随时做出驳回的决定：①交易方提交的书面通知不符合要求，信息缺乏等，应立即以书面的形式通知相关交易方；②如果外国投资委员会或总统在审查过程中或做出结论之前发现通知中涉及的交易有实质性变更，或有关信息与交易方提供的实质性信息不符，则其可以随时驳回书面通知；③在书面通知被接受后，如果常务主席或牵头机构要求其交易方提交后续信息，而在其要求的工作日内，交易方没有提交相关信息，则可随时书面驳回通知；④如果交易方没有提交相关信息的最终认证，则外国投资委员会或常务主席均可以在审查或调查结束之前书面驳回通知。

（2）书面通知的推迟接受

尽管按照（1）的规定常务主席有权驳回不完整的书面通知，但是常务主席也可以通过推迟接受通知和30天的复审期来获得本节要求提供但是交易相关方没有及时提供的信息。在需要相关信息时，常务主席可以与已提交通知的一个相关交易方联系，并要求其在接到要求的7日内向外国投资委员会提供常务主席所指定的信息。

（3）书面通知的处置

当外国投资委员会认为交易方的书面通知中涉的交易不属于受管辖的交易

时，常务主席需要通知交易方其对书面通知的处置结果，专栏 3-23 列举了对书面通知处置的情形。

【专栏 3-23　提交的书面通知的处置】

情形 1　书面通知的驳回或推迟接受

　　外国投资委员会的常务主席收到外国法人 A 和由美国公民所有并控股的 X 公司的联合通知，内容是关于 A 有意收购 X 公司的所有股票，但是该通知中缺关于 X 公司向美国军方供应保密材料和产品或服务的信息，则常务主席有权拒绝接受通知或推迟开始 30 天的审查直到提交人提供了缺失的信息。

情形 2　存在实质性变更的书面通知的驳回

　　外国投资委员会的常务主席收到外国法人 A 和由美国公民所有并控股的 X 公司的联合通知，且该通知表明 A 无意收购 X 公司的参与美国政府机构的保密活动 Y 部门，若 A 和 X 公司于 30 天审查期中的第 25 天通知外国投资委员会 X 公司的 Y 部门也将被 A 收购，则该事实构成对原通知交易的实质性变更，常务主席有权驳回该通知。

情形 3　事实与通知中不符

　　外国投资委员会常务主席收到关于外国法人 A 收购美国公司 X 的全部股权的通知，并且通知中提到交易涉及另一个外国法人 B，但通知中声明 B 只是被动投资者。在审查过程中，相关方提供的信息表明，X 继续从事某些领域业务时必须获得 B 的批准。该事实与通知中声称 B 只是被动投资者的重要情况不符，则委员会有权驳回该通知。

情形 4　不受管辖交易的处置

　　外国投资委员会的常务主席收到外国法人 A 和由美国公民所有并控股的 X 公司的通知，其内容为 A 有意收购 X 公司 5% 的投票权证券。若在上述事实和情况下，委员会认定 A 收购 X 公司的股权不形成外国企业控制 X 公司的情况，常务主席将通过书面通知相关方，其所提交的交易不属于受管辖的交易范围。

（二）外国投资委员会对受管辖交易的审查

1. 审查的目的

美国政府长期以来一直承诺鼓励且欢迎外国投资者到美国进行投资，2007 年 5 月《关于开放经济的总统声明》再次印证了该承诺，其中，指出"美国的繁荣和安全是建立在国家开放的基础之上"。同时在 2007 年《外国投资与国家安全法》的序言中，国会也指出该法案的目的在于"在鼓励外国投资并创造稳定就业的同时，对相关投资可能对国家安全产生的影响进行审查，以确保美国的国家安全"。

按照 1950 年《国防生产法》第 721 节、《埃克森 – 弗洛里奥修正案》和《外国投资与国家安全法》等规定，外资委员会对受管辖交易的审查仅限于国家安全方面的考虑，而非其他因素，出于对国家安全的考虑，如果外国投资委员会认为有必要的话，其将对受管辖的交易进行审查，以确定一项交易是否由或同某外国法人进行，而交易的结果将导致外国法人对美国企业的控制，尤其是涉及重要基础设施、关键技术或在某些行业、领域占据领先地位且与美国政府、机构存在合同、协议的企业的控制；是否有可靠的证据证明交易后控制美国企业的外国法人可能采取威胁美国国家安全的行动；除了 1950 年《国防生产法》第 721 节、《埃克森 – 弗洛里奥修正案》和《外国投资与国家安全法》和《国际紧急经济权力法案》之外，是否有相关的法律规定提供足够和适当的权力来保护美国的国家安全。

在审查期内，外国投资委员会常务主席将作为外国投资委员会的代表和联络人获得包括提交的书面通知在内的文件资料，以辅助审查过程。常务主席可以邀请相关交易方参加与外国投资委员会成员的会面来讨论和澄清关于交易中的问题，同时被审查的相关交易方可以获取与委员会成员会面的批准，见专栏 3-24。

【专栏 3-24　和记黄埔（Hutchinson Whampoa Ltd.）收购美国环球电讯（Global Crossing）遭美外国投资委员会的国家安全审查】

2003 年 4 月 30 日晚，和记黄埔宣布该集团已经撤回了收购"环球电讯"的计划，至此，持续了长达 16 个月的美国环球电讯公司收购战，香港和记黄埔集团最终以和记黄埔集团的退出，新加坡科技电信媒体（Singapore Technologies Telemedia Ltd.）独立完成而告终。环球电讯崛起于全球电信业繁荣期的 20 世纪 90 年代末，其业务涵盖全球 27 个国家和地区，其主营业务依靠于其在光纤通信市场的竞争优势，其所拥有的光纤网络长达 10 万英里，光纤网络容量严重过剩令整个市场趋于崩溃，环球电讯陷入财务困境，并在 2002 年 1 月提出破产申请。2002 年 8 月 9 日，和记黄埔和新加坡科技电信媒体与环球电讯就收购达成协议，但 2003 年 2 月美国电讯服务公司 IDT 突然准备收购环球电讯的股权，并声称和记黄埔的收购存在对美国国家安全的威胁。同年 3 月，"和黄"准备通过修改收购计划，放弃对环球电讯的管理和决策权以争取美国外国投资委员会的批准。而 4 月 28 日，外国投

资委员会发表声明指出经过审查后，该委员会将对这次收购展开新一轮为期 45 天的调查，然后向布什总统提交建议。于是在 4 月 30 日，和记黄埔的发言人宣布退出收购。

外国投资委员会对此次收购的审查及后续的调查源于以下两个方面：①作为牵头机构的国防部向外国投资委员会提请，认为和记黄埔与中国政府存在密切关系，可能会听命于中国政府。②在 "9.11" 事件后，国防部官员认为外国政府可能利用环球电讯的光纤网络来窃听、监控美国的电讯状况，进而威胁美国国家安全，所以准备对此次收购进行深度调查，并向总统提交建议，由总统做出决定（杨逢柱，2007）。

2. 审查的开始

在外国投资委员会的常务主席确定其收到的相关交易方提交的书面通知符合通知的要求，并将该书面通知发给所有委员会成员之后的第二个工作日开始接受主动通知。对受管辖交易的审查期开始于接受主动通知、常务主席接受部门通知或常务主席按照相关规定开始审查的当天，审查期将持续 30 天，如果自审查期开始的第 30 天不是工作日，则将不迟于第 30 天后的第一个工作日结束。

在审查期开始时，常务主席需要即刻将通知的接受、审查开始的日期、指派的牵头机构等信息以书面通知的形式发布给相关的交易方，并且于其接受通知之后的两个工作日内向所涉及的交易方发出部门通知，把正式提交前的通知草案、部门通知、已接受通知和相关方提交的后续信息散发给外国投资委员会的所有成员，以备其成员对相关交易的审查正确做出判断，见专栏 3-25。

【专栏 3-25　中海油并购优尼科接受外国投资委员会的审查】

2005 年 6 月 23 日中海油宣布收购美国石油企业优尼科公司由于可能影响美国能源领域的安全而受到外国投资委员会的调查。在审查中，外国投资委员会主要有三点原因认为此交易构成对美国国家安全的威胁。首先，中海油并购的优尼科属于石油产业，而优尼科拥有某些在石油开采、加工和提炼中使用的敏感技术，这些技术具有商业和军事双重用途。同时，石油和天然气均属于与国际安全、经济发展相关的战略性资产，所以会影响美国国家安全。其次，中海油国企的属性。美国外国投资委员会在涉及中国企业的并购问题中总是倾向于将其作为受中国政府控制的企业加以考虑，所以在向委员会提交的书面通知中其需要证明不被中国政府控制，而在诸如石油等能源领域中，全球几乎一半的开采、加工等都被国有企业控制，而在中海油并购案之前，美国并没有对来自法国、挪威、巴西、俄罗斯以及委内瑞拉等国的国有企业的并购提出异议，中海油作为中国国有的三大石油企业之一，在并购优尼科的交易中受到严格的审查其中也有歧视性标准问题。最后，可能存在政府补贴问题。美国部分国会议员、金融机构人士声称中海油受中国政府的巨额补贴，因此在其并购优尼科的交易中存在非正常的商业收购，美国国会认为中海油可以获得巨大的国家资源，即使名义上独立的公司也会从国有银行获得无息贷款。调查表明，中海油从其母公司获得了 25 亿美元无息贷款和 45 亿美元年利率 3.5% 的低息贷款，这在很大程度上使得中海油在并购优尼科过程中受惠。以上述三点为基础，美国外国投资委员会认定中海油并购优尼科会威胁美国国家安全。因此美国众议院于 2005 年 6 月 30 日通过财政拨款修正案以禁止财政部拨款用于对中海油并购优尼科的审查，7 月 30 日，国会参、众两院通过能源法案新增条款，要求政府在 120 天内对中国的能源状况进行研究，并在该研究报告出台的 21 天后才可以批准中海油对优尼科的收购，这样在时间上排除了中海油并购优尼科成功的可能性，于是中海油主动撤回并购的要约，放弃并购（梁咏，2009）。

（三）审查基础上的调查

1. 是否进行调查的决定

若外国投资委员会在对受管辖的交易进行 30 天的审查之后，委员会中的一个成员向外国投资委员会主席建议此受管辖交易会威胁到美国国家安全，且这个威胁没有得到有效的缓冲，或委员会授权的牵头机构向委员会建议进行调查且得到委员会的同意。在 30 天的审查之后，如果受管辖交易是一个外国政府控制的交易，或者交易的结果将导致外国法人控制美国或美国境内的重要技术设施或关键技术，委员会认为此交易会危害国家安全且这种危害不会得到缓冲，则外国投资委员会将在审查之后继续对该受管辖交易进行调查。

如果外国投资委员会主席或由委员会主席指派的牵头机构的领导，或委员会中同级别的官员或代表在审查的结论中认定此项交易不会威胁的美国国家安全，或对国家安全的威胁的缓冲得以减轻，或委员会在审查期间决定不对所通知的受管辖交易进行调查，则将不对受管辖的交易进行调查，专栏 3-26 列举华为并购 3COM，遭受调查的案例。

【专栏 3-26 中国华为并购 3COM 公司遭受最严厉的调查】

2007 年 9 月底，美国私募资本公司贝恩资本（Bain Capital）联手中国华为以 22 亿美元的价格并购美国的网络设备制造商 3COM 公司。据 3COM 提交给美国证券交易委员会的文件显示，在该交易中，华为将收购 3COM 16.5% 的股份，而剩余 83.5% 归贝恩资本所有。3COM 表示贝恩资本已经向美国外国投资委员会提交有关该交易的书面通知。针对美国政府对协议可能危害美国家安全的担忧，3COM 表示华为不会接触到敏感技术和核心技术，而由于 3COM 公司与美国政府之间的合同全都是通过转售商或承包商进行的，不是其直接与美国政府签署的，所以在并购后，华为将不会参与 3COM 与美国政府签署的合同项目，而且华为也不拥有 3COM 的运营、决策和控制权。并购完成后华为将占据 3COM 11 人的董事会中的 3 个席位。根据公司的未来业绩，华为将来可以增持 5% 的 3COM 股份，但不会获得更多的董事会席位。该公司将定期进行培训和稽核，以确保安全，而贝恩公司就允诺遵守和履行严格的安全计划。但在美国国会外务委员会（HFAC）委员 Ileana Ros-Lehtinen 以及美民主党议员 Jon Kyl 和其他立法人员的敦促外国投资委员会对华为并购 3COM 的交易展开最严格的审查，主要是审查华为的各种社会关系，Lehtinen 指出该交易会对美国国家安全构成威胁，重点在于 3COM 的子公司 TippingPoint 为五角大楼和其他政府部门提供"入侵防御"等保护电脑不被黑客入侵的技术，从事网络安全设备的生产。在随后的以美国国家情报局（ODNI）为牵头机构的外国投资委员会的调查报告明确指出该协议构成了对美国国家安全的威胁。委员会通过三点证明华为对 3COM 可能威胁美国国家安全：第一，华为是代表中国政府的企业，因为其老总是退伍军人；第二，2002 年印度政府曾指责华为试图通过该科技监控设备支持阿富汗塔利班政府，这在很大程度上与美国的反恐观念相违背；第三，2005 年在华为并购英国老牌电信企业马可尼的时候，美国伊拉克问题专家指出华为在伊拉克设计和搭建的光纤网络控制了巴格达的空间防护体系，而如果华为并购 3COM 成功，存在伊拉克和阿富汗通过华为获取美国核心技术和敏感技术的可能，进而威胁到美国国家安全，所以在 2008 年初，华为与贝恩资本联合收购 3COM 公司未获外国投资委员会的批准，以失败告终（崔瑜，2008）。

2. 调查的开始

如果按照外国投资委员会的决定对受管辖交易进行调查，则调查需要在规定的 30 天审查期结束之前开始,同时委员会的相关官员需要即刻通知受管辖交易相关交易方调查的开始。

3. 调查的完成或终止

按照相关法律规定,外国投资委员会需要在调查开始后的 45 天之内完成调查,若第 45 天不是工作日,则不迟于第 45 天后的下一个工作日完成。如果委员会决定终止对受管辖交易的所有审议和调查行动,并且在调查完成或终止后不用向总统提交调查报告,则视之为调查的终止,委员会官员需即刻向相关交易方发出决定终止调查的书面通知。

如果在调查完成或终止后,委员会建议总统做出暂停或禁止交易的决定,或委员会不能就是否建议总统暂停或禁止交易达成一致,或者委员会请求总统就交易做出决定时,委员会需要向总统提交一份报告请求总统做出决定,在提交给总统的报告中需包括第 721 节 (d)(4)(A) 和 (B) 部分相关信息,并陈述委员会的建议,如果委员会未就受管辖交易达成一致向总统提交唯一的建议,则委员会主席需要向总统提交包含各种不同观点的报告,并且说明有待总统做出决策的事项。

4. 国家情报局局长和劳工部部长的职责

总体来说,国家情报局局长需要迅速对受管辖的交易进行彻底的清查以确定其是否存在对美国国家安全的威胁,在其考察过程中需要将所有相关情报机构的观点加以考虑。按照相关法律的规定,国家情报局局长需要在相关交易方提交书面通知被接受的 20 天之内做出分析。如果国家情报局局长认为合适、有必要或者外国投资委员会要求交易方提供额外的信息,则可以对其书面通知进行补充或修改,同时他也可以依据其他法律在书面通知接受前就对相关交易方展开调查和分析。而依据外国投资委员会主席的要求,劳工部部长将向外国投资委员会指出,提出由委员会或牵头机构制定的任何缓冲规定是否会违反美国劳工法。

由于国家情报局局长和劳工部部长均属于外国投资委员会中无表决权的、依职权的成员,其有权获得关于受管辖交易方向委员会提交的书面通知,但除了对通知中内容、缓冲协议等进行调查分析外,不具有任何政策层面的职责。

(四) 总统决定

总体上,如果有足够的证据使总统相信外国企业所采取的行动会对美国的国家安全构成威胁,或者依据总统的判断,除了 1950 年《国防生产法》第 721 节、《埃克森－弗洛里奥修正案》和《外国投资与国家安全法》等法律和《国际紧急经济权力法案》外没有其他法律可以为总统做出正确而恰当的判断来保障国家的安全，则总统可以在其认为受管辖的交易存在威胁美国国家安全时采取适当的行动来取消、暂停或禁止交易的发生。同时，总统需要在国家安全审查和调查结束后的 15 天之内，依据相关法律对是否对受管辖交易做出采取许可、取消、暂停或禁止交易做出决策。为了贯彻和执行该法案，总统可以命令司法部长向联邦地方法院寻求帮助，包括撤销交易的决定，总统依据相关法律所采取的行动和做出的调查结果具有司法豁免权，不需要司法审查。

（五）对中国企业的启示

对于受管辖的交易，美国外国投资委员会将展开 30 天的审查，若在审查期间发现交易构成对国家安全的威胁，且在 30 天的审查期结束时，这种威胁仍未减轻或得到有效缓冲，则委员会将进行 45 天的调查，以确定此交易是否会威胁国家安全。当中国企业参与的交易受管辖时，其可以自愿向委员会提交交易方及交易的相关信息，包括交易目的、性质、收购方式，交易企业名称、性质，中国企业年报，股权构成，所属产业及对并购完成后美国企业的计划等，另外中国企业也可以在提交通知以前就需要提交的内容向委员会咨询，以正确地提交通知。如若委员会认为提交的通知中存在信息遗漏或误导性、错误性信息，则企业需按照委员会的要求重新提交通知。

出于国家安全的考虑，委员会会对受管辖交易进行审查，并在存在不确定的威胁时继续展开调查，就其审查或调查的结果向总统报告，请求总统做出同意或否决的决定，由于总统的决定具有司法豁免权，不受司法审查，在总统做出决定后交易就不可以更改，所以中国企业如发现并购过程中存在的威胁没有减轻时，需要在总统决定之前与牵头机构或委员会进行谈判、磋商保证交易的通过。

五、缓冲协议、跟踪及并购后的监督和执行

（一）缓冲协议

总体来说，在外国投资委员会接受受管辖交易的相关方提交的书面通知，并展开对交易的审查或调查的过程中，若外国投资委员会或代表委员会的某个牵头机构认为受管辖的交易构成对国家安全的威胁，则其可以通过与相关交易方的谈判、协商就减轻对国家安全威胁的风险或缓冲条件达成一致，或针对交易中的某些对国家安全的威胁采取强制执行的协议或规定以完成交易，上述强制执行的条件和缓冲协议都必须建立在有外国投资委员会或其牵头机构对国家安全的威胁的风险分析的基础上，形成相关交易方和美国国家安全双赢的结果，专栏 3-27、专栏 3-28、专栏 3-29 列举了涉及缓冲协议的 3 个案例。

【专栏 3-27　Thomson 公司收购美国 LTV 公司的导弹部门的缓冲】

Thomson 公司是法国政府所有的 Thomson-CSF 公司间接控股的在美国的子公司，Thomson 公司曾试图并购 LTV 公司的导弹生产设施部门，引起美国政府高度关注，由于担心与国防相关的核心技术被他国政府控制的企业控制，导致关键技术外流，CFIUS 建议总统否决该跨国并购案。无奈之余 Thomson-CSF 公司撤回先前提交的书面通知，并与外国投资委员会及其牵头机构就达成保证关键技术不外流的缓冲协议，不久 Thomson 公司和 Loral 公司达成"共同并购"LTV 导弹生产部门的协议，在此项协议中，美国企业 Loral 公司将在交易完成后控制 LTV 导弹生产部门 94% 的股份，此重新提交的申请获得了外国投资委员会和总统的批准。

【专栏 3-28　德国 Huels SA 收购半导体生产商 Monsanto Electric Co. 的缓冲协议】

德国企业 Huels SA 在收购美国半导体生产商 Monsanto Electric Co. 的过程中也受到了外国投资委员会的调查，由于该交易涉及国防、关键技术等，Huels SA 最终在做出保证不将 Monsanto Electric Co. 的研发设施转移出美国的缓冲协议的情况下才获得了交易的批准（杨逢柱，2007）。

【专栏 3-29　德国波恩 Deutsche Telekom 公司并购美国公司 VoiceStream 的缓冲协议】

2000 年，作为德国最大的电信公司的波恩 Deutsche Telekom 公司在并购美国公司 VoiceStream，在最初的审查过程中，由于波恩 Deutsche Telekom 公司为德国政府控股企业（政府控制 60% 的股份），美国政府担心在并购完成后，美国企业将受德国政府的控制，从而构成对美国电信产业的威胁，进而威胁美国国家安全。经过相关交易方的多次磋商和谈判，制定了合理的缓冲协议，德国政府为了满足美国政府的要求，公开承诺在并购完成后的不确定的时间内通过降低国家持股比例实现波恩 Deutsche Telekom 公司的私有化，并逐渐抛售国家的波恩 Deutsche Telekom 公司的所有利益，正是由于该缓冲协议的制定才促成了此项交易得以完成（杨逢柱，2007）。

（二）撤销的书面通知的跟踪

如果受管辖的交易方已经就与其交易相关的内容做出书面通知，且在外国投资委员会或其授权的牵头机构对交易的审查或者调查完成前撤销提交给委员会的书面通知，则外国投资委员会有必要通过暂时性保护来表达对那些悬而未决的，正在接受审查或者调查的交易的特别关切。考虑到总统可能对相关交易采取的进一步行动，则外国投资委员会需要对重新提交相关书面通知的时间等做出要求，并且对撤销的且未重新提交书面通知的受管辖交易跟踪和监督，以确定交易的后续事宜。

（三）谈判、修改协议及相关协议的监督和执行

针对相关交易方就受管辖的交易提交的书面通知，外国投资委员会需根据交易的类型、所属产业、行业等来确定牵头机构，由牵头机构代表外国投资委员会以 1950 年《国防生产法》第 721 节、《埃克森－弗洛里奥修正案》和《外国投资与国家安全法》等为依据对交易进行审查、调查，与相关交易方进行谈判，修改交易中可能涉及对美国国家安全构成威胁的合同、协议、条款等，或对交易的协议等做出有效的缓冲，并对达成的协议、条款、缓冲或强加的条件等的执行情况进行监督，在整个行动过程中也可以依据相关交易的需要寻求其他机构或部门的帮助，见专栏 3-30。

【专栏 3-30　联想集团（Lenovo Group Ltd.）收购 IBM 个人电脑部门的审查与缓冲协议】

2004 年 12 月 7 日，联想集团宣布通过以现金和联想集团普通股的形式收购美国计算机业巨头 IBM 的个人电脑部门，根据该并购协议，联想收购的资产包括 IBM 所有笔记本、台式电脑业务及相关业务，包括客户、分销、经销和直销渠道，IBM "Think" 品牌及相关专利，IBM 位于深圳的合资公司以及 IBM 位于日本大和和美国北卡罗来纳州罗利（Raleigh）的研发中心，在收购完成后，联想将把其全球总部设在纽约，生产加工运营的中心则主要位于北京和罗利。另外，联想将与 IBM 建立一个 "广泛的战略联盟"，联想将获得优先向 IBM 提供个人电脑的权利，而后者将会继续向其企业客户和中小商业客户们提供个人计算的解决方案，由于 IBM 是美国总务管理局（GSA）批准的计算机供应商，因此联想将自然获得美国政府这个大客户。

2005 年 1 月 27 日，美国外国投资委员会认为位于罗利的工厂除研发和生产少量 ThinkPad 笔记本外，还生产其他高科技产品，这其中很可能包括一些

用于军事的保密技术，由于担心 IBM 在罗利的工厂被用于间谍用途或通过被收购而丧失美国的保密技术，因此宣布对此交易进行为期 45 天的国家安全调查。为了促成收购案尽快通过，在调查期间，联想、IBM 和美国外国投资委员会进行谈判和磋商，向外国投资委员会做出让步，达成了一系列的缓冲协议，提出包括阻止共享办公区内的联想集团的外国雇员进入 IBM 位于罗利的"研究三角园区"的两栋大楼，把数千名 IBM 雇员搬迁到其他地方，并且阻止联想集团了解 IBM 的美国政府客户的名字等，同时联想方面表示未来新联想更多的生产将在中国完成，因此完全可以采取某些措施来消除北卡罗来纳工厂所带来的国家安全方面的顾虑。在上述缓冲协议的基础上，美国外国投资委员会批准了联想对 IBM 个人电脑部门的并购（胡丹，2005）。

外国投资委员会或代表外国投资委员会的牵头机构需要定期就达成的协议的修改、缓冲或强加的条件向外国投资委员会做出报告，确保缓冲协议或强加条件等的改变要向国家情报局局长、司法部长以及其他一些可能对其感兴趣的部门或机构做出报告，以确保对相关交易的监督和缓冲协议、强加条件的执行等。

（四）对中国企业的启示

对于中国在美国并购的企业来说，如果其存在实质性的对美国国家安全的威胁，需要与外国投资委员会或代表委员会的牵头机构、相关部门进行谈判、磋商等以达成可能的缓冲协议来实现交易。例如，日本德山化工（Tokuyama Soda）在并购 General Ceramics 时，由于外国投资委员会担心德山化工会通过交易获得 General Ceramics 与 Oak Ridge 合同中的机密信息，进而威胁美国国家安全，只是在德山化工做成有效缓冲时才完成交易，见专栏 3-31。

【专栏 3-31　日本德山化工收购 General Ceramics 的缓冲协议】

日本德山化工在收购陶瓷铍元件生产商 General Ceramics 的过程中，由于涉及与国防相关的产品，所以在经历了审查、调查之后，外国投资委员会建议总统否决该并购交易，德山化工主动撤回原有的并购要求和条件，并通过积极地与作为外国投资委员会牵头机构的美国能源部官员进行谈判、磋商和合作，以寻求双方可以接受的预防性措施，在不久后重新提交的书面通知中，德山化工保证不会通过交易得到与 Oak Ridge 合同相关的机密信息，最后外国投资委员会和总统批准了此项交易（杨逢柱，2007）。

若有中国企业参与的并购交易为受管辖交易，且外国投资委员会在接受书面通知后做出审查或检查的决定后，中国企业发现所提交的书面通知中有信息遗漏、错误等情形出现时，其可以向委员会做出撤回书面通知的申请，并按照委员会的要求时间重新提交通知。而委员会在相关交易方做出撤回通知后仍将对其通知进行监督，对于通过谈判或缓冲协议而达成的交易将进行后续的监督和执行以确保相关交易方按照协议执行交易，并不再对美国国家安全构成实质或潜在威胁。

第三节　美国企业并购的趋势和对中国企业跨国科技并购的启示

2005～2007年的3年间，受管辖交易的相关交易方向外国投资委员会提交的书面通知呈上升趋势，如表3-1所示，2005年为64项受管辖交易，2006年为111项，而2007年上升到138项。在2005年有1项交易被撤回，1项交易进入深入调查阶段；2006年共有14项交易在最初的审查期被撤回，7项交易被调查，另有5项在调查期被撤回；而2007年在所有的138项交易中，7%的交易（10项）在最初的审查期被撤回，4%的交易（5项）在调查期被撤回，外国投资委员会在审查期结束后对6项交易展开为期45天的调查，其中5项交易的相关交易方在调查期撤回其书面通知，3项交易的交易方重新就受管辖的交易提交书面通知，并且均在重新开始的审查期内通过审查，而另两项交易的企业则做出放弃交易的决定，而对于余下的1项交易，在相关交易方对交易的结构做出调整后使得外国法人不拥有对交易后的美国企业的控制权之后，该交易不再受管辖。在此3年间，只有两项交易最终需要由总统对其是否涉及国家安全做出决定，但它们最终都通过了审查、调查，并由总统确认其不对美国国家安全构成威胁。

表 3-1　2005～2007 年外国投资委员会接受的书面通知及后续的处理

年份	书面通知数目	审查期撤回的通知	调查的交易数	调查期撤回的通知	总统的决定
2005	64	1	1	1	0
2006	111	14	7	5	2
2007	138	10	6	5	0
总计	313	25	14	11	2

资料来源：美国外国投资委员会 2008 年年报。

按照外国投资委员会的统计2005～2007年共有来自39个国家的企业参与对美国企业的并购，并依据相关法律提交书面通知。其中，最活跃的国家依次为英国、加拿大、法国、澳大利亚、以色列和德国。上述6国参与的交易占总数的59.1%，尤其是英国企业参与了其中的79项交易（占25.2%），如表3-2所示。

表 3-2   2005~2007 年最活跃的 6 国与中国参与的交易数比较   （单位：项）

国别	2005 年	2006 年	2007 年	总数
英国	24	23	32	79
加拿大	6	8	21	35
法国	9	9	7	25
澳大利亚	2	7	9	18
以色列	1	9	6	16
德国	2	4	6	12
中国	1	0	3	4

资料来源：美国外国投资委员会 2008 年年报。

外国投资委员会通过特定的程序和手段对受管辖交易方同委员会或代表委员会的牵头机构共同谈判、磋商而制定的缓冲协议的执行情况进行监督，以确保国家安全的威胁得以减轻或缓冲。自缓冲协议、手段达成之时起，由委员会指派的一个或几个牵头机构就需要代表委员会行使其监控权，对相关交易方监督并就发生的各种情况向委员会提交报告。从 1997 年开始，外国投资委员会或代表其行使权力的牵头机构在相关法律的指导下共与交易方达成 52 项缓冲协议，包括国家安全协议等多种不同的法律保证。正是这些缓冲协议，一方面促进了交易的成功，另一方面保证了国家安全威胁的消除。

2007 年，外国投资委员会及其牵头机构相关交易方就 12 项不同的交易达成 14 项缓冲协议。其中，有两项交易达成两个缓冲协议。上述 12 项受管辖交易涉及基础制造业、能源、航空和航海产业运营服务以及包括计算机软件、硬件在内的信息技术。在委员会或其牵头机构与交易方达成的缓冲协议中，有 11 项是以保证书的形式签署的，它们通过列举和规范在后续交易中所采取的行动措施来减轻委员会对国家安全的担心。另外 3 项缓冲协议为国家安全协议。其中，1 项是对现有国家安全协议的修正。在上述委员会与交易方签署的缓冲协议中，委员会主要通过 4 种机制来监督缓冲协议的执行，包括：规定交易方定期向委员会或牵头机构提交执行情况报告，由委员会或牵头机构主持现场审查，第三方审查，异常情况出现或违约时的调查和矫正措施的实施。

一、按所属行业、领域区分的受管辖交易趋势分析

据外国投资委员会的统计，2005~2007 年，向其提交书面通知的受管辖交易涉及诸多行业、产业和领域，如制造业（包括化学制品制造、计算机和电子产品制造、运输设备制造和其他与制造业相关的行业）、信息产业（电信业、专业技术服务、出版业等）、批发零售贸易（包括水上运输、快递邮递服务、运输支

持服务等）、采掘和建筑业（采矿业、建筑业、油气开采、工民建等）等，其中，制造业的交易三年累计达 148 项，占所有交易总数的 47.3%，隶属于信息产业的交易为 112 项，占 35.8% 左右（表 3-3 和图 3-1）。

表 3-3　2005～2007 年按产业划分的受管辖交易（提交书面通知）　（单位：项）

年份	制造业	信息产业	采掘和建筑业	批发零售贸易	其他产业	总数
2005	34	24	1	5	0	64
2006	53	32	15	10	1	111
2007	61	56	11	10	0	138
总计	148	112	27	25	1	313

资料来源：美国外国投资委员会 2008 年年报。

从总体看，隶属于制造业的受管辖交易虽然在各年中均占很大比例，但呈下降趋势，三年所占比例分别为 53%、48% 和 44%。信息产业则呈振荡上升的趋势，三年比例分别为 38%、29% 和 41%。由此可见，在外国企业在对美国企业的并购中不是拘泥于制造业或其他任何一个产业或关键技术领域，而是分散在不同产业中，即便各国企业对高科技产业的并购青睐有加，也并没有一味追求高科技企业所在产业链的诸如研发、生产、销售等各个环节（图 3-1）。

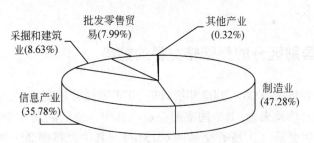

图 3-1　2005～2007 年受管辖交易所属产业细分图

在对以往受管辖交易所涉及的关键技术领域进行总结的基础上，美国外国投资委员会列举出以下 14 个将重点审查和展开调查的关键技术领域（表 3-4）。数据显示，虽然自 1997 年以来，外国企业用于并购拥有关键技术的美国企业的投资增加（截至 2006 年底，外商在美国直接投资的存量中有 23% 被用于关键技术相关产业，而 1997 年仅为 19%），但是包含关键技术产业在内的外国法人控制企业的每股增加值只是从 1997 年的 22% 增加到 2005 年的 23%，同样，涉及关键技术产业的就业率只增加了 2%（从 1997 年的 19% 到 2005 年的 21%）。

表 3-4　外国投资委员会确定的关键技术领域

1	先进材料及工艺	8	军用电子设备
2	化学制品	9	生物技术
3	先进技术制造	10	专业科学仪器
4	信息技术	11	航天器及地面交通
5	电信	12	能源
6	微电子技术	13	空间技术
7	半导体设备制造	14	海洋技术

资料来源：美国外国投资委员会 2008 年年报。

　　源自外国投资委员会年报中的数据表明，没有证据证明外国企业或政府通过多部门的协调战略在并购美国关键技术领域的基础上获取关键技术，但是，有证据表明，当前完成对美国关键技术领域并购的企业或外国政府对美国构成的威胁，主要表现在技术转移和获取商业机密等方面。包括情报部门和安全服务部门在内的政府部门通过私人企业的并购来学习、利用和获取美国关键技术，也有的外国政府通过建立半官方的组织来促成科学家、工程师和商人向其转移关键技术。所以对中国拟"走出去"进行并购的企业来说，首先要做的就是对目标企业的定位，在准确定位的基础上通过对相关规定、规制的有效规避来完成对美国企业的并购、吸收。

二、按国别区分的受管辖交易的趋势

　　外国投资委员会 2006～2007 年统计的 1073 项受管辖交易中，共有 869 项已完成。这些交易涉及来自 51 个国家的企业。其中，最活跃的 6 个国家的企业参与了其中 569 项交易（占所有交易的 65.5%）。其中，英国 203 项，占 23.4%；加拿大 170 项，占 19.6%；日本为 58 项，占 6.7%（表 3-5）。

表 3-5　最活跃的国家完成对美国企业并购数

国别	并购数/项	占总交易数的比例/%	累积比例/%
英国	203	23.4	23.4
加拿大	170	19.6	43.0
日本	58	6.7	49.7
德国	55	6.3	56.0
法国	49	5.6	61.6
印度	34	3.9	65.5

资料来源：美国外国投资委员会 2008 年年报。

（一）英国

在由英国企业完成的对美国关键技术领域的 203 项并购交易中，有 107 项隶属信息技术方面，30 项属于生物技术领域。在上述两个拥有最多并购交易的领域中，英国均占据第一的位置；而在化学制品、先进技术制造、军用电子设备和空间技术等领域，英国占据第二的位置；在电信产业和先进材料产业，英国分别列第三和第四，只是在能源领域排名靠后。在对相关交易方的审查和调查过程中，外国投资委员会或作为其代表的牵头机构，并未有足够的证据证明对美国企业进行并购的英国企业与政府存在多部门协调战略或为受政府的指示。通过对早期数据的研究发现，英国企业一直以来都活跃在对美国企业的并购中，在英国与美国企业间，合资公司、并购交易和战略联盟等形式的并购是很常见的。研究发现，在对美国企业并购中最活跃的三家企业分别为涉及 10 项并购交易的投资公司 RAB Capital PLC，涉及 8 项并购的从事出版、数据管理服务的 Reed Elsevier NV 公司和涉 5 项并购的，从事电子相关产业并购的 Laird Group PLC 公司。

（二）加拿大

2006 ~ 2007 年间，加拿大的投资者共参与了 170 项对美国关键技术企业的并购。其中，86 项交易涉及信息技术，18 项隶属电信产业，13 项与能源产业有关。在所有参与电信和微电子技术的并购中，加拿大企业均位列第一，在能源、空间技术以及科学设备的并购中来自加拿大的企业也位于领先地位，在信息技术、生物技术和军事电子设备三个领域均处于第二的位置。在有加拿大企业参与的对美国关键技术的并购交易中，并未出现由政府引导、控制的蓄意收购来获取关键技术的机密并进行技术转移的情形，而且由于长期以来加拿大与美国在政治、经济、科技方面的良好关系，使得加拿大企业并无必要通过并购来获取、转移关键技术。

虽然在所有涉及对美国关键技术领域的并购中，活跃的加拿大企业占据 20% 左右，但是同加拿大企业参与的所有并购交易相比，对关键技术领域的并购只占很小一部分，而且涉及众多企业的并购，两年间共有 124 家加拿大企业参与到 170 项并购中。其中，致力于为全球的客户提供集成信息服务的汤姆逊集团（Thomson Corporation）参与了 10 项并购交易，其主营业务包括汤姆逊法律法规集团、汤姆逊学习集团、汤姆逊金融公司以及汤姆逊科学保健集团四部分。而为市政、学校及事业单位提供软件和技术服务的加拿大哈里斯计算机系统公司（Harris Computer Systems）则参与了 8 项交易。

（三）日本

在 2006 ~ 2007 年统计的对美国关键技术的并购中，日本企业参与了其中的

58 项，23 项为信息技术产业的交易，涉及先进材料的并购为 7 项，能源领域为 8 项。虽然没有证据证明日本政府通过部门间的协同战略来完成对美国企业，特别是关键技术企业的并购；但是，外国投资委员会发现，日本政府正致力于培育和提升其在某些特定产业中的领先地位。自日本政府于 2001 年 7 月宣布进入宽带时代后，其积极倡导高速网络服务的发展与传播以及宽带费用的降低。2006 年的"信息技术改革战略"确保了日本在高级信息交流技术（ICT）上的领先地位，有证据证明日本政府通过对并购美国信息技术企业的补贴来提升其在信息交流技术上的竞争力。同时于 2006 年提出的"国家新能源战略"中所涉及的 2030 年的远期目标和政府的政策导向也构成了对美国相关产业的威胁，因此属于上述两个技术领域的并购将受到美国政府、外国投资委员会及相关牵头机构的广泛关注。

（四）德国

来自德国的企业参与了 55 项与美国关键技术相关的交易。其中，信息技术领域有 19 项，生物技术领域有 12 项，微电子技术领域有 5 项等。外国投资委员会在对相关受管辖交易的审查和调查过程中并未发现有政府控制或代表政府的企业参与到对美国企业的并购中，在德国企业参与的 6% 的关键技术领域的交易中未涉及多部门协同战略或对美国国家安全构成威胁的交易。西门子公司（Siemens AG）和斯艾普公司（SAP AG）是众多德国企业中最活跃的两个，在两年间各自参与了 8 项对美国关键技术企业的并购。

（五）法国

法国企业对美国关键技术领域企业的并购主要集中在信息技术（24 项）和科学设备（12 项）上。对现有交易的研究发现，法国企业多通过合资公司、战略联盟的形式完成对美国企业的并购，美国外国投资委员会对两年间发生的 50 项受管辖的交易的审查和调查中未发现存在法国政府支持、控制的交易，而且参与交易的企业间也不存在协同战略，从而未对美国国家安全构成威胁。通过委员会的统计年报发现，两年间从事矫正镜片和其他眼科产品生产的 Essilor International SA 参与了 7 项关键技术领域的交易。

（六）印度

近年来，在高科技领域发展迅速的印度两年间参与了 34 项与美国关键技术相关的交易，在诸多国家中位列第六，其中 21 项交易涉及信息技术，5 项为生物技术相关交易。外国投资委员会通过对受管辖的交易的参与方的审查和调查，发现印度政府在生物技术方面的政策目标（通过 50 亿美元的政府资金来扶持印度生物技术产业的发展）极大地促进了印度从事生物技术的企业参与美国相关企业的并购，但是上述并购未涉及印度政府支持或控制的企业，同时也没有发现不同企业间存在多部门协同的证据，所以 5 项生物技术相关交易均未构成对美国国家安全的威胁。

三、对中国企业的启示

依据 Thomson One Banker 数据库的统计，2006 年 1 月到 2007 年 12 月，美国外国投资委员会所列的 14 个关键技术领域共发生 1073 项并购交易。其中，成功的并购为 869 项，分别由来自 51 个国家的企业完成，在交易中最活跃的 7 个国家的企业共完成了上述交易的 70% 左右。其中，英国企业为 203 项（占 23.4%），加拿大为 170 项（占 19.6%），日本为 58 项（占 6.7%），德国为 55 项（占 6.3%），法国为 49 项（占 5.6%），印度与荷兰均为 34 项（均占 3.9%），而中国企业参与的交易仅为 5 项，占总数的 0.6%（图 3-2 和表 3-6）。

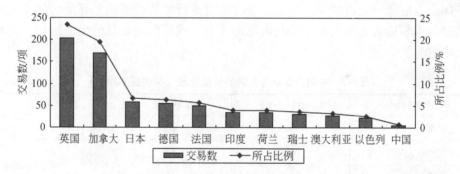

图 3-2　2006~2007 年并购交易最多的 10 国与中国参与的交易比较（关键技术）

表 3-6　2006~2007 年关键技术并购中最多的 10 国与中国的交易数

国别	交易数/项	所占比例/%	国别	交易数/项	所占比例/%
英国	203	23.4	荷兰	34	3.9
加拿大	170	19.6	瑞士	31	3.6
日本	58	6.7	澳大利亚	28	3.2
德国	55	6.3	以色列	22	2.5
法国	49	5.6	中国	5	0.6
印度	34	3.9			

资料来源：美国外国投资委员会 2008 年年报。

中国企业所完成的并购交易集中在先进材料及工艺、信息技术和微电子技术3个领域,如表3-7所示。在美国外国投资委员会所罗列的各个关键技术领域中只占据很小的比例,2006～2007年中国企业参与的关键技术领域的并购交易构成如图3-3～图3-5所示,中国只有一个企业参与到先进材料及工艺的并购中,占1.72%,较之日本、英国、德国等国还有不小的差距。在信息技术领域,参与并购最多的国家两年中共完成了108项交易,加拿大也完成了87项,而中国只有2项交易,占总数的0.48%,作为技术含量较高的行业、领域,信息技术在2006年和2007年两年中共有415项交易,可见世界各国都在关注通过并购美国企业来获取其先进技术,实现自身技术的进步,而中国企业处于落后阶段,所以可以通过对处于技术领先地位的企业的并购来取得技术。在微电子技术领域,2006～2007年成功的并购交易为47项,中国企业仅参与了其中的2项(占4.26%)。而在电信、化学制品、生物技术、空间技术和海洋技术等其他11个关键技术领域,中国企业没有参与对美国企业的并购或曾参与并购但未通过,对于中国处于相关领域的企业来说,不是自身已经具有较高的技术水平或处于产业或领域的领先地位,而是因为仍处于相对落后的地位,所以中国企业应借着经济危机,在对自身的优势进行评估的基础上寻求对处于上述关键技术领域的企业的并购来取得先进技术,进而营造自己的领先地位,实现技术进步。

表 3-7　中国企业参与并购的交易比较(关键技术领域)　(单位:项)

国家和地区	先进材料及工艺	信息技术	微电子技术
英国	6	108	4
加拿大	5	87	8
日本	7	25	3
德国	6	20	5
法国	5	25	2
荷兰	5	16	2
瑞士	3	12	3
澳大利亚	4	8	1
中国	1	2	2
其他	16	112	17

资料来源:美国外国投资委员会2008年年报。

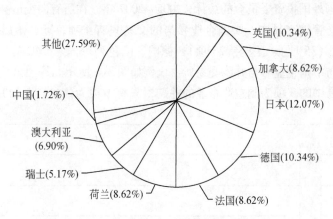

图 3-3　先进材料及工艺的交易构成图

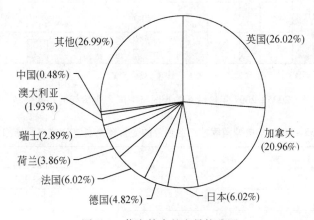

图 3-4　信息技术的交易构成图

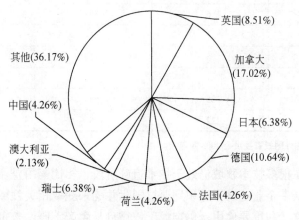

图 3-5　微电子技术的交易构成图

按照美国外国投资委员会的统计，2005～2007 年，在所有向委员会提交书面通知的 313 项受管辖交易中，中国企业参与的交易只有 4 项，远远落后于英国（79 项）、加拿大（35 项）、法国（25 项）、德国、以色列等国家，如表 3-8 所示。最活跃的 6 国与中国企业参与并购交易所占比例如图 3-6 所示。按照该统计，中国仅有的 4 项交易中的 3 项为制造业企业的并购，只有 1 项为信息产业的并购。

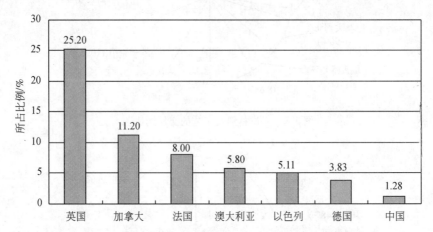

图 3-6　2005～2007 年最活跃的 6 国与中国企业参与的并购交易比较

表 3-8　2005～2007 年典型国家按产业划分的受管辖交易（提交书面通知）（单位：项）

国别	信息技术	制造业	交易总数
英国	28	44	79
加拿大	21	7	35
法国	6	14	25
德国	5	4	12
澳大利亚	6	3	18
日本	5	5	10
以色列	5	11	16
中国	1	3	4
其他	35	57	114
总计	112	148	313

资料来源：美国外国投资委员会 2008 年年报。

中国企业在很多技术领域仍处于技术追赶阶段，相比美国企业存在很大的差距，同时中国众多企业还没有意识到通过国际并购来获取相关领域的先进技术对其发展的战略意义和重要作用，仍拘泥于依靠自身生产、研发来带动技术进步与发展；从另一方面看，走出国门进行并购的企业仍局限在制造业等传统产业中，而没有去关注信息技术、生物技术、电信、空间技术等高科技产业、领域的并购，这在很大程度上限制了中国在科技方面的发展，使得中国不仅落后于发达国家，也落后于一些创新型的发展中国家。而单凭中国企业自身的力量去完成技术进步无疑要耗费巨大的人力、物力和财力资源，当前正值经济危机之时，中国企业可以在审时度势的基础上，结合自身技术和资金优势，通过对掌握核心技术的国外企业进行并购来提升自身技术水平，因为引进消化吸收再创新是提升自主创新能力的重要途径，而对掌握核心技术的企业的并购是引进消化吸收再创新的可行模式。全球金融危机爆发以来，国外尤其是美国部分处于技术前沿阶段或领先地位的科技型企业的经营活动陷入困境，有些企业濒临倒闭，这就为中国企业通过并购途径获取核心技术，实现跨越式发展提供了难得的机遇。目前，日韩等国的企业已着手部署对美国一些科技型企业的并购，同时美国自己的一些具有优势的企业也借着金融危机完成并购，如数据软件巨头甲骨文（Oracle）公司已于2009 年 4 月 20 日宣布对计算机硬件业的强者太阳微系统公司（Sun Microsystems Inc.）的收购，太阳微系统拥有网络程序语言爪哇（Java）、数据软件 MySQL 和服务器操作系统 Solaris 三大"拳头"产品，对太阳微系统的收购无疑在很大程度上强化、整合、发挥了甲骨文在计算机软硬件领域的实力和竞争优势，而合并后的公司将成为计算机系统和软件的发电站。鉴于此，中国企业必须加快制定应对策略，免于进一步在技术上落后。

第四章　美国公司法与证券法涉及跨国并购的规定

美国通过公司法和证券交易法对并购的基本程序和过程进行规制，其根本目的是规范并购行为，减少并购交易费用，平衡并购各方的利益。

与美国证券相关的成文法体系由《1933 年证券法》、《1934 年证券交易法》、《1939 年信托契约法》、《1940 年投资公司法》、《1940 年投资顾问法》及《2002 年萨班斯－奥克斯利法案》6 部法律构成，除此之外，对证券进行监管的美国证券交易委员会也享有制定相应实施规则的权利。其中，《1933 年证券法》、《1934 年证券交易法》（包括《1968 年威廉姆斯法案》）及其《实施细则》13D、14D、14E，美国证券交易委员会制定的 Regulation 800－802、Regulation M&A 等规则对并购过程进行法律规制。

与证券法不同，美国并不存在真正意义上的普通公司法，美国各州皆有独立制定公司法的传统。为了统一公司制度，美国律师协会司法委员会制定了《商业公司示范法》，作为各州制定公司制度的参考。该《商业公司示范法》虽然不是各州统一遵守的条例，但是基本上可以代表美国现行的公司法律制度的主要内容和基本框架。因此，在本部分对并购法律规制的分析上，以《商业公司示范法》确立的相关制度为主。

鉴于并购手段的多样性，对于不同的并购手段法律对其规制的方法也不同，本部分按照不同的并购手段分别阐述其进行过程中相关的法律规定。

第一节　资产并购的相关规定

资产并购（asset acquisition）是一个公司［通常称为收购公司（purchasing company, acquiring company）］为了取得另一个公司［通常称为被收购公司（acquired company）或目标公司（target company）］的经营控制权而收购另一个公司的主要资产、重大资产、全部资产或实质性的全部资产的投资行为（臧恩富，2007）。按支付手段的不同，具体分为，以现金为对价受让目标公司的资产和以股份为对价受让目标公司资产两种资产并购形式。

当前，中国公司并购外国公司大都采用资产并购方式进行。

一、美国公司法对资产并购的规制

美国公司法对资产并购的规制，主要体现在对资产处分行为的法定程序的规定上。

《商业公司示范法》第十二章，按照资产处置过程中是否需要经过股东大会决议，将资产处置行为分为需要经过股东大会决议的行为和不需要经过股东大会的行为。

公司从事不需要经过股东大会决议的资产处分行为时，不需要经过股东大会决议。该行为包括但不限于：①在日常经营中，变卖、出租、交换或以其他形式处分公司的任何或者全部财产；②不管是不是在日常经营过程中，抵押、保证、为借款提供担保或者其他类似妨害公司财产所有权的行为；③将公司的任何或者全部资产转移到一家或者多家公司或者公司拥有全部股份的商业实体（全资子公司）等；④将公司资产按照比例分配给一类或若干类持股股东。

需要经过股东大会决议的资产处分行为，美国公司法将其界定为阻碍公司的"重要持续经营活动"。如果一家公司在维持最近一整个财政年度全部资产或者持续经营税前收入25%的条件下持续经营，则该公司就被看成是在维持"重要持续经营活动"。

需要注意的是，《商业公司示范法》赋予公司章程规定需要股东投票资产行为的其他情形的权利，如果公司章程规定了除法律规定外的其他需要经过股东大会决议的资产行为，则在进行该类资产处置行为时，仍然需要履行相关的法定股东大会决议的程序。

如果公司将要做出的资产处分行为是需要股东大会决议的资产处分行为，则需要履行以下程序，否则公司需要承担其行为对股东造成损害的民事责任：①将资产处分决议提交董事会并提请董事会通过，如果该行为的决议本身就是由董事会提出的，则无须该程序；②董事会向股东大会提交处分的计划，同时，董事会还需要向股东大会提交一份该处分的介绍，除非董事会成员存在由于利益冲突或者其他特殊环境不能提供处分介绍的情况，在该种情况下，董事会需要向股东提交决策所依据的基本信息；③向所有的股东通知关于资产处置以及召开股东大会的事宜，此通知还必须陈述关于处置的信息，该信息包括但不限于资产处置的目的、处置的期限、相关条件以及关于公司是否会接受的相关考量的信息；④召开股东大会进行决议，该股东大会至少应包括大部分赋权参与资产处置投票的股东，如果参与投票的人中，支持本计划的人多于反对本计划的人，则该计划通过，可以履行该决议；⑤通过履行特定的程序，如果所有有权参与关于资产处置决议的股东同意，可以免于股东大会决议。

需要注意的是，即使财产处置的决议按照上述的流程通过以后，在资产处置行为达成之前，根据资产处置其他方的合同规定，即使是没有经过股东的同意，公司也可以放弃此项决议。

二、对中国公司的启示

中国公司在以购买资产的方式对美国公司进行并购的时候，需要注意该资产处置行为根据美国公司法或目标公司章程规定是否是需要经过股东大会决议的行为，该处置行为是否已经按照法律规定的程序经过股东大会决议，以避免在并购过程中以及并购完成后出现相应的问题，影响并购进程甚至导致整个并购计划的失败。

第二节　股权式并购的相关规定

股权式并购是并购方以现金或者其他有价证券方式，获得目标企业股权，进而达到参与、控制目标企业的目的的并购方式（史建三，赵永，2008）。在股权式并购中，按照并购方支付方式的不同，可以分为现金并购、换股并购及混合并购（同时利用现金和换股两种支付方式）三种模式；按照并购合意方式的不同，可以分为协议并购和要约并购两种模式。

一、美国证券法对股权式并购的规制

在美国，有90%以上的股权式商业并购是通过上市公司的证券交易来完成的。在上市公司的证券交易过程中，保证各方投资者在相对平等的条件下获得信息，进而防止证券欺诈、内幕交易等权利滥用行为，是证券交易法立法的主要目的。在此背景下，美国证券法为股权式并购中的某些过程制定了严格的法定程序规则，并建立了上市公司收购过程中的信息披露制度，以此为规制股权式并购过程的主要制度。

美国证券交易法以及相应实施细则对股权式并购的规制大致可以体现为以下三部分：持股信息披露制度、要约收购流程及其信息披露制度、对于跨境并购的特殊规定。

（一）持股信息披露制度

1. 关于持股信息披露的一般规定

美国《1934年证券交易法》13D（一）规定：直接或者间接持有按照美国

《1933 年证券法》的规定进行登记的股票的受益所有权的 5%，应在取得之后 10日内向美国证券交易委员会（以下简称"委员会"）提交相应的报告书，并将其副本以挂号信或者普通邮件的形式邮寄给证券发行人的主要办事处以及进行证券交易的每家交易所。

（1）报告书应该包括的内容

①购买人（包括通过代表人购买的本人以及代表人）的背景、身份、住处、表现以及此种受益所有权的性质。②进行购买所利用或将利用的资金或其他报酬的来源和数目，如果购买资金的任何部分来源于借款或者类似的交易，就需要说明交易情况和陈述参加交易的当事人的名称。当资金来源是银行在通常营业过程中发放的贷款，银行名称可以不为公众所知悉。③如果购买的目的是获得对证券发行人营业的控制，需要陈述关于清算发行者把其资产出售给其他个人、同其他个人合并或使其企业结构或公司治理结构发生其他重大改变的计划或打算。④受益所有者持有证券的股数和直接或间接由这种个人及其合伙人有权获得的股数，提供每个合伙人的背景、身份、住处和表现。⑤就发行人证券同任何个人签订的任何合同、安排或谅解的信息，包括但不限于证券的转让，关于合资经营、贷款或选择买卖权安排、股票出售权或股票购买权、贷款保证、损失担保、利润保证、损益分配、委托书的发出和拒发等的信息，指出与之签订这些合同、安排和谅解的个人的姓名，并且提供这方面的详细情况。

（2）该法的《实施细则》13D 以及委员会制定的相关规则对其进行的细化

1）股票的获得。

成为特定股票实际所有权股东的个人，不论特定股票是通过购买还是其他方式获得，应该被视为获取特定股票的个人。但是通过继承财产取得证券实际所有权的人，只有当其按照地方法律规定履行了相应的责任而获取相应的资格时，才被视为获得了特定股票。

当两个或两个以上个体达成以获取、控制投票或者处置发行人股票为目的的协议时，其达成协议的时间或者取得全部特定发行人股票的时间，是该团体获得特定股票实际所有权的时间。应该以该时间作为法定期限的（如提交通知书的时限）的起始时间。

当上述团体中的成员单独通过协商从发行人手中，而不是通过公开销售的方式购买特定股票时，除非存在如下情况，否则该团体应该被视为没有取得特定股票的实际所有权：①团体中所有成员的购买都是日常经营行为，且不是基于影响或改变发行人控制权的目的购买的，且其购买行为与影响或改变发行人控制权的交易行为没有关系；②任何成员之间没有共同关于发行人的协议，除了以推动特定股票购买为目的的行为；③在非公共要约的结束日期之后的，成员之间关于发行人或者其股票的唯一行为，可以视为关于完成特定股票要约或者购买行为。

在取得特定股票之前，如果个体已经是持同类股票超过在外发行股票5%以上的实际所有权人，如果存在如下情况，不能视为其获得发行人的特定股票：①获取是通过要约赋予所有拥有优先认购权的持股股东优先认购权而购买的股票；②特定个体没有获取额外的股票，除了履行其根据优先认购权的合理份额购买的股票；③获取按照本部分的以及相应的规定进行了报告的股票。

2）股票的实际所有权。

证券的实际所有权者是指直接或者间接通过任何合同、安排、理解、关系或者其他途径拥有或者分享投票权（包括支配投票权）和投资权（包括处置或者支配处置相关股票的权利）的个人。

在司法实践中，下述情况要注意"实际所有权者"这一概念的外延：

在日常经营过程中，通过善意的参与按照证券法规定进行登记的证券销售而获取证券的个体，在获取股票日后的40日内，不应该被视为特定股票的实际所有权股东；

任何人，直接或者间接，在免除其相关股票的实际所有权或者阻止相关股票实际所有权的目的下创立或者利用信托、代理、委任书、合伙安排或者其他合同、安排或者相应的机制，以期待利用该计划或者安排逃避本法规定的披露义务，应该被视为仍然是该股票的实际所有权人；

证券交易所的成员不能被视为直接或者间接代表个人的实际所有权人；

在日常性商务经营行为中通过保证协议来作为证券承押人的个体，不应该被视为抵押证券的实际所有权人，直到承押人履行了全部正常必要的工作流程，该流程声明默认或者决定关于抵押股票的投票权、支配投票权、放弃或者支配放弃投票权将会被执行，除非存在如下情况：①抵押协议是无欺的，并且没有涉及以改变或者影响发行人的控制权为目的的行为，也不会与类似的交易相关联；②承押人是在日常经营业务中获得证券所有权的银行、保险公司、报销人、承销人等，不是以改变证券发行人控制权为目的的个人；③抵押合同在其无效之前，没有授权给承押人关于抵押股票投票、支配投票或者处置、支配处置抵押股票的权利。

无论实际所有权人是以什么形式拥有股票的所有权，其拥有的股票应该包括其通过任何途径拥有所有权的股票之和。

3）报告书的提交。

为了统一报告书的格式及规范其内容，证券交易委员会制定了报告书的规范模式——表格13D。按照规定，履行负有持股信息披露义务的个人，需要按照相关程序，在法定期限内，向委员会提交表格13D（表格13D的主要内容以及其填表说明详见附录1）。

根据委员会S-T规则的规定，负有填写表格13D法定义务的个人，除非存在提交困难的情况（主要是存在不曾预料到的技术困难而不能及时提交电子表格的情况），否则必须通过 EDGAR 系统（Electronic Data Gathering, Analysis, and Retrieval，电子数据收集、分析及检索系统），向委员会提交电子格式的表格 13D。并且提供该表格纸质版本原件 1 份、复印件 5 份（包括所有的附件），按照相关的规定以挂号信的方式送达证券发行人的主要办事机构以及进行证券交易的证券交易所。

2. 关于对披露信息进行修正的规定

美国《1934 年证券交易法》13D（二）规定：如果在给发行者和交易所的报告书中，以及在提交给委员会的报告书中，陈述的事实有重大改变，修正情况应传送给发行者和交易所并提交给委员会。

根据《实施细则》13D2，"陈述事实有重大改变"主要指拥有受益股权比例每上升或者下降 1% 的情况。但交易委员会可以根据特定事实或者环境确定表征"陈述事实有重大改变"的比例，特定情况下，获取或者处置少于 1% 股票的实际所有权也可以被认定为"重大改变"，进而需要向委员会、发行人及交易所披露这一变化。

3. 除外条款

美国《1934 年证券交易法》13D（五）（六）以及相关实施细则对该持股信息披露制度的除外条款进行了规定：①如果委员会认为，个体是在其通常的营业过程中获得这些证券的，获得证券不是为了改变或影响对发行者的控制，也没有这种结果，也与此没有关系，也不是作为抱有此种目的和结果的任何交易的参加者，则委员会可指定或命令任何个人提交一个通知来替代前述的报告书。通知中应说明个人的姓名、由他所有的权益证券的股数、获得证券的日期以及委员会可以指定的其他信息。根据该法案的实施细则，委员会为该通知制定了固定的形式——表格 13G。凡满足上述条件的获取 5% 以上股票实际所有权的股东都需要向委员会提交表格 13G。②证券发行人对证券的任何获得都不需要履行相应的披露义务。

4. 其他相关规定

美国《1934 年证券交易法》13D（三）（四）还对确定信息披露过程中需要注意的问题进行了界定：在决定某一种类证券的百分比时，这一种类（证券）应被视为由该种类的在外证券数减去由发行者或发行者的附属机构所持有的该种类的证券；当两个或更多的个人充当合伙人，组成两合公司、辛迪加或为了获得、持有和处理发行者的证券的其他集体时，这种辛迪加或集体应视为本款所称的"个人"。

(二) 要约收购流程及其信息披露制度

要约收购是对上市公司进行收购的一种重要的股权式并购方式，收购人通过向目标公司的所有股东发出要约，在要约期内按照要约条件购买其持有的股份，从而实现对上市公司的收购。

作为市场化的一种股权式并购方式，要约收购涉及的当事人范围广，规制困难，且经常出现敌意收购的情况，因此大多数国家的证券法对其流程都做了比较严格的限定，美国证券法亦如此。

美国证券法中对要约收购的相关规定可以分为以下几个部分。

1. 关于要约收购信息披露的一般规定

要约收购正式开始的时间为要约人首次向证券持有人公布要约收购给付方式的当天中午 12：01。如果该要约收购不是发行者要约收购或迷你要约收购（要约收购导致获得少于 5% 的股权），要约收购一旦开始，要约人必须向多方履行信息发布以及信息披露的义务，具体包括：

（1）向委员会提交信息

要约人需首先向委员会提交一份报告书。提交时间为股权收购、要约的复印件初次公布或递交给证券持有人之前。提交的内容应包括表格 TO（见附录 2）中包含的所有内容以及委员会为了维护公共利益和保护投资者而以规则和规章规定的追加信息，并且包括所有的要约或登载的关于上述证券的股权收购和要约的广告。在最初的恳请或请求之后，要约人应随时向委员会提交恳请或请求此种股权收购的所有追加材料的复印件。提交时间不得迟于这些材料的复印件首次公布、寄送或给予证券持有人的时间。该复印件应包含委员会为了维护公共利益和保护投资者而以规则和规章规定的信息。

（2）向目标公司以及其他要约人提交信息

在向委员会备案之后，要约人还需要向目标公司以及同样向委员会提交表格的其他要约人提交一份表格 TO 的副本。提交时间不迟于这些材料首次公布或寄送或给予任何证券持有人的日期。

（3）向证券持有人分发信息

要约人必须向证券持有人进行相关的信息披露。首先，在开始日期的当日，要约人需要以详细报道、新闻摘要等方式对要约收购进行信息披露。

如果要约收购的对价方式使用的仅仅是现金或者《1933 年证券法》规定的例外证券，那么要约人需要在报纸或其他媒体上以详细报道的方式公布该要约收购的信息。该详细报道应包括要约收购材料，即表格 TO 第 1 条款规定的信息和表格 TO 中针对三方要约收购的其他条款规定的信息，但不包含表格 TO 的 12 条款中的信息。

如果要约收购不是为了公营企业的私有化，那么要约人可以在报纸或摘要广告中对要约收购使用新闻摘要进行信息披露，并且使用第一类邮件（first class mail）向需要该要约收购信息的证券持有人寄送要约收购材料。该摘要广告应包括要约人和目标公司的身份以及 M-A 规则条款 1004（a）（1）① 中要求的信息。如果要约收购是部分要约收购，那么还需要提交一份声明，说明要约收购的目的是否为取得或影响目标公司的经营控制权。摘要广告中还需要包含其他要约收购材料的简介。此外，应说明证券持有人可以及时获得要约人收购要约资料的方式（由要约人付费）。需要注意的是，如果证券持有人要求要约人提供其他要约材料，则该材料应包含详细报道中的相关信息。

在要约收购之后，要约人还需要将提交委员会的要约收购材料的复印件递交给证券持有人，此外，还应包含以下追加信息：要约人和目标公司的身份；使用证券的数量和类别；支付对价的类型和数量；要约的预定有效期——该要约收购是否会延续；如果延续，其延续的程序；等等。

（4）其他

要约人应向目标公司该类证券注册登记的每一个国家证券交易所发出电话通知，通知的内容为新闻摘要中的信息，提交的时间为该交易开始之前。如果该类别证券是经美国证券交易商自动报价系统协会（NASDAQ）授权的，则还应向美国证券交易商协会发出电话通知，通知的内容为新闻摘要中的信息。

需要注意的是，一旦要约收购的相关信息出现重大改变，那么要约人必须按照以上顺序向相关方面递交修正信息，及时进行信息披露。

2. 使用股东清单和证券状况列表的特定要约收购

有些要约人在发出了要约之后，希望使用股东清单以及证券状况列表来进行要约收购。在这种方式的要约收购中，1934 年证券交易法及相关条例中分别规定了要约人以及目标公司各自的义务。

（1）要约人的义务

如果使用股东清单或证券状况列表，要约人在开始日期当日发出的摘要广告

---

① 主要包括：要约中寻求的特定股票数量；向股票持有人提供对价的种类和数量；预计的截止日期；如果交易是一个第三方要约收购，是否提供后续要约期；要约是否会被延长，如果是，将如何延长；股票持有人可以撤回对要约承诺的期间；要约的承诺以及承诺撤回的程序；股票接受支付的方式；如果要约的数量少于全部特定股票的数量，按照特定比例接受股票的期间以及要约人当前关于认购超额的打算；交易结果所产生的证券持有人权利重要差异的解释；如果重要，关于交易的会计处理的简要陈述；如果重要，交易需要支付的联邦所得税。

中，必须包括新闻摘要的常规信息，并向证券持有人递交要约收购材料。此外，要约人应向目标公司发出书面请求，内容包括：要约人的身份、要约收购目标类别证券的标题、一份要约人需要目标公司提供股东清单以及证券状况列表的声明、一份关于要约人知道并将遵守相关规定的声明、目标公司可以联系的联系人的名称、地址和电话。

（2）目标公司的义务

当目标公司收到要约人的书面请求之后，目标公司需要履行以下职责：

1）立即通知转让代理人以及其他将会协助目标公司的机构；

2）在要约请求发出的 10 个营业日之内准备好最新的股东清单；

3）投票表决，继而在要约收购发起的第 2 个营业日之前，向要约人做出口头通知，内容包括目标类别证券的持有人的近似数量以及要约收购材料的递交地点、近似直接成本等相关信息；

4）在要约人递交要约收购材料的第 3 个营业日之前，向每一个名字出现在最新股东名单上的个人（记录持有人），使用第一类邮件邮寄或准备邮寄要约人的要约收购信息副本以及证券状况清单；

5）在要约人发出请求的第 3 个营业日之前，目标公司需要向要约人提供一个记录持有人名字和地址的列表的副本，并及时更新股东清单。

3. 后续要约期

要约被接受后，当为期至少 20 个营业日的全部要约收购的初始要约期期满时，如果要约人欲提供给证券持有人一个不同对价的机会，并且不限制对价方式的种类，则要约人可以选择提供一个 3～20 个营业日的后续要约期。

然而，只有要约人在初始要约期迅速完成了所有给付证券的对价时，才能增加后续要约期。要约人需要公布要约收购的结果，包括初始要约期期满之后的下一个营业日的东部时间上午 9：00 之前存入证券的近似数量和百分比，并在该时间立即开始后续要约期。要约人在初始要约期和后续要约期需要向证券持有人提供相同形式和数量的对价。

4. 附加退出权

要约收购中，任何拥有寄存有价证券的个人，在要约请求和邀请保持开放的时期内对任何这类证券都拥有退出的权利。但是在后续要约期中，要约人不需要提供退出权。

欲退出要约收购的个人，应该向要约人的委托人及时发出退出的书面通知，书面通知包含欲退出要约的股东名称、退出证券的数量以及证书上登记的名称。要约人可以强加其他合理的要求，包括退出的证书数量以及签收要求等。

5. 要约收购中的反欺诈、操纵和内幕交易

（1）反欺诈与操纵

对于已经开始或者即将开始一个要约收购的个体，根据法案14（e）的规定，"任何个体对根据制作报告书的环境，对报告书所必需的重要事实做不真实的陈述或省略说明这方面的任何重要事实，或者从事关于投标报价或招标的任何欺骗、欺诈或操纵的行为和实践，或请求证券持有人反对或赞同任何此种投标报价或招标，均属违法"。

为了防止欺诈、欺骗和操纵，条例规定了要约收购发起人的义务，主要包括：

1）从要约收购第一次公开或发布之时开始，对要约收购公开的时间不得少于20个营业日。如果要约收购是渐近增加交易，并在表格S-4和F-4中登记，则其公开时间从要约收购第一次公开或发布之日起不得少于60个日历日。

2）要约收购发起人在要约收购公开10日之内，不得任意（大于2%）增加或减少目标（类别）证券的百分比、对价或费用等。在计算证券的百分比时，该种类证券数量应由该种类的在外证券数减去由发行者或其附属机构所持有的该种类的证券数。

3）当证券持有人利益终止或退出要约收购之后，要约收购发起人必须及时支付其对价或返还抵押证券，该支付可以在后续要约期完成。

4）如果要约收购发起人延续了要约收购的时限，则必须使用新闻或其他公告发布该延续通知，并明确指出已经收购证券的近似数量。发行时间不得晚于要约预定有效期之后下一个营业日的东部时间上午9：00；如果要约收购的目标证券在一个或多个国家证券交易所登记，则该发行时间不得晚于要约预定有效期之后下一个营业日的第一个该类交易开盘时间。

5）如果计划发起要约收购的个体发布了一个潜在要约收购声明，但是没有对要约开始和结束的时间进行公开声明；或者在公告中存在直接或间接操纵要约人或目标公司股票的市场价格的意图；或者不能使人充分相信该个体将会购买证券以结束要约，那么该个体的行为应属欺骗、欺诈或操纵行为。

为了防止欺诈、欺骗和操纵，条例还规定了目标公司的应尽义务，目标公司必须公开发布或者向证券持有人递交一份声明，该声明的发布或递交时间为要约收购第一次公开的10个营业日之内。声明内容应包括以下信息：

1）目标公司应对接受或拒绝要约人的要约收购提出建议，该建议必须客观和中立；

2）目标公司应声明，关于要约收购公司已经无法占据头寸，并注明其原因；

3）如果关于披露的信息有重大改变，目标公司必须迅速对声明进行公开调

整，必须向证券持有人提供及时准确的信息；

4）如果董事会成员有所改变，需要向委员会提交 8 份备案，并及时传递给证券持有人（不晚于该董事上任的 10 天之前）。

（2）禁止内幕交易

内幕交易是指内幕信息的知情人和非法获取内幕信息的人，利用涉及公司经营、财务或对该公司证券的市场价格有重大影响的、尚未公开的信息，买卖该公司的证券，或者泄露该信息，或者建议他人买卖该证券的行为。

从该定义可知，内幕交易的主体包括内幕人员和获取内幕信息的个体。相应地，要约收购相关的条例对于内幕交易的禁止也从这两类主体的义务出发进行规制。

1）内幕人员是指由于工作条件、职务、特殊地位等关系或其他途径而接触、获得内幕信息的人。在禁止与要约收购相关内幕交易的条例中，规定了以下人员为"内幕人员"：要约人；要约收购目标证券的发行人；要约人或发行人的执行官、董事、合伙人、雇员或顾问以及为以上人员工作的个体；其他直接或间接从上述个体处获得与要约收购相关的重大、非公开信息的人员。这些"内幕人员"可以知晓与要约相关的内幕信息。

条例规定，内幕人员无论如何不得向任何人传达关于要约收购的重大、非公开信息。然而，对该类信息传递的禁止并不包括善意的信息传递。所谓的善意信息传递，是指"内幕人员"向要约人或要约目标证券发行人的执行官、董事、合伙人或雇员、顾问以及任何其他包含在该要约收购执行计划之内的其他个体进行的信息传递。

2）禁止任何非法获取内幕信息的行为。要约收购相关的其他个体，不得试图直接或间接地通过上述内幕人员获得非公开的信息，不得买卖或促成买卖该类证券。该规定同样存在例外情况，即如果非自然人的个体可以证明，其对上述证券的买卖或促成不知晓重大、非公开信息的个体买卖该证券，是在独立制定投资决策的情况下完成的，或者使用了一些政策手段，对该种证券的买卖或促成买卖进行限制或者阻止其他个体获取该类信息，从而维护其投资行为的合法性，那么该投资行为并不构成对上述规定的违背。

当然，要约人的经纪人或其他代表购买相关证券以及向要约人出售相关证券并不在禁止内幕交易的规定之内。

（3）部分要约收购中的反欺诈规定

部分要约收购是与全部要约收购相对应的概念，指收购目标少于所有流通证券的要约收购，或提供对价方式选择的所有流通股票的要约收购。要约的接收方式或对价方式在指定时间内以抽签或按比例方式决定。

在要约收购中，如果个体依据要约交付了目标证券或保证交付，或促使该交付由其本人或其他个体实现，则该个体应被认为对给付证券做出了承诺。

在部分要约收购中，除非经过委员会的书面授权，否则，如果不满足以下条件，任何个体直接或间接以单独或与他人合谋的方式，为了自己的利益或其他人的利益，对给付证券进行承诺均属违法：

1）在要约存续期间的配期末期或抽签决定接收何种证券的时期内，拥有一个等于或大于目标证券要约数量的净多头头寸，并将在要约指定时间内交付或促成该证券的交付；

2）在要约存续期间的配期末期或抽签决定接收何种证券的时期内，拥有一个等于或大于等价证券数量的净多头头寸，并且当要约被接收的时候将获得由该等价证券转换而来的目标证券，并将交付或促成交付该目标证券；

3）该个体在拥有目标证券或其等价证券的情况下做出该承诺；

4）该承诺可以让人相信，提供的信息承诺给付的受益人持有目标证券或其等价证券，并且为了兑现给付的承诺将会立即交付目标证券或等价证券。

（4）禁止要约收购之外购买

从要约收购公开时间一直到要约收购期满为止，除了相关人员在公开声明之前拥有相关证券并将相关证券转换交易成目标证券、独立于发行人的代理人计划购买或准备购买、通过零星交易要约购买、中间人购买、篮子交易、依据契约债务的购买等情况，任何相关个体不得直接或间接非法购买或准备购买任何目标证券以及部分要约收购之外的相关证券。如果购买或准备购买，而已经或即将支付的对价与要约收购的对价数量相等，则该禁止不适用于任何后续要约期的购买或准备购买。

（三）对于跨境并购的特殊规定

当在以股票为对价的要约收购或者通过股权置换进行的商业合并①中，涉及外国私人发行的特定股票时，本着保护本国股东利益的原则，一般要求该外国私人发行人按照《1933 年证券法》第五章的规定，就该证券向证券委员会注册登记。但是如果满足下列情况，则不需要注册登记：

1）在特定交换收购以及商业合并开始时，美国持有者持有的目标股票不超过所有发行股票的 10%。

2）外国发行人必须允许美国持有人至少以与其他目标证券持有者同等待遇参与要约收购及商业合并。

3）需要提供以下信息文件：

①如果发行者向股票持有人发布相应的信息，发行者必须在信息发布的第一

---

① 根据美国《1933 年证券法》确定的 800 规则，商业合并指的是法定合并、合并及需要一方或者多方参与公司的证券持有人进行投票的安排或者改造。也包括不需要证券持有人投票的法定简式合并（适用于子母公司）。

个营业日用英文以表格 CB（见附录 3）的形式向委员会提交相应的信息文档（包括任何相应的修订）。如果发行者是外国公司，还必须在 CB 表格委任美国代理的同时递交表格 F-X（见附录 4）。

②发行者必须提供英文版本的信息文档给美国持股人，并且按照属地管辖权的股票持有人的标准。

③如果发行人按照属地管辖权发布信息，必须按照合理的方式通知给美国股票持有人。

在相关文档的封面或者其他显著的位置上，应该有英文版本的相关文字提示。提示的主要内容如下："该交换收购或者商业合并是通过外国公司发行的股票进行的。本部分的目的是披露与美国不同的国外要求。如果本部分包括任何财务陈述，是依据外国会计标准作出的，可能与依据美国公司的财务陈述不同。发行人是国外公司，其部分或者全部主要办事处可能登记在国外，因此，按照联邦证券法的规定主张相应的权利可能存在困难。当外国公司违反美国证券法时，您可能不能够起诉该外国公司。您需要认识到，除了交换要约的方式之外，发行人还可以通过其他途径（例如公开市场或者私下协商交易）购买证券。"

正常情况下，可以推定本国股东拥有特定外国发行者发行的股票的比例不超过 10%，除非存在如下情况：

1）要约收购或者商业合并是与特定股票发行人的协议相关的；

2）据全美证券交易协会在收购开始前 30 天的 12 个月的报告，在美国证券交易所、纳斯达克市场或者场外市场的特定股票的交易额总数超过了世界交易总额的 10%；

3）据委员会或者属地管辖部门的证券监管者提供的最近期的年度报告或者年度信息文件显示，美国证券持有者超过所有在外发行股票的 10%；

4）要约人知道或者有理由知道美国证券所有者超过目标股票的 10%。

二、对中国公司的启示

（一）对股权式并购的流程规定

美国证券交易法以及证券交易委员会的相关规定对股权式并购过程进行了规制，中国公司在以股权的形式对美国公司进行收购时，一定要履行法定的程序，否则将会承担相应的民事甚至刑事责任。

持股信息披露制度要求收购人所履行的流程（图 4-1）为：如果收购人的持股比例达到 5%，则需通过 EDGAR 系统填写表格 13D，随后提供一份原件、五份复印件，以挂号信的形式提交给进行证券交易的证券交易所以及证券发行人。

当其持股发生本质性变化时（一般情况下，持股情况每变化 1%；但是委员会可以根据特殊情况认定本质性变化的内容），还需要通过 EDGAR 系统填写表格 13D 的修订版本，随后同样提供一份原件、五份复印件，以挂号信的形式提交给进行证券交易的证券交易所以及证券发行人。

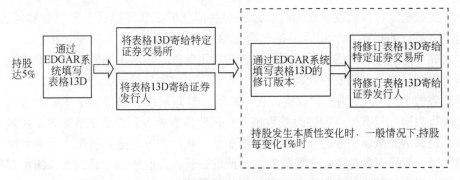

图 4-1 收购人在持股信息披露制度下需要履行的法定程序

注：虚线部分表示不一定需要履行的程序

要约收购过程中要约人需要履行的法定程序如图 4-2 所示：要约人首次向证券持有人公布给付方式，标志着要约收购的开始。一旦要约收购开始，要约人立即履行要约收购的信息披露义务：首先向委员会备案，然后向目标公司和其他同样向委员会备案的要约人递送复印件，接下来向证券持有人进行信息披露，最后，如果有需要，电话通知国家证券交易所和美国证券交易商协会。如果信息出现重大变化，应按照以上顺序依次向相关部门提交修正信息。在信息披露之后，要约人可以向目标公司索要股东清单，如果需要，申请后续要约期。

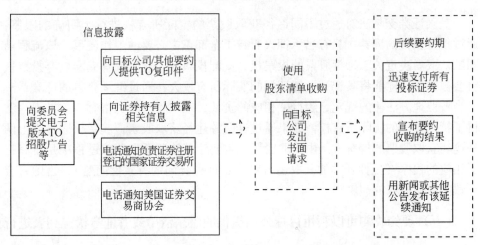

图 4-2 要约收购的过程中要约人需要履行的法定程序

注：虚线部分表示不一定需要履行的程序

需要注意的一点是，无论是信息披露还是要约收购相关程序，美国证券法对每一个步骤的执行都有严格的时间限制，必须在规定时间内完成相关事宜。

（二）注意处理持股信息披露制度与要约收购过程中的信息披露制度的关系

持股信息披露制度和要约收购过程中的信息披露制度都属于信息披露制度，但二者履行的程序不尽相同，要求提交的表格及信息也不尽相同。在并购过程中，如果需要进行披露，需要明确二者的适用条件，按照不同的程序及要求进行信息披露。如果采用要约收购方式进行收购，当收购目标至少是目标股票在外发行总数的5%时，使用要约收购过程中的信息披露制度；如果采用非要约收购方式进行收购，只有当收购的股票数超过目标股票在外发行总数的5%时，才需要履行持股信息披露义务；如果首先采用非要约收购的方式进行收购，当达到法定限制时，要求履行持股信息披露制度，此时，转而发起要约收购，如果满足要约收购过程中的信息披露制度的要求，则依然需要履行特定的披露义务，但是不必履行每增加1%而对持股披露进行修订陈述的义务。

（三）注意务必依法履行或者准备履行披露制度

对于持股信息披露，法律规定非常严密，通过信托、代理、委任书、合伙安排等相应的机制，都不能逃脱法定的持股信息披露制度。因此，中国公司在持股或者欲持股达到法定比例时，需要按照法律规定履行或者准备履行披露制度，不能寄希望于通过任何途径逃避该披露制度。

（四）注意获取股票的来源

美国证券交易法对通过不同途径获取股票的实际所有权进行了明确的限制：通过抵押获得的证券，只有当承押人履行了全部正常必要的工作流程，该流程声明默认或者决定关于抵押股票的投票权、支配投票权、放弃或者支配放弃投票权将会被执行，才能将其视为抵押证券的实际所有权人；通过继承获得的证券，只有当按照地方法律的规定，履行了相应的责任，获取相应的资格时，才被视为获得了特定股票的实际所有权。如果通过这两种途径获取股票，或者从通过以上两种途径获取股票的持有人手中获取股票，需要注意该股票在获取过程中是否履行了相应的程序（抵押证券的获取还需要注意抵押合同的有效性问题），否则将会导致实际所有权的瑕疵。

（五）要约收购可以利用目标公司提供的股东清单或者证券状况列表进行

根据相关法律规定，如果要约人按照法律规定向受要约人提出书面请求，目标公司有义务向要约人提供最新的股东清单或者证券情况列表（该清单和列表包括了目标证券的证券持有人近似数量、持有人名字及其地址等内容），此外目标公司还负有告知所有在要约名单上的股东要约收购信息的义务。这一规定，降低了要约人在收购过程中的成本，避免了获取股东名单过程中的麻烦，扩大了要约收购的覆盖面。如果中国公司采取要约收购的方式进行并购，可以充分利用这一规则。

（六）可以通过后续要约期延长要约收购期

如果在初始要约期满之后，收购的股票并没有达到预想的数额，在履行了相应的程序之后，美国证券法赋予要约人延长 3～20 个营业日的要约收购期的权利。中国公司在采取要约收购的方式进行并购时，如果在初始要约期满后尚未达到并购计划所要求的收购股票数量，可以充分利用这一规则延长要约收购期。

（七）注意不要违反要约过程中关于反欺诈、操纵和内幕交易的特殊规定

为了避免要约收购过程中的欺诈、操纵以及内幕交易等行为的发生，美国证券法对要约收购的过程进行了有针对性的规制。中国公司在通过要约收购的方式进行并购的时候，需要注意这些有针对性的规制，否则将会导致承担相应的民事甚至刑事责任的后果。

（八）以股票作为股权式并购的对价时需要注意股权比例

支付给美国股东的股权最好不要超过所有在外发行股票的 10%，否则将需要按照相关规定履行特定股票的注册登记义务，该义务过程繁琐，耗费时间长，且成本较高。

第三节　法定合并与股份交换的相关规定

除了上述常规意义的并购方式，美国公司法还界定了特殊形式的合并以及股份交换，一般称之为法定合并与法定股份交换（share exchange）。

根据美国公司法的规定，以下两种情况属于法定合并：一个或多个国内公司可以根据协议与一个或多个国内或国外公司或适格的实体合并，两个或多个国外公司或国内或国外适格的实体以本章规定的方式合并组成一个新的国内公司；只有当合并被一个国外公司或一个国外的适格实体允许时，该国外公司或国外适格实体才可以与国内公司合并，或为了合并而成立一个新的公司。法定合并与一般意义上的并购的区别在于，目标公司与并购公司在并购结束以后，必须有一个公司消亡。

根据美国公司法的规定，下述情况属于法定股份交换：根据股份交换计划，

一个国内公司可以用股份或其他证券、权益、义务、获取股份或其他证券的权利、现金、其他财产，或任何上述组合，来收购另一个国内或国外公司的一个或多个类别或系列的所有股票，或一个国内或国外其他实体的一个或多个类别或系列的所有利益；根据股份交换计划，一个国内公司的一个或多个类别或系列的所有股份可以由另一国内或国外公司以股份或其他证券、权益、义务、获取股份或其他证券的权利、现金、其他财产，或任何上述组合来换取。与股权式并购的区别在于，法定股份交换的标的是目标公司的一个或多个类别或系列的所有股票。

鉴于法定合并和法定股份交换涉及整个目标公司或者并购公司的产权变动，美国法律对其进行了严格的限定。

一、美国公司法对法定合并与股权交换的规制

（一）合并计划

根据美国公司法的规定，如果两个或两个以上的公司欲进行法定合并，首先要制订一个合并计划。合并计划中必须包含法律规定的一系列内容，具体来说有以下条款：

1）将要进行法定合并的每一个公司或适格实体的名称，将成为合并存续公司的每一个公司或适格实体的名称。

2）合并的期限和状态。

3）合并中的每一个公司将其股份或权益转换为股份或其他有价证券、权益、义务、获取股份或其他有价证券或权益的权利、现金、其他资产，或任何上述组合的方式和依据。

4）由合并产生的新公司或非法人实体的，或存续者的公司章程或组织文件的修正案。

5）如果对计划进行修改，应事先备案。但是如果合并一方当事人的股东对该计划有投票权，那么在股东批准该计划之后，以下内容可能无法修改：

①股票和其他证券、权益、义务、获得股份或其他有价证券或权益的权利、现金以及其他计划之下由合并的任一方当事人的股东或权益所有人所取得财产的数量和种类；

②合并中的存续者或新产生的任何法人团体的章程，任何非法人实体的组织文件；

③如果该项修改会对股东的任何物质方面产生不利影响，则不能进行该项修改。

6）法律、政府规章制度、任一方的公司章程或组织文件中涉及的其他相关内容。

在合并计划中，适格实体及其成员或利益持有人、权益和组织文件分别对应的是商业公司及其股东、股份和公司章程。如果合并计划中存在不确定因素，即该条款取决于计划之外的客观事实，那么应对其进行适当的说明。

（二）股份交换计划

如果作为其他实体的美国商业公司的基本法没有规定股份交换的执行程序，则需要制订一个股份交换计划。如果该股份交换是为了完成一个合并，应首先遵守合并计划。股份交换计划应包括以下内容：

1）股份或利益获取方和被获取方的公司或其他实体的名称。

2）股份交换的期限和条件。

3）股份交换的被获取方的股份或利益，转换为其他股份或证券、权益、义务，获得股份或其他证券或利益的权利、现金、其他资产，或任何上述组合换取的公司或其他实体利益的方式和依据。

4）如果对计划进行修改，应事先备案。但是如果作为股份交换一方当事人的国内公司的股东对该计划有投票权，那么在股东批准该计划之后，以下内容可能无法修改：

①股票和其他证券、权益、义务、获得股份或其他有价证券或权益的权利、现金，或其他在计划下由股份交换中任一方当事人的股东或权益所有人所取得财产的数量和种类；

②如果该项修改会对股东的任何物质方面产生不利影响，则不能进行该项修改。

5）法律、政府规章制度、任一方的公司章程或组织文件中涉及的其他相关内容。

在股份交换计划中，其他实体及其利益持有人、利益和组织文件分别对应国内商业公司及其股东、股票和公司章程。如果股份交换计划中存在不确定因素，即该条款取决于计划之外的客观事实，那么应对其进行适当的说明。

（三）合并或股份交换计划的执行

美国公司法对法定合并及股份交换中的美国当事人在执行计划时进行了一系列的约束。对于美国的公司而言，合并或股份交换必须首先经董事会决议通过，董事会通过了该计划之后，必须向股东提交该计划，请求股东的批准；同时，董事会还需要向股东提交一份通过该计划的建议或者该计划制订的依据。在存在合理根据的前提下，董事会可以对合并或股份交换计划附带条件。

如果该合并或股份交换计划需要通过会议的形式寻求股东的批准，公司必须通知进行审批的每一个股东，不管他是否拥有表决权。通知中必须说明会议的目的，并附带一份计划的副本或摘要。如果该公司即将在合并中消亡，还要附有存续公司的公司章程或组织文件的副本或摘要。

之后，董事会需要召开一个更多人出席的会议，来对该计划的执行进行投票。只有超过半数的法定股东通过投票，该计划才被执行；并且，如果一个类别或一个系列的股份可以作为单独的一个小组对合并或股份交换计划进行投票，那么在该小组内部的投票中，同样需要超过半数的选票通过该计划。

如果一个类别或者一个系列的股票将会依计划转换为其他证券、权益、义务、获取股份或其他证券或利益的权利、现金、其他资产或任意上述组合，并且根据拟定的公司章程，需要以独立小组的形式进行表决，则有权成立一个单独的投票组并列入股份交换计划中。

并不是所有情况下都需要对合并或股份交换计划进行审批。以存续者或股份交换获取方的身份出现的公司，如果其章程不会改变，并且在计划生效日之后每一个股东将以相同的优先权取得相同数量的股份，那么该公司可能不必对合并或股份交换计划进行审批。

（四）合并或股份交换章程

当一个合并或股份交换计划依据法律被批准之后，为了双方的利益，需要由执行官或其他经正式授权的代表制定合并或股份交换章程。该章程应当载明以下信息：

1）合并或股份交换双方当事人的名称；

2）如果合并中存续公司章程需要修正，或者在合并中产生了一个新的公司，则应载明存续公司章程的修正或新公司的章程；

3）如果合并或股份交换计划需要股东的批准，则需要提交一份关于计划已经被股东批准的声明，如果需要任何投票表决组的投票，则载明每一个表决组；

4）如果合并或股份交换计划不需要通过股东的批准，对此做出声明；

5）如果合并或股份交换的一方当事人是一个外国公司或适格实体，那么必须声明该外国公司或适格实体是经其基本法正式授权的。

为了适应合并中的存续公司或股份交换的获取方的需求，合并或股份交换章程应递交州务卿，并在章程指定的时间和日期或备案的日期生效。

（五）合并或股份交换的生效

一旦合并生效，依据计划作为合并存续者的公司或适格实体继续存在或开始存在，而并入存续公司的每一个公司或适格实体终止。并入存续公司的每个公司或适格实体的所有资产以及所有合同上的权利，都完整且不可逆转地给予存续公司，同时其负债也全部给予存续公司。

然而，负有部分或全部债务、义务或权利的合并或股份交换的当事人，仅履行依法规定的合并或股份交换生效之后所产生的债务、义务和权利，而不履行合并或股份交换章程生效之前以及合并或股份交换章程生效之后、合并或股份交换发生之前的任何债务、义务或权利。如果合并或股份交换没有发生，那么拥有权责的实体继续履行其职责，依法从其他个人处获得的权利将予以归还。

合并生效后，必须依照计划对存续公司的章程或组织文件进行修订，同时，修订后的公司章程或组织文件生效。在合并计划中，需要转换为股份、权益、义务、获取证券的权利、其他证券或权益、现金、其他资产或任何上述组合的合并当事人的股份或权益立即发生转变，并且仅被赋予计划中的权利。

如果存续者是一个外国公司或适格实体，那么在合并生效后，该外国存续者除履行常规的职责外，还应当任命州务卿，在美国国内当事人的股东行使强制购回权的过程中，充当其服务代理人。一旦股东需要执行强制公司购回权，该外国存续者应立即支付。

（六）合并或股份交换的退出

除非法律另有规定，否则，在合并或股份交换计划执行之后、合并或股份交换生效之前的任何时间，只要股东没有依据计划采取行动，一方当事人可以放弃合并或股份交换。如果该放弃发生在递交州务卿之后、合并或股份交换生效之前，则需要由执行官或其他经正式授权的代表在生效日期之前向州务卿提交关于放弃合并或股份交换的声明。经申请，如果声明生效，则合并或股份交换不得生效。

二、对中国公司的启示

（一）法定合并和股份交换的程序

美国公司法对合并和股份交换的执行过程进行了严格的规制。合并和股份交换的当事人必须严格按照该程序进行，不得颠倒前后顺序，也不能有所遗漏。如图4-3所示，当事人应首先制订合并或股份交换计划，在董事会决议通过之后，需要向股东提交该计划，请求股东的批准。为此，需要召开一个多人参与的会议，对是否执行该计划进行投票表决。当支持计划的投票超过半数时，计划才可以执行。之后，需要制定合并或股份交换章程，将该章程递交给州务卿之后，该合并或股份交换可以在指定日期生效。生效之时，即新公司产生、旧公司消亡之时，也是权利转移之时。

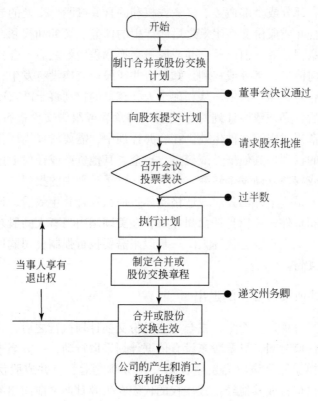

图 4-3 法定合并和股份交换的流程

(二) 对中国企业的适用性

在美国公司法对法定合并和股份交换计划的相关规定中, 有些条款是直接适用于美国公司的, 而另一些则是对美国公司和外国公司同样适用, 也有个别的条款仅仅针对外国公司。因此, 中国企业在进行跨国并购时, 必须首先弄清法律的适用性, 只要对中国公司具有约束力, 不论是直接还是间接, 必须严格遵守其相关规定。

合并和股份交换计划的制订和执行、合并或股份交换的退出等条款, 均直接适用于美国公司, 而外国公司的相关事宜则决定于该外国公司的基本法。但是, 这些条款对外国公司也具有间接的影响, 中国企业要弄清它们对美国公司存在何种限制, 并监督其执行过程。美国公司法要求当事人提供很多关于美国公司的信息, 这种信息透明的制度对我国公司是有益的, 因为中国企业可以从中更详细地了解到目标公司的状况。而一些规制手段有可能成为中国企业与美国公司的法定合并或股份交换的障碍。例如, 法律要求美国公司对合并或股份交换计划进行层层的审批, 从董事会到股东, 中间任何一个环节出现问题都有可能导致中国企业计划失败。

（三）直接针对外国公司的规定

美国公司法对合并和股份交换的规定中，直接适用于外国公司和适格实体的内容主要有：

作为当事人的外国公司或适格实体，必须声明该外国公司或适格实体是经其基本法正式授权的。对于跨境的法定合并或股份交换，美国公司法默认外国公司已经被授权可以与美国公司合并，而公司法中所规制的，只是外国公司可以与美国公司进行合并之后的程序。然而，在章程中必须说明其合并或股份交换行为的合法性。

作为当事人的外国公司或适格实体，应任命州务卿，在国内当事人的股东行使强制购回权的过程中，充当其服务代理人。如果股东需要执行购回请求权，该外国存续者应立即支付。

中国公司在通过法定合并或者股份交换的方式进行并购时，对于上述直接适用于外国公司和适格实体的内容，需要积极配合；对于其他相关规定，则需要提请目标公司注意，避免不必要的麻烦。

（四）单独的投票组

在合并或股份交换计划审批过程中，如果一个类别或者一个系列的股票将会依计划转换为其他证券、权益、义务、获取股份或其他证券或利益的权利、现金、其他资产或任意上述组合，并且根据拟定的公司章程，需要以独立小组的形式进行表决，则可以成立一个单独的投票组，对计划进行表决。在投票组的内部，同样需要批准通过的股东投票过半数。该投票组需要列入股份交换计划中。

（五）权利的转移

一旦合并或股份交换生效，并入存续公司的每个公司或适格实体的所有资产以及所有合同上的权利，都完整且不可逆转的给予存续公司，同时其负债也全部给予存续公司。需要注意的是，给予存续公司的负债，仅限于合并或股份交换生效之后的，而不对其历史进行追溯，这一点可能是法定合并和股份交换与其他并购方式的不同之处。

第四节　三角合并

三角合并是一种利用子母公司进行并购的间接并购方式。三角合并又可分为前向三角（forward triangular）和反向三角（reverse triangular），前者是指并购公司是投资目标公司的母公司，并购结束后存续的是母公司的子公司，目标公司被吸收合并；而后者是指在换股并购活动结束后存续的公司是目标公司，而母公司的子公司被吸收合并（石少侠，1994）。

一、美国公司法对三角合并的规制

（一）子母公司的合并

如果一个美国母公司拥有其国内或国外子公司超过 90% 的各类流通股票，那么该母公司可以在不经过子公司董事会允许的情况下，将该子公司并入旗下或并入其他同类子公司，也可以将自己并入该子公司。在这种情况下，母公司必须在合并生效后的 10 天之内通知各子公司的股东。如果不满足上述条件，子母公司的合并应遵从公司法中关于合并的一般规定。

（二）跨国三角并购中涉及的信息披露制度

在跨国三角并购中，如果作为母公司的外国公司欲将其子公司并入旗下，并以换股的方式进行合并，那么，本着保护本国股东利益的原则，一般要求该外国私人发行人按照 1933 年美国证券法第五章的规定，就该证券向证券委员会注册登记，除非，在合并开始时，美国持有人持有的目标股票不超过所有发行股票的10% 。外国发行人必须允许美国持有人至少以与其他目标证券持有者同等待遇参与该合并。此外，外国发行人需要提供以下信息文件：

1）在向持有人发布信息的第一个营业日用英文以表格 CB（附录 3）的形式向委员会提交相应的信息文档及修订。如果发行者是外国公司，还必须在表格 CB 委任美国代理的同时递交表格 F-X（附录 4）。

2）按照属地管辖权持股人的标准，向美国持股人提供英文版的信息文档。

3）以合理的方式将按照属地管辖权发布的信息通知给美国股票持有人。信息发布的方式与股权式并购中跨境并购的信息发布方式一致。

二、对中国企业的启示

（一）三角并购的优势

三角并购在美国利用广泛，尤其受到股东众多的上市公司的青睐，这主要是由于三角并购与其他并购方式相比具有很大的优势。

首先，三角并购中，母公司可以简化普通并购所要履行的一些繁冗的法定程序，并且不需要同目标公司的众多股东交涉。其次，母公司不需要承担目标公司的资产和债务，而且可以获得目标公司的控制权。因为目标公司只是和子公司吸收合并，并作为母公司的全资子公司存在。再次，根据美国的《国内收入法典》（IRC）规定，如果三角并购符合 A 类重组条件，且交易前目标公司持有的净资产市场价值的至少90%和总资产市场价值的至少70%被交易，那么交易免税。最后，三角并购中，并购母公司可以通过在投资国设立子公司的方式去并购投资国的目标公司，这样既可以避开直接并购时所遇到的比如审批等巨大障碍，又可以获得目标公司的控制权，因此是跨国并购的理想选择。

（二）子母公司合并的权利和义务

除了对拥有超过90%的各类流通股票的母公司权利的规定，美国公司法并没有太多针对三角合并的明文规定。而其他相关约束融入法定合并和股份交换相关条款，子母公司的合并也要履行正常合并的程序。

（三）跨国三角合并中的信息披露

为了保护美国的证券持有者，证券法中规定了平等待遇原则及信息披露制度。其信息披露的特殊规定中，有几点需要注意：①向证券委员会登记注册；②使用英文向美国持有者传达信息；③在封面进行指定的声明。中国公司在三角合并的过程中如有需要则应履行相应的义务。

第五节　对并购过程中的中小股东的保护程序
——回购请求权

回购请求权（appraisal right），是在公司结构发生重大变化时，赋予异议股东在获得合理的补偿后退出结构业已发生重大变化的公司的权利，主要是为了处理公司领导层想要拓展新的业务领域、重新安排投资者的权利与投资者想要稳固权利、避免投资风险之间的关系，其本质是对少数异议股东（中小股东）利益保护的一种有效机制（石少侠，1994）。

一、美国公司法关于回购请求权的规定

美国《商业公司示范法》第13章对与回购请求权进行了明确的规定。

在下列情况下，股东享有回购请求权，可以获得与其持有股票相应的合理对价：①合并已经完成，按照相关规定通过了股东决议，且股东参加了关于合并的投票；②股权置换已经完成，按照相关的规定通过了股东决议，且股东参加了关于股权置换的投票，股权没有被置换部分的股东就该事项不享有强制公司回购权；③需要股东大会投票决议的资产处置已经完成，股东按照相关规定参与了关

于资产处置的投票；④对公司章程的修订涉及减少一类股东的股票；⑤对公司章程、规章制度以及理事会解决方案中合并、股权置换和资产处置的修改；⑥外国公司取得本国法人资格已经完成，且在外国公司取得法人资格的过程中，向股东提供了物质上的优惠条款，且本国化所代表的股东持有的股票所占公司发行的有表决权股票的比例不得少于公司本国化之前；⑦按照相关规定已经完成公司向非营利组织的转变；⑧按照相关规定已经完成公司向非法人实体的转变。

在①、②、③、④、⑥、⑧情况下，如果存在下述情况，回购请求权不应该被授予股票的持有者①：股票的持有者是纽约证券交易、美国证券交易或者全国证券经销商协会指定的国家市场安全系统的证券引用系统名单上的企业。虽然不在上述名单上或者未被指定，但是至少有 2000 名股东，且已经发行股票的市场价格不低于 2000 万美元的企业（除去由子公司、执事、董事和拥有 10% 以上的受益股东控制的股票）。

为了保证股东行使该救济权利，美国公司法规定了在回购请求权行使过程中公司需要履行的义务。

（一）通知

如果可能会导致回购请求权的提议行为已经被递交给股东大会投票，则在股东大会的通知里，需要对相关股东是否或者可能被赋予回购请求权进行陈述。如果公司认为回购请求权一定或者可能被赋予，《商业公司示范法》第 13 章的副本连带会议通知必须被送到可能履行回购请求权的记名股东手中。

在子母公司合并的情况下，母公司必须以书面形式通知所有的当公司决策生效时会被赋予回购请求权的子公司的记名股东。

（二）书面估价通知

如果可能会导致回购请求权的公司决策提议生效，公司必须向所有相应股东发出书面估价通知。该通知的形式必须满足下述规定：在子母公司合并的情况下，母公司必须向所有可能被赋予回购请求权的记名股东发出书面估价通知。

估价通知必须在公司决策作出之后且不晚于公司决策生效之日起 10 日内送出，且必须：

1）提供一个表格明确说明，最早向股东表明提议公司行为基本条款以及主张回购请求权的日期。

从而确定：

---

① 回购请求权的除外情形（市场例外原则）。《商业公司示范法》确立的该原则并没有为美国的所有州接受。

①是否收益股东在上述日期前可以主张回购请求权；

②股东是否对该提议进行了投票。

2）对如下事实进行陈述：

①该文书被寄往的地点、股票所有权证明文件的存放地和证明存放的日期；

②表格必须被公司接受的日期，该日期必须介于书面估价和表格寄出的40~60日内，股东在该日期之后即不可撤回对回购请求权的主张；

③公司对股票合理价值的评估；

④如果要求的话，公司还应该在公司接受日期的10日之内，向请求回购请求权的股东提供特定日期前回寄通知的股东人数以及他们所拥有的股份；

⑤撤回通知必须被接受的日期，这个日期必须在公司接受日期20日内。

3）提供《商业公司示范法》第13章副本。

（三）支付

在书面估价通知中规定的公司接受表格的最后日期之后的30天内，公司应该以公司估计的合理价值以及利息支付给履行特定义务的股东。

除了支付给股东上述条款的现金之外，还需要提供：

1）关于被估价股票的公司的财务报表，包括不先于支付行为发生日期16个月的上一个财政年度的收支平衡表、收益表和股权变化情况，最近期的中期财务报表及其他；

2）公司对股票合理价值评估的陈述，该评估不得少于书面估价通知中的价值。

同样，根据公司法规定，股东只有在履行了法定的程序之后，才能行使回购请求权。如果股东及法院对回购请求权的支付不满，可以请求司法机关进行裁决。

二、对中国公司的启示

中国公司在对美国公司进行并购的过程中，不论是采取资产并购、股权置换式并购或法定并购等何种并购形式，都需要注意在其过程中可能会导致的股东回购请求权的行使。如果并购之后，目标公司完全并入中国公司或为其子公司，此时，中国公司就成为回购请求权追索的主体，需要按照法律的相关规定履行支付义务。如果目标公司存续，则中国公司不作为回购请求权追索的主体，此时中国公司需要注意的事项如下：

1）中国公司要注意目标公司是否按照上述法律规定履行了相应的程序，以保证在并购之后不会承担因事前未履行法定义务而造成的责任。

2）在并购过程中，要随时注意获取目标公司股东行使回购请求权的情形，如果大量的股东做出预行使回购请求权的意思表示，可能会造成目标公司资本大量减损，正常的运营受影响甚至倒闭，进而影响中国公司的合并计划。此时，需要根据目标公司股东行使回购请求权的情形，结合中国公司的实际情况，随时对并购运作进行调整。

3）如果是通过与目标公司协议的方式进行并购，最好在并购协议中对回购请求权的相关事宜进行明确的约定，如当特定比例的股东提出回购请求权时进行并购合同的调整、回购请求权的支付等，以确保中国公司不会因该权利遭受损失。

第三篇　科技型企业跨国并购流程

与实施策略

　　跨国并购作为一项复杂的系统工程，整个交易流程的各个环节环环相扣、有机结合形成一个完整的链条。从整个并购交易流程看，主要涉及并购交易前期战略部署、交易过程中的策略技巧以及交易后期的资源整合三个基本环节。中国企业在进行跨国并购时需要特别注意三者之间的有序衔接。

　　本篇对企业进行跨国并购时所要经历的流程进行梳理，对每个环节的基本工作进行介绍，并通过案例分析，阐明企业在具体实务过程中如何充分借鉴成功经验和失败教训，结合并购具体情况选择有利于企业的并购方式，从而实现并购交易的顺利完成。

第五章 科技型企业跨国并购的前期战略部署

经过多年的发展，中国企业在经济实力和技术水平上都取得了长足的进步，面对新的经营环境和竞争形势，通过跨国并购积极拓展海外市场获取全球资源正逐渐成为众多中国企业的竞争手段和发展战略。以联想、TCL、华立、京东方、华为等为代表的一大批优秀企业已经迈出了中国企业海外并购的第一步，预计未来将有越来越多的中国科技型企业加入到这一行列。

跨国并购作为一种对外直接投资方式，是并购公司基于目标公司价值低估或受到短期经营困境影响濒于破产而采取的一种战略扩张行为。其基本目的在于通过并购以适应国际竞争、扩展海外市场、缓解竞争压力、扩大市场份额、发挥规模经济和范围经济、获取战略资源提升企业实力等。中国企业要走出国门获取海外核心资产，进而实现做大做强的目标，在并购交易前期进行周密战略部署是十分必要的。

第一节 并购前期工作流程

具体而言，跨国并购交易前期战略部署应包括以下几个基本环节。首先要明确并购动机，并在此基础上进行总体规划设计，然后在总体规划的指引下进行并购形式、并购方法以及支付和融资手段的选择，最后企业应基于具体并购需要建立起一支符合并购特点、集中多方资源的并购团队，以完成对目标公司的选择及其价值评估工作，并指导整个并购过程顺利完成。并购交易前期战略部署流程见图5-1。

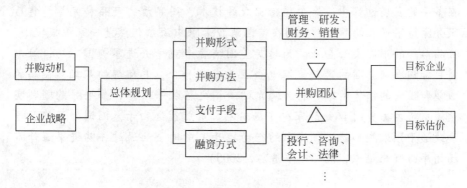

图 5-1 并购交易前期战略部署流程图

第二节　并购前期战略部署的具体工作

一、明确并购动机

"没有一家大的美国企业不是通过某种程度，某种方式的兼并成长起来的，几乎没有一家大公司是完全靠内部扩张而成长起来的。"

——诺贝尔奖获得者斯蒂格利茨

（一）拓展海外市场

近些年，伴随中国家电、通信、电子产品等行业市场竞争的白热化，企业利润逐年下降，过剩产能问题开始凸显，特别是在中国加入 WTO 后，众多海外巨无霸企业纷纷进入中国并不断侵蚀中国企业的原有领地，在其超一流的技术实力和营销能力的冲击下，中国企业的成本和渠道优势正在失去往日的风采，竞争压力持续增加。与此同时，在经过多年高速发展后，以联想、TCL、海尔为代表的中国企业已经在国内占据了主导性的市场份额，具有进一步做大做强并最终成为国际大企业的意愿和实力。二者作用的结果驱动中国企业不断走出国门，进军海外市场，通过实施跨国并购拓展海外市场，这样不仅可以有效缓解竞争压力发挥企业劳动力成本比较优势，而且可以壮大市场规模有利于企业发挥规模优势和寻找新的利润增长点（专栏 5-1）。

【专栏 5-1　中国企业拓展海外市场的不断尝试】

海尔作为中国最大的家电企业，在国内早已成为家喻户晓的知名品牌，在多年的发展过程中，海尔凭借出众的技术、高品质的产品和完善的售后服务赢得了世人的尊重。然而在美国消费者眼中海尔仍然是一家规模较小、产品单一的中国民营企业。为转变美国消费者观念并进军美国市场，海尔将目标瞄准在美国的第三大家电企业美泰克身上，其雄厚的基础、较高的威望和强大的销售网络都将为海尔的美国之路铺平道路，如果并购顺利实施海尔将占据美国 16% 的家电市场份额。虽然最终由于惠而浦的强势竞争和政治干预未能如愿，但海尔的行动拉开了中国企业通过并购进军海外市场的序曲（朱继东，2005；罗清启，2005）。

（二）获取核心技术和研发资源

科技型企业有别于传统企业，技术创新在企业发展过程中发挥更加重要的作用。在知识经济和信息经济的推动下，科学技术正朝着高度化和集成化的方向发展，研发支出日益增高，科技创新几乎要涉及多种尖端技术的综合开发，技术创新门槛不断提高。企业以并购为跳板，跻身新兴领域（专栏5-2）。

【专栏5-2 以并购为跳板跻身新兴领域】

2001年9月，杭州华立集团设在美国的子公司美国华立通信集团公司在美国成功收购飞利浦半导体集团在温哥华和达拉斯的CDMA手机参考设计相关业务，获得了飞利浦在CDMA无线通信方面的全部知识产权。通过此次并购华立成功实现转型跻身高科技产品生产领域，并获得了大量关键技术。

2002年1月，上海电气集团成功收购日本秋山机械公司。这是国有资本第一次进入日本主流制造业企业实施兼并与收购，中方在收购中不仅取得了该公司在日本的营业权，同时吸收了其属下50名熟练的技术人员，接收了该公司的印刷机发明技术。通过收购，上海电气集团一举确立了其在国内单张纸胶印机领域的领先地位。

2003年2月，京东方科技以3.8亿美元的价格收购韩国现代集团显示器株式会社TFT－LCD业务的资产，获取大量LCD生产核心技术，同时通过此举使得京东方成为中国第一家拥有TFT－LCD核心技术与业务的企业（李夏，季红，2004；干春晖，2005）。

有研究资料表明，开发一种新药的研发费用是5亿美元，开发新一代芯片需要10亿美元，开发一种新车型需要20亿美元，开发一种新型大型客机需要100亿美元，这对于本身就缺乏技术积累同时实力有限的广大发展中国家而言，如果单凭自身发展无疑是一道难以跨越的鸿沟，而通过并购则可在短时间内以最低的成本获取企业发展所需的关键技术，提升企业的技术实力，日韩企业的迅速崛起无不有赖于此（吴添祖，陈利华，2006）。因此通过实施并购特别是对拥有核心技术而又短期受困的海外高科技公司实施并购，对于技术力量薄弱、竞争形势严峻的广大发展中国家企业意义重大，因而成为其并购的最基本动机之一。

（三）整合产业链资源提高附加价值

企业竞争表现为产业链的竞争，通过对产业链资源的整合占据价值链中利润丰厚的关键环节是发达国家企业取得成功的关键。对于广大中国企业而言，通过实施并购延伸企业价值链，整合产业资源，提升企业在产业链中的位置，并通过对相关资源的整合发挥协同效应实现规模经济和范围经济是中国企业实施并购的又一动机。

对于价值链延伸与整合可分为向上游资源延伸和向下游资源延伸两种。通过并购上游企业，可以获取企业产品生产所必需的原材料、技术以及研发人员等关键资源，从而降低成本压力和生产安全风险。大连路明并购美国 AXT 光电事业部、上汽并购韩国双龙汽车（专栏 5-3）等就属于此类并购。并购下游企业，则可获取产品销售所必需的分销渠道和产品市场等资源，实现销售量的飞速增长。典型案例是：京东方为掌握下游分销网络，保证海外销售，对冠捷科技开展并购；联想并购 IBM PC 获得 IBM 在全球的营销驱动和品牌影响力；等等。

【专栏 5-3　上汽-双龙的互补性整合】

2004 年 10 月 28 日，上汽集团宣布以 5 亿美元正式并购韩国双龙汽车公司 48.9% 的股权。至此上汽集团获得这家韩国第四大汽车生产商的控股权，并获得了其所拥有的先进技术和研发资源，特别是在 SUV 领域的领先生产工艺。二者同为汽车生产商但是在产品和业务上具有高度的互补性，上汽作为 2004 年唯一进入《财富》全球 500 强名单的中国汽车企业，是中国市场上乘用车和零部件制造及销售的领先者，拥有资金和市场优势。而韩国双龙汽车作为韩国 SUV 汽车市场的领先者，拥有技术和研发优势。并购完成后，上汽可以利用双龙的自主开发能力和市场份额增加自己在国际汽车市场上的竞争力，为实现跨国经营的全球战略目标打下基础，双龙则可充分利用上汽的资金和市场优势拓展中国业务实现业务增长。二者并购是整合产业链资源提高附加价值的典范（干春晖，2005）。

（四）获取知名品牌提升企业形象

品牌是企业最宝贵的无形资产且具有极高的共享价值，从当前的国际竞争特点看，企业间竞争的战场正在逐步从生产竞争、技术竞争、产权竞争向品牌竞争转化。跨国公司卓越的品牌影响力和营销能力正在成为其摧城拔寨的利器，不断敲开主要消费市场的大门。多年来，中国企业以代工生产为平台虽迅速培养出了企业的产品生产能力，但是贴牌生产的代价也开始逐步凸显，同耗时耗力耗资源的制造环节相比，发达国家企业仅仅通过品牌就能够获得利润中的大部分分红，这样的局面不得不让广大的中国企业痛心疾首。

然而品牌的建立是长期发展的结果，离不开企业的精心呵护和全力营销，而世界知名品牌的确立更非一朝一夕就可轻易获取的。对苦心开拓国际市场但频繁受到品牌影响力限制而进展缓慢的广大中国企业而言，获取知名品牌最便捷有效的方法就是通过并购海外知名企业的知名品牌，通过此举不但可以叩开国外市场，释放国内过剩产能，而且通过并购宣传有助于提升中国企业自有品牌的知名度、美誉度和忠诚度，提升企业的社会形象，增强消费者对于中国品牌的信心，实现由"中国制造"向"中国品牌"的转变。

明基-西门子的互补性整合见专栏5-4。

【专栏5-4　明基-西门子的互补性整合】

明基作为全球最大的手机代工厂商，拥有强大的制造和设计能力，但由于自身品牌的缺陷，在欧洲等海外市场没有取得良好的市场业绩。西门子作为全球知名企业拥有良好的品牌形象和营销能力，随着企业战略调整的需要面向终端消费品市场的手机业务已不是整个公司战略的重点，因此出售是妥善处理手机业务的首选。在这样的背景下，明基于2005年对西门子手机业务开展并购，通过并购明基获得了西门子在通信人才、关键技术、研发能力和品牌行销方面的优势资源从而有助于其实现手机业务的突破，而西门子则不仅为其手机业务找到了长期的合作伙伴，同时也找到了其端到端移动通信解决方案的合作伙伴。并购后推出的新品牌BenQ-Siemens手机也给人以耳目一新的感觉，为传统的高质量西门子产品注入了更多时尚气息（刘雪梅，2006；潮阳，2005）。

（五）国家政策的大力推动

首先，自"十五大"召开以来，一场空前的国有经济的战略性调整和重组工程开始展开，各级政府都在采取积极措施实现大企业集团战略，国有资本将从小企业向大企业转移和集中、从劣势企业向优势企业转移和集中，使资源得到优化配置。一系列的重组和并购增强了大型集团企业的实力，为实施海外并购奠定了坚实的基础。

其次，各级政府积极鼓励有能力的企业开展海外并购，逐步使中国经济向利用国内外两种资源、两个市场的方向转变。例如，北京市政府制定了鼓励高科技企业实施海外并购，获取关键技术，并在国内设厂拉动相关需求的各项优惠政策。上海也已拟定专门的优惠政策，鼓励企业在非洲和东南亚国家开设新厂或收购兼并当地企业以积极开拓市场。优惠政策的推出为中国企业海外并购提供了良好的政策环境，能够节约大量的交易成本。

最后，中国经济正经历着持续的高速增长，在出口的持续拉动下，中国的外汇储备不断增加，2006年首次突破万亿美元大关，如今早已成为世界第一大外汇储备国。充足的外汇储备意味着强大的对外投资能力，2003年，国家外汇管理局发布了《关于进一步深化境外投资外汇管理改革有关问题的通知》，为境内企业境外投资进一步放宽了政策；2004年12月，国家发改委和中国进出口银行联合发出《关于对国家鼓励的境外投资重点项目给予信贷支持政策的通知》，共同建立境外投资信贷支持机制。这些举措都为企业积极实施海外并购提供了充足的资金支持。

归根结底，无论企业出于何种并购动机，其最基本的目的都在于通过实施并购特别是对领先企业或其相关业务的并购实现核心竞争能力的提升，也唯有此才能维持企业的持久竞争能力。纵观近些年中国企业的海外并购史，可以看出虽然与 20 世纪 70、80 年代日本企业和 90 年代韩国企业积极实施海外并购实现能力提升的总体目标相一致，但是在宏观背景上与二者都存在着明显的差异，日韩企业都是在关税壁垒保护下逐渐成长起来具备一定技术和资金实力后，受限于国内狭小的市场和有限的成长空间而采取的一种积极主动的扩张之路。而中国企业的海外扩张之路则更加艰辛，企业处于快速成长和技术积累之时，正值中国加入 WTO，贸易壁垒不断放开，在国内市场的开发不足的情况下，由于受到跨国企业的激烈竞争，寄希望于通过海外并购开拓市场获取先进技术而实现能力提升多少有些迫于无奈的被动之举。这也使很多中国企业由于并购动机单一、缺乏相关并购经验以及技术消化能力不足等造成并购失败。大量的企业并购成功经验表明，只有在理性的并购动机基础上，通过缜密的并购方案设计、灵活的并购谈判策略以及有条不紊的并购整合方能实现并购的最终成功。

二、制定总体规划

企业战略决定企业的长期发展，战略安排决定企业发展目标，对企业已有的资源进行最优化配置。因此企业的一切生产经营活动都是围绕企业战略而进行的战术性行动，并购行为同样受到企业战略的指引，可以说企业战略是实施并购的出发点。企业战略在不同行业不同时间具有不同的特征，现阶段对于广大新兴的科技型企业而言，进行市场扩张，扩大产品份额是企业首要战略，这也决定了并购成为企业经常使用的一种战略工具。

表 5-1　内、外部技术扩张比较

内部发展		外部扩张			
		企业并购		战略联盟	
优点	缺点	优点	缺点	优点	缺点
收益高	速度慢风险大	速度快风险小	收益适中	速度快	缺乏有效管理
知识曲线效应	资源受限	获取互补资源	并购估值	获取互补资源	存在"搭便车"现象
相容企业文化	市场扩张慢	挤压竞争对手	谈判受阻	强化标准形成	资源整合困境
处于技术顶端	冲击现有市场	协同效应	整合失败率高	减少创新阻碍	援助潜在对手

资料来源：黄中文，李玉曼，刘亚娟 . 2006. 跨国并购实务 . 北京：中华工商联合出版社。

高新技术产业技术变革迅速，企业必须采用快速扩张战略以适应激烈的市场竞争。为此企业可以选用内部发展和外部扩张两种模式（表 5-1），内部发展主要依赖于企业内部研发资源，具有高投入、高风险、高收益的"三高特性"，同时由于企业要从基础研发开始因而往往耗时较长；相比而言，外部扩张主要依靠实施并购或组建各式战略联盟的途径，从外部资源中获取技术信息以增强企业的研发实力，实现企业的持续扩张，由于企业可以以适度的成本选取成功的新技术进行引进，因而风险较小，但是非原创性的技术容易受到竞争对手的限制，同时对新技术消化吸收不利同样会造成亏损。因而内、外部扩张形式各有利弊，企业在选取扩张战略时应权衡考虑。

思科并购见专栏 5-5。

【专栏 5-5　"稳中求快，巧借外力"的思科并购艺术】

1984 年，加利福尼亚州圣何塞诞生了一家由斯坦福大学一对夫妇创立的思科公司，早期思科仅仅是一家生产网络路由器的小厂。后来公司总裁钱伯斯的到来彻底改变了公司的命运，在技术变革迅速、市场竞争激烈的硅谷，思科独辟蹊径，采取一条更为快速便捷的崛起之路——技术并购。从 1993 年起思科始终以发展战略为指引先后从事了 130 余起并购，成功地使企业发展壮大为世界上最大的通信设备制造商，在第三层交换、千兆位以太网、网络管理、ATM 交换等方面拥有全球领先的技术并为企业提供业界领先的电子商务解决方案。经过短短 20 年的发展，思科已成功跻身世界 500 强，并曾于 2000 年 3 月 24 日成功超越微软成为全球最值钱的高科技公司，时至今日思科的并购之路仍在延续，金融危机的不期而至致使科技型企业身价缩水更加速了企业的并购步伐。

1993 年，通过并购 Crescendo 通信公司成功增强了企业在交换机领域的技术实力。

1996 年，通过并购 Granite 公司成功跻身千兆位以太网领先者行列。

1997 年，通过并购 Ardent 通信公司成功成为通过帧中继和 ATM 数据网络集成语音和视频领域的主导者。

2003 年起，为实现向安全、光纤网络、IP 电话、家庭网络、无线技术和存储六大领域拓展，企业先后并购了 Linksys Group, Inc.、Andiamo Systems、Scientific-Alanta 等多家公司，一举奠定了思科在相关领域的主导地位。

思科在总结经验时强调，公司从不盲目并购，每起并购都是企业基于战略发展需求，从自身实力和转型需要出发，并购拥有先进技术的中小型企业从而实现企业的跨越式增长。如今思科已成为世界上最成功的并购者之一，其成功经验不断被其他企业所效仿（李惠等，2004；艾珍珍，2004；邓小河，2000a，2000b；桂港，2006；晓虹，1999；汪继峰，2001）。

鉴于广大中国科技型企业自身实力上的不足与竞争形势的严峻性，通过并购特别是对欧美发达国家高科技企业的并购，能够以适度的成本在短时间内获得技术提升，拓展海外市场，因而不失为一种符合企业发展实际的有效竞争手段。从一些知名跨国公司的成长历史看，并购活动伴随企业成长的始终，思科就是一个典型例子。反观中国部分进行海外并购的企业由于前期战略研究不足，盲目的海外并购最终只能吞下失败的苦果（专栏5-6）。

【专栏5-6　盲目并购的最终苦果】

TCL公司在经历了国内多年的快速增长后，已成为一家业务涉及家电、信息、通信、电工等领域的多元化企业集团。为实现企业规模的进一步壮大并开辟海外市场，2002～2003年先后并购了施耐德公司以及汤姆逊和阿尔卡特公司的相关业务部门。其中，并购施耐德公司多少有些偶然性色彩，施耐德公司所在州政府向TCL发出并购邀请。而购买汤姆逊和阿尔卡特则是TCL基于获取技术和市场的目的而开展的并购行为，但战略意图既不明确，又不坚定。

但是无论是并购品牌形象较差的施耐德公司，还是技术发展空间受限的汤姆逊公司彩电事业部，抑或是亏损严重且引进技术受限的阿尔卡特手机业务都没有给TCL带来实质性的帮助，相反却直接造成了集团亏损。低价获得的施耐德公司既不能提高先进技术同时较差的品牌形象还会影响到TCL的自有品牌；汤姆逊虽拥有大量彩色电视机专利技术，但是根据并购协议不但技术使用是有偿的同时获取的大量技术都不符合平板液晶显示器的发展潮流；并购阿尔卡特公司，没有获得核心的3G技术，反而要为企业研发提供大量的资金支持。

纵观TCL的整个并购历程，从始至终缺乏一个强有力的正确企业战略支持是失败的最重要原因之一。过分强调并购规模和获得的市场份额及销售渠道，忽视了企业自身的消化能力和整合的可能性，巨额亏损也极大地冲击了企业的赢利能力。从TCL的失败经验中可以看出，中国企业要实现海外并购的成功必须要具备明确的目标、准确的战略、具体的措施、丰富的人才的关键要素，"内力"的提升是取得成功的基础（郭凌云，2007；谢华，朱丽萍，2008；王钰，2006）。

跨国并购整体战略的制定不但要注重短期利益，更要重视长远发展，不仅需要对企业并购前后的管理水平、生产能力、市场营销、财务状况、研发能力、企业文化以及对外部环境约束应变能力等众多内部要素进行全面考量，而且需要对

宏观经济环境、政治形势、技术水平、法律制度、财务制度、竞争对手、销售渠道和目标市场等外部要素做出整体把握。只有在收集充足信息和分析基础上才能对并购形式有清晰的了解，从而为后期的并购环节设置出合理的战术性策略提供帮助。

三、选择并购形式

并购形式是指并购企业与被并购企业在生产经营上的相关性关系，根据相关性强弱可分为领域加强型（纵向并购）、领域扩张型（横向和集中并购）和领域开拓型（混合并购）（魏彩慧，2006；黄中文等，2006）。

（一）纵向并购

纵向并购是指处于同一产业领域、不同生产和经营阶段的跨国企业的并购。通过纵向并购能够实现对产业价值链的整合并使企业在价值链中实现转移。而通过对上游研发资源与下游的销售渠道的控制，更有助于发挥中国企业的制造成本比较优势并实现价值增值，从而实现企业的全面成长。万向集团并购舍勒、AS等公司，台湾最大的 PC 制造商宏碁的一系列并购都是通过纵向并购实现企业跨越式发展的典型。

大连路明并购美国 AXT 光电事业部，见专栏 5-7。

【专栏 5-7 大连路明并购美国 AXT 光电事业部】

从 LED 产业链构成来看，上游为单晶片及其外延的生产，中游为 LED 芯片设计和加工，下游则是 LED 产品的封装测试及应用。其中，上游和中游技术含量很高，资金投入量大，且利润也最为丰厚，一般认为在 LED 产业链中，LED 外延片与芯片约占行业利润 70%，而 LED 封装所占利润不足 30%。当前LED 产业主要分布于日本、中国台湾和内地、欧美、韩国，其中日本产量最大技术也最为先进，约占全球产量的 50%，同时是上游产品的主要供应源，日亚化学和丰田合成分别占据全球第一和第四高亮度 LED 生产商宝座。台湾作为全球消费电子产品生产基地是全球第一大下游封装及中游芯片生产地，中国内地企业大多处于产业链低端从事低附加值的封装测试。

大连路明公司创建于 1992 年，公司凭借自有自发光材料技术不断发展壮大，已陆续在玻璃、陶瓷、塑料、化纤、橡胶、涂料等多个领域进行产业化开发，拥有了国内外 60 多项专利，相关技术标准已被发达国家广泛采纳。但是相比于自发光材料领域的领先地位，企业在芯片技术上一直处于落后地位，为了实现进军产业链上游进行产业升级的企业战略，成功对美国 AXT 光电事业部进行海外并购。并购后成立的路美芯公司已成为世界上仅有的四家同时掌握高亮度 LED 芯片和荧光粉两项核心技术与专利的企业之一，实现了企业的跨越式发展（何伊凡，2006；张诚，2007；胡媛，2006；曹婧逸，2007）。

（二）横向并购

横向或集中并购二者略微不同，前者是指收购方与被购方拥有的产品系列和市场基本相同或类似；后者是指收购方与被购方的市场服务领域相同但生产技术不同，或者生产技术相同但市场服务领域不同。从中国企业的现有并购案例构成看，通过横向并购实现企业产能扩大和市场扩张是中国企业采取的主要形式(专栏 5-8)。

【专栏 5-8　联想并购 IBM PC】

联想与 IBM 虽同属世界 PC 领域的知名厂商，但是二者的产品范围略有不同。IBM 作为 PC 的发明人一直是 PC 领域的主要厂商，并购前仍然处于 PC 销售的全球第三名。IBM PC 产品主要集中于商用笔记本电脑等高端消费领域，其享誉全球 Think Pad 品牌在全球 160 多个国家销售，同时 IBM 已经建立起了完备的客户服务和技术支持体系。而联想作为一家中国民营企业，经过 20 多年的发展已经成为全球第五、中国第一的 PC 台式机生产商，在国内拥有庞大的 PC 分销网络和良好的品牌知名度。相比于 IBM，联想在低端消费类 PC 台式机领域具有雄厚的技术实力，并享有潜在的全球最大 PC 消费市场的特殊地理优势。通过实施并购，联想的全球市场占有率超过 8%，一举成为全球第三大 PC 生产商，同时还成功增强了其在笔记本电脑方面的技术和销售优势，借助 IBM 的品牌效应也将有助于进一步提高联想的品牌影响力，而且 IBM 的全球销售网络将为联想国际化策略提供了一个良好的实施平台（干春晖，2005；王元地，2005；王亮，2005；李萍，2005）。

此外，明基并购西门子、京东方并购现代 TFT-LCD 业务、华为并购 3COM、TCL 并购阿尔卡特和汤姆逊等大都属于此类并购，当前中国科技型企业实施海外横向并购还存在单纯以扩大产能，提高市场份额和获取规模经济为目的，重规模、轻整合，忽视并购效益等问题。京东方并购现代 TFT-LCD 业务对于自身实力和技术走势判断的不足、TCL 并购汤姆逊对财务整合的忽视、TCL 收购汤姆逊、上海汽车收购韩国双龙在人员整合上暴露出的问题都反映出中国企业在海外并购中缺乏相关经验和理论指导，而短视的并购举措造成的后果就是整合问题的不断出现并严重影响并购实施的效益。反观发达国家的成熟企业在进行横向并购时往往更加谨慎和理智，因此成功的概率也更高（专栏 5-9）。

【专栏 5-9　诺基亚并购 Symbian 系统公司】

随着智能手机逐渐成为未来手机的发展潮流，对于智能手机核心部件——操作系统的争夺日趋激烈，同时前景一片光明的移动广告业务更是利润巨大，任何一个移动通信巨头都不会轻易放过。在电信业与 IT 业加速融合的背景下，以 Google、微软、苹果为代表的传统 IT 巨头也纷纷进入这一市场从而加剧了竞争的激烈程度。众多企业纷纷使出浑身解数以图占据市场主流确立行业标准。

当前 Symbian 虽仍然凭借诺基亚、摩托罗拉等手机巨头的支持而处于头名位置，并占据三分之二左右的市场份额，但是 Google、微软等的强势竞争还是造成了相当大的影响，2008 年第一季度预装有 Symbian 操作系统的智能手机较 2007 年第四季度减少了 75 万部，下滑迹象开始显露。为此，诺基亚必须及时进行战略调整。

作为 Symbian 公司的第一大股东，诺基亚本来就在该领域拥有超一流的技术水平，随着 2007 年公司做出进军互联网的发展战略，企业开始将研发力量和公司资源向自己拥有比较优势的移动终端操作系统领域转移，并希望以此为突破口进一步在移动互联网中与传统互联网巨头 Google 等开展竞争。为此，诺基亚实施了对 Symbian 公司的收购。

通过此次并购，诺基亚强化了在 Symbian 系统领域的技术实力，同时通过与 AT&T、LG、摩托罗拉、NTT DoCoMo、三星、索尼爱立信、意法半导体、德州仪器和沃达丰建立 Symbian 联盟，有助于获取互补技术支持，同时通过摩托罗拉等手机生产商建立联盟关系从而维持 Symbian 系统的主导地位。随后宣布的将 Symbian 系统免费对联盟成员开发的举措更是直接针对 Google 等新生力量的反击行动，通过免费开放将会获得更多的第三方软件支持，从而丰富产品的功能，更好地满足消费者需求，挤压新进入者的市场空间（李远，2008）。

成熟企业在进行横向并购时，已有的市场力量决定了他们的主要目的不是开拓市场获取技术，而更多的是为长远的发展作打算。而前瞻性的发展眼光，会使它们发掘更多的机会并先行一步从而在未来的竞争中确立更大的优势地位。此外，思科、飞利浦、索尼、甲骨文等跨国巨头在相关领域的迅速成长也都有赖于横向并购的成功实施，其中的宝贵经验和并购艺术值得广大中国企业认真借鉴。

(三) 混合并购

混合并购是指收购方对不同行业中的企业实施的并购。这种并购不仅使收购方的业务领域得到有效拓展，有时还会导致收购方的行业属性发生变化(专栏 5-10)。

【专栏 5-10 华立并购美国飞利浦 CDMA 事业部】

2001 年，华立在公司主业电能表生产仍然业绩良好的情况下，从企业长期发展的战略高度出发，对企业进行战略转型，并将移动通信和医药作为实施多元化经营的战略突破口。然而进入一项全新的移动通信领域，技术门槛很高，对于无相关知识积累的华立而言难度巨大。为此，华立将拥有核心技术，但陷入经营困境的美国飞利浦 CDMA 事业部列入了并购目标。最终通过成功的资本运作与谈判技巧相结合，采取"美国式"的并购形式完成了对飞利浦 CDMA 事业部的并购。凭借此次并购，华立成功获得了飞利浦在 CDMA 无线通信方面的全部知识产权（IP）、研发成果、研发设备、研发工具和大批的研发人员，并一举成为国内完整掌握 IT 产业核心技术的企业之一，同时也标志着集团开始迈进国际领先技术行列（胡康秀，喻琼，2002；汪力成，2005；潘思言，2002）。

随着科技型企业力量的不断壮大和部分市场的不断成熟，企业必须向高技术含量、高附加价值的产业环节转换，因而在战略转型过程中，越来越多的企业从多元化经营、新市场开发、获取新领域核心技术的角度出发开始进行领域开拓性的混合并购。

如思科公司通过 Linksys Group、Inc. Andiamo Systems、Scientific-Alanta 等公司成功进军网络安全、光纤网络、家庭网络等新领域。瑞典 Elarofux 通过并购意大利 Zahussi 公司，成功实现由冷冻机械行业向洗衣机行业渗透等（魏彩慧，2006）。

从全球范围现有并购形式来看，欧美企业侧重产业整合与交叉融合，因此以纵向和混合并购为主；以中国为代表的新兴国家，由于企业整体上还处于技术追赶阶段需要向发达国家引进技术，同时企业国际化程度较低，需要借助海外并购来提升品牌知名度和扩大市场占有率，因而并购形式以横向并购为主。同时，中国科技型企业实施海外并购的主体主要集中于电子通信设备、家用电器和汽车三大产业，源于这三个行业经过多年的快速发展和国内的并购重组，使得众多知名企业都已经具备一定的经济实力和技术水平，开始实现规模效益，多年较低的制造成本也为企业创造出了大量经营利润，并且这一比较优势在长期内仍将存在，在这样的情况下，企业为缓解竞争压力、扩展生存空间纷纷开始实施战略转型，逐渐从制造加工基地向研究和加工一体化方向转化，为此通过大量的横向并购发达国家企业，渐进性实现市场扩张和获取先进技术成为企业重要的战略。而同期发达国家相应行业处于低迷状态，企业受困于较高的劳动力成本，经营状况举步维艰，为中国企业进行横向并购创造了有利的外部环境。

四、设计并购方法

在企业基于自身发展战略确定实施并购的具体形式后，就开始进入到了具体的并购方法设计阶段。具体而言并购方法大致包含以下几种：直接并购、成立合资公司并购、新设控股公司并购、境外子公司并购以及换股并购（高毅，2006）。

（一）直接并购

直接并购是企业直接和被并购方谈判，使用现金作为支付手段，购买被并购方的股份，从而获得对方的资产的一种并购方法。目前，由于中国金融市场尚不健全，企业融资渠道受限并与国际社会不接轨，因此，直接融资仍然是中国企业开展海外并购的主要方法。联想、大连路明等选用的并购方式均属此类。

（二）成立合资公司并购

成立合资公司并购是指并购双方设立一个新的合资公司，将并购方的部分资产和被并购方的资产合并到新的公司中，从而完成并购。在成立合资公司的操作方式中，和普通合资公司的最重要的差别在于该种类的并购中被并购方的目的是获取并购方的母公司的部分股权。TCL并购汤姆逊、京东方并购现代显示技术株式会社均属于此类性质的并购。

（三）新设控股公司并购

新设控股公司并购是指企业为了实现对目标公司的并购而专门成立一个控股公司来进行运作，由该控股公司出面进行并购，在成立控股公司时通常与其他实力强大的战略投资者达成战略联盟以降低并购风险。这种并购的主要特点是增强并购实力，降低并购风险。TCL并购德国施耐德、中国网通并购亚洲环球电讯（由美国新桥投资、软银亚洲基金作为战略投资者）等就属于这种形式。

（四）境外子公司并购

境外子公司并购是指通过母公司设在境外的子公司发起的并购，整个操作过程都由子公司实施，母公司只为并购提供必备的资源支持。利用境外子公司进行并购可以降低外汇管理壁垒，减轻并购阻碍，同时设置于海外的子公司与被并购企业的企业文化也往往更为相似因而能够提高后期整合的成功率。万向集团通过全资海外公司万向美国公司在美国开展并购，华立集团通过美国华立通信集团公司并购美国飞利浦 CDMA 事业部等就属于这种形式。

（五）换股并购

换股并购即以股票作为并购的支付手段，通常由并购方增发新股，然后与目标企业进行股票互换。换股并购的主要特点在于这种方法使得并购企业可以不受自身规模的限制开展并购。对于自有资金不足又希望进行大规模并购的企业来说，换股并购是可以利用的主要方法。上工股份并购 FAG 子公司就是成功的换股并购案例。

目前中国科技型企业实施跨国并购的主要方法是直接并购，同时伴有成立合作公司、新设控股公司并购、境外子公司并购和换股并购等方法。由于实际操作程序的复杂，而且受不确定性因素的影响比在国内市场大得多，中国企业在跨国并购的过程中更应该对各种操作手段有一个清楚的了解，从而在面对不同的具体情况时能够选择有利于企业的操作手段，加大并购成功的可能性。

五、确定支付与融资方式

（一）并购支付方式

由于跨国并购往往耗资巨大，因此对于并购资金支付方式的选择往往成为左右并购效果的一个重要因素。从现有支付方式构成来看，主要包括：现金支付、股权交换、债务承担以及多种方式混合的混合支付方式。资金来源则为企业自由资金、股票融资、银行贷款、风险投资资金等。

不同的中国企业在海外并购中采取过不同的支付方式（专栏 5-11），也对最终的并购结果产生了影响。

【专栏 5-11　联想、TCL 支付方式比较】

联想并购 IBM PC 事业部的最终交易价格被定为 17.5 亿美元，具体包括 6.5 亿美元现金、6 亿股票以及 5 亿的 IBM 债务。在股份收购上，联想以每股 2.675 港元，向 IBM 发行包括 8.21 亿股新股及 9.216 亿股无投票权的股份。这清楚地表明，联想选择了现金支付、股权交换和承担债务的混合支付方式。

> TCL 的多次并购主要是现金支付方式，其中并购阿尔卡特手机部，组建 TCL&Alcatel Mobile Phone Limited 合资公司，TCL 出资了 5500 万欧元。并购汤姆逊彩电事业部，组建 TTE CORPORATION 合资公司，TCL 以现金、固定资产、库存彩电等折合出资 2.3 亿欧元。过于单一的支付手段在并购后给 TCL 造成了较大的资金压力，不但整合不利同时还出现了由于公司主营业务投资不足而出现业绩下滑的不良局面（罗洋，2007）。

（二）并购融资模式

并购融资模式是指企业为筹集并购所需资金而选取的融资模式，融资模式在很大程度上取决于所采用的支付方式。按照资金来源的不同可以分为企业自有资金、银行借贷、股票融资等，目前欧、美、日等发达国家由于具备较为完善的金融体系和股票市场，因此企业在进行并购融资时多采用以股票融资为主，多种其他方式为辅的综合融资模式，通过这一方式能够最大限度地减少企业的现金流压力以及利用杠杆收购后期所需要偿还的大量本金和利息，是较为安全和稳妥的一种并购方式。思科公司的并购融资模式见专栏 5-12。

> **【专栏 5-12　思科"股票分拆"的融资策略】**
>
> 由于换股并购在美国是免税的，为此换股并购是思科一直非常青睐的并购方式，通过这一方式也为思科节省了大量的现金和交易成本，同时思科非常善于通过高度发达的金融市场筹集并购所需资金，由于思科在业界的口碑以及在并购领域的不断成功使得其股票供不应求，思科充分利用这一点，经常在股价上升期通过股票分拆的形式获取资金。1991～2000 年，思科几乎每年都将股票 1 拆 2 或 2 拆 3。1991～1999 年的 8 次分拆除 1993 年分拆后股价略有回落外，其他时候股价均超过并购前的价格。并购不但未给企业造成资金负担，反而实现了较大的赢利（李惠，陈英，马利军，2004）。

对于中国企业而言，由于中国金融市场的不健全企业融资渠道相对有限，所以中国企业的融资方式主要以自有资金和银行借贷为主。TCL、华立、大连路明等众多企业采用的融资渠道均以自由资金和银行借贷为主，承担着巨大的资金压力。而联想、京东方的融资渠道则相对多样，成功实现了"以小吞大"的并购。中国企业海外并购成功融资案例见专栏 5-13。

【专栏 5-13　中国企业成功融资经验】

　　联想并购 IBM PC 业务涉及现金达 6.5 亿美元，由于提前预见到了现金流压力，因此在签订并购协议过程中，特别添加了一份有效期为 5 年的策略性融资附属协议。根据协议，联想将在 IBM 与高盛的协助下，从巴黎银行、荷兰银行、渣打银行和工商银行融资总额达 6 亿美元的现金，用以缴付收购所需资金。同时，联想还以每股 2.675 港元的价格，向 IBM 发行包括 8.21 亿股新股和 9.216 亿股无投票权股份。并购完成后如果将无投票权股份计入其中，IBM 实质上持有联想 9.9% 的股份而成为新联想的第二大股东。同时通过与三大私人投资公司德克萨斯太平洋集团、General Atlantic 和美国新桥投资集团的合作，也将筹得 3.5 亿美元的投资资金。从上述的融资过程可以看出，联想的并购模式是利用企业内部自有资金、银行借贷、普通股发行、优先股发行以及认股权证融资等多种融资手段的结合。

　　当京东方与现代集团签订协议以 3.8 亿美元并购 HYDIS TFT-LCD 业务时，京东方公司净资产不足 20 亿人民币，仅靠企业自有资金显然并购难度极大，为此京东方采用杠杆收购策略，以 BOE-HYDIS 资产为抵押，分别以相对较低的利率从韩国产业银行、韩国外换银行、Woori 银行以及现代海商保险等筹借了折合 1.882 亿美元的资金，并凭借政府支持从国内银行借款 9000 万美元。这样整个并购过程中，京东方使用的自有资金仅为 6000 万美元，大大减轻了京东方的资金压力，成为中国企业通过杠杆并购海外企业的成功典范（干春晖，2005；Ackerly J，Larsson M，2005）。

　　融资渠道不畅会限制企业的并购资金来源，从而减低企业从事大型并购的能力，从中国企业的现有并购案例来看，主要都是围绕小型企业或大企业的子公司开展并购，即使是像中石油这样的大企业动用资金也不过 10 亿元，与国外大型跨国公司的跨国并购规模差距明显。但可喜的是，中国企业在经历了多年跨国经营的摸爬滚打后开始逐步体会到国际资本市场带来的巨大好处，以网通并购亚洲环球电讯、万向集团并购美国 UAI 公司为典型，中国企业已经学会利用国际资本市场进行融资以打开并购成功之门。

六、组建并购团队

　　跨国并购是一项极其复杂的商业行为，由于整个并购过程涉及众多方面的专业知识，因而对于缺乏跨国经营经验的中国企业而言，仅凭一己之力进行"蛇吞象"式的跨国并购困难重重。这就需要中国企业一方面苦练内功增强资金实力和技术水平，在大量国内并购重组的过程中培养自己专业化的并购团队，另一方面充分借助外部资源获取企业欠缺的专业知识和关系网。通过借助国际级中介机构和咨询公司的大量工作，企业可以将更多的精力集中在一些战略性的问题上。同时，大量互补性外部资源信息的注入将进一步减轻信息不对称性，从而提高企业实施并购的成功率。联想的成功经验就是很好的例证（专栏5-14）。

【专栏5-14 打造"明星"并购团队】

IBM公司曾于2001年正式聘请美林证券公司在全球范围内为其PC业务寻找买家。2003年10月，美林将联想确立为最佳的目标收购者。美林中国区总裁刘二飞与联想集团董事长柳传志、财务总监马雪征私交甚笃，而美林总部则与IBM关系密切，借助这一关系，双方很早就开始进行接触并就并购事宜进行磋商，而美林公司在整个过程中一直发挥着润滑剂的功能，不断增进两家企业之间的了解。

2003年底，随着谈判的不断深入，联想为了更好地对IBM PC事业部进行细致的尽职调查，开始聘请更多的专业咨询公司和中介机构协助谈判。例如，聘请麦肯锡作为战略顾问以全面了解IBM的PC业务和整合的可能性，聘请了高盛作为财务顾问，安永、普华永道作为审计顾问，奥美公司作为公关顾问，而TOP公司则充当人力资源顾问。

同时，联想还成功引入了私人股权基金以帮助企业更好地完成筹措资金、业务重组以及文化整合。其中，GA公司曾经投资联想控股的子公司神州数码，因而双方早已有过合作基础，在对IBM PC业务价值评估方面为联想提供了大量帮助；TPG则于2004年参与竞争并购IBM PC失败后转而与联想合作，主要为联想提供关于运营管理（operational knowledge）、全球股票交易（global private equity transaction）、机会收益（carved-out expertise in return for opportunity）等方面的先进经验，TPG甚至还为联想注入了一个供应链管理专家团队；非常了解IBM PC业务的几家私人股权基金的协助大大增强了联想对并购细节的了解，提高了成功的可能性。

通过将各方面力量加入并购中介团队中，联想组建了一支空前强大的辅助队伍（Ackerly J, Larsson M, 2005；吴非，胡逢瑛，2005；干春晖，2005）。

如果企业盲目乐观，完全依靠自身资源，在缺乏对技术和市场准确认识的情况下贸然实施并购，通常并购的效果都不令人满意。对于经验缺乏、资源有限的中国企业来说，借助专业中介和咨询机构开展并购是十分理智的选择，外部力量能够充分弥补企业的不足，从而提高企业并购成功的可能性。尽管高昂的咨询费用会提高企业的并购成本，但是相比于盲目并购造成失败的损失而言是微不足道的。TCL 的失败教训对广大中国企业敲响了警钟，见专栏 5-15。

【专栏 5-15　贪小失大的教训】

　　TCL 作为中国彩电领域的霸主，为实现企业做大做强的目标曾先后多次开展过海外并购，但是从多次并购的最终效果来看都不尽如人意。不但没有获取相应的协同效应反而造成了企业的连年亏损。究其原因，除了企业自身经验不足外，忽视对外部资源的利用也是一个重要的问题。

　　无论是阿尔卡特的手机业务、汤姆逊的彩色电视机还是施耐德的彩色电视机业务，都是上述企业的"鸡肋性"产品，技术处于成熟阶段、销售业绩连年亏损且扭亏无望，因此并购后整合难度极大。然而在这么多次并购中，除并购汤姆逊公司时聘请了中介机构进行调查评估外，另两起并购都缺乏对目标企业进行详细评估以及对后期整合难度的估算，凭借一己之力虽然节省了部分咨询费用，但是后期整合不利且成本高昂。在缺少帮助的情况下，TCL 对于国外相关法律条规、企业文化、市场需求和技术趋势的认识十分模糊。例如，TCL 并购国外企业的本意是希望引进技术将生产组装移至中国，并依靠中国廉价劳动力优势降低成本实现规模效益，然而受国外法律限制，被并购企业的员工必须得到妥善安置，大批员工的工资、养老保险和失业保险等并购成本高昂，TCL 根本无力承受。而对于技术发展趋势的判断失误致使引进的所谓"先进技术"发展空间严重受限。如果有专业咨询机构的参与，上述问题很可能在最初就会被解决因而避免后期过高的整合风险。

　　TCL 失败的教训表明对中国企业而言，国际专业咨询公司引入，应作为企业的一种战略投资而不是成本，贪小失大的结果是更加高昂的成本（郭凌云，2007；黄中文等，2006）。

　　而对于发达国家的成熟企业来说，经过多年的并购经历，企业已经具备了完善的并购评价体系和丰富的并购经验，其可利用资源同样也是中国企业所不可比拟的，因此跨国巨头一般都设有专门负责并购事务的部门，集合了一大批各个领域的专家，在专业团队的高效运作下，不仅能够制定符合企业发展战略的并购策略，同时还可以节省下大笔可观的咨询和中介费用。思科的成熟经验值得我们学习，见专栏 5-16。

【专栏 5-16 独具特色的思科"企业发展部"】

为了满足公司不断的并购需要，思科专门成立"企业发展部"，负责所有并购事宜。该部门由米米·吉格斯、丹塞因曼和沃尔比等 40 多位并购专家组成，知识背景涉及工业制造、芯片设计、投行业务等多个方面。在实施并购时专业化的工作小组将负责物色和确定潜在收购对象、对目标公司进行必要考察、并购谈判直到最后签约，并购成功后的企业文化整合也同样由专门的整合专家负责。专业化运作的结果是使得思科得以最大程度避免了收购目标的随意性、出价的不合理性及整合的混乱（汪继峰，2001）。

七、选择目标企业

跨国并购是一项复杂的系统工程，涉及企业经营的方方面面，但是目标企业选择作为并购具体实施的第一步在决定并购成功与否上发挥着重要作用。对好的目标企业实施并购，不但能够实现双方的优势互补，发挥协同效用，还有可能建立一种战略联盟关系，从而有利于日后的企业发展。如果目标企业选择不当则可能会造成后续一切行动偏离正确方向，所有的努力都可能化为乌有。同时，目标企业的选择也直接决定了并购交易完成后整合的难易程度。为了合理选择目标企业，控制跨国并购风险，企业在进行目标企业选择时应注意以下几点。

（一）经营战略上的互补性

通常企业进行并购的目的都在于通过获取被并购企业的资源，弥补自身经营战略上的不足，从而实现自身企业的利益最大化。然而企业并购的实际情况表明，过于片面的并购动机会对整个并购产生不利影响，甚至严重影响并购整合效果而造成并购失败。并购企业不仅应该考虑从目标企业中获得好处，更应该关注能为目标企业提供怎样的帮助，以实现双方经营战略上的相互支持，从而使得目标企业逐渐成为并购企业的一个重要利润增长点，实现整体利益的最大化（专栏5-17）。

【专栏 5-17　国内外企业并购战略匹配比较分析】

　　1998 年发生的戴姆勒－奔驰与克莱斯勒合并案虽然后来由于并购整合问题而陷入亏损，但是从前期的战略互补性来看确是一桩真正意义上的"天作之合"。首先，从生产和销售领域看。在市场份额上，克莱斯勒销售额的 93% 集中在北美，其他地区只有 7%，对北美市场的依赖性很强，一直苦于开拓欧洲市场。戴姆勒－奔驰公司则主要集中在欧洲市场，北美市场销售额仅占其总销售额的 21%，因此二者的合并有助于双方市场互补，增强国际市场竞争力，因而能够一拍即合。其次从产品线看，双方产品具有很强的互补性，克莱斯勒的强项是中低档小型汽车、越野吉普和微型厢式汽车，而戴姆勒－奔驰的强势产品则是享誉全球的奔驰豪华小汽车。两家公司的合并将给新公司带来一个进入新的汽车市场的大好时机。总之，通过合并，双方能够实现在采购、营销、技术合作及零部件互换方面的协作，从而降低营销成本、提高研发水平和生产能力、促进销售增长扩大全球市场份额，并最终提高全球竞争力。戴姆勒－奔驰与克莱斯勒合并案的成功，充分说明了控制企业并购风险关键在于并购双方在经营战略上具有互补性（干春晖，2005；潘爱玲，2006）。

　　2005 年海尔退出对美泰克的竞购，从另一方面证明了双方经营战略的互补性对目标企业选择的重要性。海尔竞购美泰克是想利用美泰克的品牌和渠道将海尔产品打入美国市场，但美泰克的现状是亏损严重，员工人数多，包袱重，海尔要重振美泰克难度较大。而且相对于美泰克而言，海尔既没有品牌优势，又没有技术优势。两家企业合并既无法在生产和销售领域形成有效的互补，在产品线方面，双方产品的互补性也不强，显然海尔和美泰克在经营战略上缺乏互补性（朱继东，2005）。

　　跨国并购中，并购双方由于地域、民族、文化习性、经营环境的不同而存在较大差异，这些都会给并购交易的最终完成以及交易完成后的整合带来不小的困难，如果并购双方的经营战略出现较大的分歧，那么整个并购的难度就更可想而知了。

（二）经营业务上的相关性

　　并购双方的生产经营范围越相近，意味着跨国并购后并购企业对目标企业调整的范围和改造的力度就越小，从而有利于对其进行有效管理和控制。一般而言，如果被并购企业的经营范围和操作方法与并购企业相似，即业务相关程度高，那么对之实行并购后，并购企业的供、产、销渠道必然会相应增加，既可以扩大经营规模，又有利于降低并购成本，而产生经营的协同效应更是对企业发展十分有利。很多国外企业的成功经验（专栏 5-18）表明，在进行并购对象挑选时对双方经营业务相关性的考察非常重要。

【专栏 5-18 经营业务相关益处】

即使是拥有丰富并购经验和先进管理水平的欧美跨国巨头也往往倾向于进行经营业务相关性并购，以英国 BP 收购美国阿莫科为例。

BP 作为英国最大的石油公司，也是世界第三大石油企业，仅次于壳牌和埃克森，其核心业务主要包括勘探、石油和化工，拥有世界领先的聚乙烯技术。阿莫科则是北美最大的天然气资源公司，在北美拥有着完善的营销体系和销售渠道。通过收购阿莫科，BP 实现了生产规模扩张，同时还成功获得了阿莫科在美国的油品零售渠道，有助于销售量增加和下游业务的高增长。双方的合并，加强了化工业务的市场势力，增加了化工业务专有技术的拥有量，实现了技术优势互补。双方业务上的相关性，使双方的合并最大限度地节省勘探与开发成本，降低风险，迅速加强了天然气业务的实力，缩小了与壳牌、埃克森的差距。

当然企业出于不同的并购目的对于经营业务相关性的关注程度也有所不同，以扩大出口市场份额为目的的跨国并购需要企业特别重视业务相关度；以协同效应为目的的跨国并购则需要考察并购双方业务的相互适应情况；而以多元化经营为目的的跨国并购则不需要过分强调业务相关程度，相反相关程度较低，更有助于企业扩展新领域，降低国际经营风险。但是无论何种目的为出发点，并购业务非相关程度的提高会带来整合难度的加大。

具有丰富跨国经营经验和先进业务管理能力的跨国公司往往通过对非相关业务的并购而实现了进入新领域的发展目标。对尚处于成长期、相关经验和管理水平严重不足的中国企业而言，对非主营业务的并购往往存在很多问题。2001 年华立集团并购美国飞利浦 CDMA 事业部，因为缺乏对相关技术的积累和研发管理经验，致使并购后预期的效果迟迟没有产生；2003 年中国民营企业德隆集团并购德国道尼尔飞机公司，因相关经验不足而宣告破产。惨痛的教训为广大中国企业敲响了警钟。以中国企业目前的整体水平而言，选择业务相同或相关性较高的企业作为并购对象，采用横向并购的方式降低并购风险，增强并购整合的效果应作为企业的首选。

（三）并购整合的可融性

并购将给目标企业带来一定程度的震动，导致目标企业部分职能的丧失以及管理和研发人员工作的变更，还将深刻影响目标企业的原有价值形态、企业文化和所有者利益等众多方面，因此目标企业的可融性高低决定着并购整合难度和顺利程度的高低。对可融性强且乐于合作的目标企业，并购过程及后续的整合过程往往比较顺利；反之，如果目标企业管理层与员工对并购持不合作态度，则并购成功的可能性很小，即使达成并购，也很难实现预期的并购效果。一味重视并购的经济利益忽视目标企业可融性将造成严重的后果。

所以在选择目标企业时，也要事先考虑并购后的整合问题，特别要注意如何解决由于文化冲突而导致的管理冲突、由于人事变动而导致的企业员工与人才的流失等问题。最佳的解决方案是对目标企业进行认真调查和全面分析，在此基础上评估双方在文化、管理、人事、财务等各个方面的可融性，这其中文化评估是关键，由于目前中国企业并购目标多是国外成熟企业，这些企业对自身文化认同度很高而难以放弃。所以，为了降低文化的冲突程度，最好考虑双方文化的吸收能力，建立一种共同的文化，而不是以并购方的文化去同化甚至代替目标企业的文化。只有可融性强的企业才应成为目标公司。这样，才有利于并购的最终成功。

（四）目标企业的成长性

通常来说，企业价值与其赢利能力和成长潜力成正比关系，与企业运营风险成反比关系。由于不同行业的赢利能力和成长空间不同，行业风险也不尽相同，市场价值差别很大。企业在进行跨国并购目标企业挑选时应尽量选择那些处于成长期、发展潜力大、企业价值被低估的企业，以实现良好的收益性和风险规避。

欧美发达国家企业凭借长期的发展经验，往往能够从海量的企业中挑选出符合企业发展要求且成长性好的企业作为并购对象。思科、飞利浦、甲骨文等高科技公司的迅速成长无不有赖于此。相比较而言，中国企业受到资金实力、融资渠道、信息获取等诸多方面的限制，往往重视并购价格的高低，而忽视目标企业的成长性，并购而来的企业不是濒临破产就是知名企业的"瘦狗"业务，在管理经验、技术创新、产品生产、市场营销等方面对中国企业成长的帮助有限。以TCL、联想、明基为代表的海外并购先行者，实施海外并购的共同特征是都并购了知名跨国公司的亏损业务希望通过对方的品牌、技术、渠道，借船出海，实现国际化的大步跨越。但受到各方面因素的限制，这些企业所并购的跨国公司业务和品牌，都是跨国公司的"非核心业务"，或者是已经没有较强竞争力的业务。中国企业仍然是在延续跨国公司的"过去"，要真正实现赶超还有很长的路要走。

目标企业选择是迈向并购成功的关键一步，也是非常复杂的一步，除了上述原则外，目标企业所在国的政治、经济、法律、科技等多方面的因素都要进行详细考察，企业进行跨国并购的目的在于通过获取外部资源增强企业核心竞争力，因此，开展跨国并购前，企业必须要对自己的核心竞争能力进行准确定位，并始终坚持只有符合企业发展要求的目标企业才能真正满足企业发展的需要的理念。

八、评估目标企业价值

伴随现代科技革命诞生的大批科技型企业，有着完全不同于传统企业的经营模式和管理模式，科技型企业以拥有专门技术和掌握技术的高级人力资源为核心竞争力为特色，企业从事并购的目的也主要在于获取对方的这一核心资产，这些因素决定了对科技型企业的价值评估与传统评估模式存在较大差别。

首先，科技型企业的特点决定了其主要价值并非是厂房和低端设备等实物资产，而是其所拥有的具有专门知识和技术、高精端生产设备、具有研发能力的员工以及企业经过前期研发而获得的新技术、新工艺、新方法等排他性的技术资源。企业的核心研发人员、专有技术、专利和商业秘密等是核心价值所在。而无形资产的特点决定了对其价值评估不能仅局限于财务数据等定量指标，更要对所要获取技术的发展趋势和市场需求走向以及并购后的整合难易程度等定性指标进行权衡。

其次，科技型企业往往历史短暂，而处于成长期的企业很难用现有经营数据进行价值判断，采用定量分析又会受到不具备长时间序列的财务和销售数据的限制。企业间个性十足的独特发展模式又使得同类企业间比较变得难度较大。同时，企业研发大量新兴技术仍处于探索阶段，在科技发展日新月异的情况下不确定性很大。这都造成了传统价值评估方法在技术并购衡量上的适应性受到限制（郭伟，2003）。

应重视"无形资产"的综合价值评估模式，见专栏5-19。

> **【专栏5-19　重视"无形资产"的综合价值评估模式】**
>
> 在并购实施前，IBM PC 业务连续亏损，2002 年为 1.71 亿美元，2003年更是高达 2.58 亿美元，如果按照传统的市盈率（PE ratio）计算的价值评估方式联想显然不会进行这一明显的赔本交易，然而鉴于此次并购中 70%的费用是为无形资产支付的，而无形资产的评估很难完全用财务数据来反映，因此最终的 17.6 亿美元并购定价是在考虑合并之后对双方赢利贡献基础上的一个权衡，而这种非财务标准与财务标准兼顾的综合价值评估模式所确定的价值对于联想来说是合适的。通过并购联想将成功获得符合客户需求的研发能力、挖掘客户需求的市场能力以及满足客户需求的制造能力。这些资源如果单靠联想自身发展，可能会需要十年甚至几十年的奋斗才可能最终实现（胡宗良，2005；Ackerly J，Larsson M，2005）。

因此，对于科技型企业的价值评估应该采取定量与定性相结合、市场与技术相统一的综合评价方法，而最终并购价格的确立是并购双方相互角逐并实现妥协的结果，并购价格的高低也直接决定并购双方的利益得失，但是无论如何科学合理的价值评估都是决定并购最终能否顺利成功的先决条件（专栏5-20）。

【专栏5-20 "五要素评估法"——思科的成功经验】

10余年130多起的并购经历，使得思科积累了丰富经验，也形成了企业独特的并购评估决策机制。在公司特设的"企业发展部"的高效运作下，并购实施前专业化的工作小组将负责物色和确定潜在收购对象、对目标公司进行必要考察，对企业技术、文化、远景的匹配性进行深入分析，在此基础上运用思科创造的价值评估"五要素法"对目标企业进行价值评价，整个评估过程包括对目标企业的增长前景、管理者素质与快速营销推广能力、管理者战略规划能力、目标企业与思科文化匹配性、地理位置5个方面的评估，从定性和定量两个角度对目标企业的价值进行科学判断。这也是为什么思科每每用远高于被并购企业市场价值的金额进行并购后仍能取得最终收益的最主要原因（汪继峰，2001；艾珍珍，2004；桂港，2006）。

在中国企业普遍缺乏专业价值评估能力的情况下，应积极聘请具有丰富经验的国际投资银行和会计事务所等专业机构进行全面策划，在对目标企业产业环境、财务状况和经营能力等进行全面分析的基础上，对目标企业的未来现金流量进行合理预测，结合并购企业的战略意图利用贴现现金流量法、账面价值法、市盈率法、同业市值比较法、市场价格法和清算价值法等方法组合进行目标企业价值评估。

第六章 科技型企业跨国并购流程和策略

在进行了充分的并购交易前期准备后，企业就将进入具体的并购交易环节，并购交易作为一项复杂的系统工程，整个交易流程具有严格的逻辑顺序。既包括并购企业自身的准备工作，又需要目标企业大力配合；既需要并购企业与目标企业相互协商，又需要双方共同与目标企业东道国周旋谈判。整个过程短则几个星期，长则一年以上，因此对于并购交易流程的掌控驾驭能力，不仅决定整个并购的顺利与否，更影响最终并购交易收益的大小。为此，加强对并购交易流程的了解，提高企业的大局观，对于完善并购理念、理清并购思路、加强双方交流、提高谈判能力和整合能力，进而确保最终的并购成功意义重大。

第一节 并购交易流程概述

通常而言，一个完整的并购交易流程要经历战略规划、候选公司邀约、秘密接触、签订保密协议、正式尽职调查、价格与条款谈判、签订并购意向书、宣布并购交易、履行应尽义务、签订并购协议、报政府有关部门备案审查（或批准）和实现初步整合等多项具体实施环节，需要在并购团队的指引下，通过并购双方各部门的通力协作共同配合才能最终完成整个并购交易。需要注意的是，企业并购特别是跨国并购，不但牵扯两家企业，更不可避免地要受到目标企业东道国政府的审查，而政府批准与否同样是决定最终并购能否实施的关键。跨国并购交易基本流程及过程中需要注意的法律事项见图6-1。

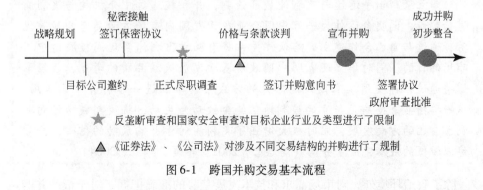

图 6-1 跨国并购交易基本流程

第二节　并购交易中的策略

一、并购时机的把握

企业日常经营活动都会受到政治环境、宏观经济环境和产业竞争环境等外部环境因素的影响，因此对于海外并购而言，外部环境要素分析基础上的并购时机把握至关重要。成功的把握住并购时机不但有助于并购的顺利实施，还有助于在并购过程中占据主动的地位从而得到更加优惠的并购价格。从大量跨国并购的成功案例看，成功的并购案例（专栏6-1）往往源于对并购时机的准确拿捏。

【专栏6-1　巧借政治环境实施海外并购】

大量的历史经验表明，政治环境往往能够成为影响企业经营战略的最重要因素。在华立并购美国飞利浦CDMA事业部的过程中，这一点发挥得尤为明显。

并购前飞利浦一直将CDMA作为企业发展战略中重要的一环，投入了大量的人力、财力和物力资源从事相关产品和技术的研发，意图在2001年中国开放CDMA市场一举占据有利位置。然而，随着同年4月不期而至的"撞机事件"发生，中美关系降到了冰点，飞利浦的如意算盘宣告破产，面对不断开放的中国市场和潜在的巨大利益，飞利浦却因政治问题而频频受阻，而在同期的欧美市场竞争中也因无法抵挡强大的高通进攻而损失惨重，因此企业决定进行战略调整，将CDMA事业部出售，从而将更多资源投入到企业的核心项目上。这对于一心想实现产业升级与多元化、进军海外市场的华立来说无疑是一个巨大的商机。

华立果断出手迅速与飞利浦展开谈判，并积极通过中介机构与飞利浦进行斡旋，阐明自己作为一家中国企业在开发国内市场方面具有的显著优势，通过与自己合作建立战略伙伴关系将有助于飞利浦实现间接渗透中国市场的目的，同时华立还表明中国政府基于发展民族品牌的考虑，已经承诺将通过推荐使用华立设计的芯片的方式帮助华立进一步打开中国市场。这一举措显著提高了华立的谈判地位，变被动为主动，将谈判成功转向有利于自己的方向发展，同时极大增强了飞利浦对于并购成功的信心，并最终以较低的成本完成了并购（潘思言，2002；李夏，季红，2004）。

除了政治环境外，对市场需求和技术发展趋势的准确把握，对于最终并购定价也同样非常重要。京东方的成功经验反映了这一点，见专栏6-2。

【专栏 6-2 巧借市场环境减少并购成本】

随着液晶显示技术的不断完善，液晶显示器凭借无闪烁、低辐射等显著优点正在逐渐成为显示器领域主流产品，并开始在台式机显示器、笔记本电脑、大屏幕彩电、监视器、可视电话、掌上电脑和手机等领域得到广泛应用。

京东方作为中国较早开展显示器生产的企业，至 1993 年公司改制后开始迅速崛起，到 2002 年已经成为中国北方最大的显示器生产基地，通过与松下合资生产的彩色显像管（CRT）已具备年产 800 万只的产能；STN 液晶显示器件和真空荧光显示屏（VFD）的产销量位居世界前茅。面对新的市场发展形势，京东方产品已经不能满足液晶显示产品的强劲需求，企业进行战略转移必须进行技术调整，而在自身实力不足的情况下，通过并购与合资等形式从国际领先企业中获取核心技术成为首选。同期韩国现代显示 HYDIS 公司正由于网络泡沫危机造成的存储晶片需求下降而陷入经营困境。2002 年第三季度亏损已达 5.21 亿美元，现代集团出于企业发展战略考虑决定将 TFT-LCD 业务出售以缓解资金压力专注核心领域。

在这样的背景下，京东方开始考虑对 HYDIS 公司的 TFT-LCD 业务进行并购。在与台湾剑度公司联合并购未果后，京东方决意进行单独并购。在并购谈判时正值网络泡沫破裂，繁荣时期催生的产能过剩问题开始显现，液晶显示器价格大幅回落之际，价格跌到了不足原来的 50%，HYDIS 巨额的产品积压带来了很大的资金压力，因而 HYDIS 急切出手。京东方巧妙地利用了这一点，到 2003 年并购协议达成时并购价格为 3.8 亿美元，较 2001 年初次提出 5 亿美元下降了 24%，为企业节约了大量的资金成本。通过并购，京东方获得了 TFT-LCD 的全部资产和营运资金，具体包括三条完整 TFT-LCD 生产线的生产设备、构筑物、厂房和其他固定资产，HYDIS 的各项 TFT-LCD 技术、专利、工艺和其全球 TFT-LCD 营销网络等无形资产，同时收购营运资金约 7000 万美元，并成立 BOE-HYDIS 公司作为京东方的海外子公司（王东，2004；黄国成，郭艳琼，2003）。

为成功实现海外并购，企业不仅要对当地的政治体制和决策机制有充分了解，同时还要在对各种商业、技术信息的收集和深入分析的基础上，挑选合适的并购时机，巧妙利用外部影响因素实现成功并购。以美国为例，在大选前期，国内保守主义势力会格外敏感，对于跨国并购的审查也会格外严格，此时贸然开展并购往往会受到较大的阻碍，华为收购 3COM 受阻很大程度上就源于此。反之，华立、京东方等中国企业之所以取得并购成功则源于对外部环境的巧妙利用以及并购时机的准确拿捏。

二、政治压力的化解

在跨国并购中政治势力的干预一直是影响并购能否最终成功的障碍，高技术产业领域内的并购更是如此。对于中国企业而言，美国政府更是经常无端猜测、百般阻挠甚至以危害国家安全为由否决并购。早期的中国航空技术进出口公司和香港和记黄埔等公司均因相续受到《埃克森－弗洛里奥修正案》的限制而被迫终止，联想并购 IBM PC、华为并购 3COM 同样受到了美国对外贸易委员会的严加审查并不得不接受最为苛刻的条件。所不同的是由于二者在问题的处理上采取了截然不同的方式，因而最终的结果也大不相同。联想成功实施了并购，而华为则不得不铩羽而归，见专栏 6-3。

> 【专栏6-3　积极开展政治游说，缓解政治阻挠】
>
> 　　尽管最终成功实施并购，但是联想的并购之路并非一帆风顺。2005 年 1 月 26 日，美国众议院军事委员会主席邓肯·亨特、国际关系委员会主席亨利·海德、小企业委员会主席唐·曼祖罗 3 位"大牌"共和党议员对联想收购 IBM PC 业务交易提出质疑，要求外国投资委员会审查此项交易是否可能对美国国家安全构成潜在威胁。中国企业的这次并购似乎再次被笼罩在失败的阴影下。一时间，联想股价都开始出现波动，投资者信心开始出现动摇。
>
> 　　其实单就这一单纯的商业行为而言，3 位美国议员的指责非常荒谬，事实上 IBM PC 中的所有零件早已在中国和其他地区大量生产，无须借助工业间谍手段窃取，本次并购中唯一被认为有技术含量的 IBM 北卡罗来纳州三角园研发中心也被剥离出来，可以说并购本身根本不会对美国核心技术造成威胁。而重重受阻的原因，就是由于多方利益集团的博弈以及美国政府对本国产业和企业的保护。
>
> 　　为了使交易能顺利完成，联想立即开始了有针对性的政府游说工作，聘请了一大批具有影响力的关键人物，其中包括老布什及福特总统任内的国家安全顾问史考克·罗夫特（Brent Scowcroft）、小布什上一任期内商务部专责科技政策的助理部长 Bruce Mehlman、美国国务院前专责贸易政策的副助理部长 David Marchick 等。尤其是史考克·罗夫特，他是老布什和福特总统任内的国家安全顾问，也是中国问题研究专家，他在整个并购过程中一直坚决支持联想并购，并为最终成功做出了大量的公关工作（高玉玲，2007；文心，2005）。

联想作为一家香港上市的高科技公司，拥有透明的财务体系和信息披露机制，国际化的经营战略也使得其知名度和认可度不断提升，面对政治压力，联想成功的经验在于通过对美国政治决策机制的充分了解，借助大批中介机构和政治顾问积极开展政治游说工作，并最终获准通过。相比于联想而言，华为的不足也恰恰在此，因而最终不得不放弃收购，见专栏6-4。

【专栏6-4　美国政府的国家安全大棒】

同为中国知名高科技公司的华为在面对政治阻力时的表现明显不佳。华为宣布并购3COM之时正值美国大选前期，美国保护主义势力极其活跃，这次并购立刻在美国政府和民众间引起了轩然大波。虽然并购完成后华为仅持有3COM少数股份，同时3COM也一再表示华为不会通过并购获取核心技术危害美国国家安全。但华盛顿的法律专家们仍表示鉴于美国政府长期以来一直对网络通信技术的市场交易十分敏感，特别是被普遍认为有中国军方背景的华为公司加入对并购前景并不乐观。美国前司法部官员Christopher Simkins表示："任何触及政府IT系统的中国相关交易，即使中国方面只占少数股份，也会引起美国外国投资委员会（CFIUS）的密切关注。"特别是3COM的产品中包含一项入侵检测技术，可以帮助客户抵御黑客的入侵，美国国防部正是3COM的主要客户之一。

果然以国防部、财政部为代表的美国政府率先发难，前五角大楼网络安全专家、网络防御公司（Cyber Defense Agency）CEO萨米·赛伊贾里（Sami Saydjari）表态华为获得的重要硬件和网络组件的举动令人担心；美国国会外务委员会（HFAC）随即出台一项非约束性决议建议美国政府阻止交易进行；随后，美国民主党议员Jon Kyl和其他立法人员也敦促美国财政部，要求对华为并购3COM交易进行"最严格"审查，全面掌握华为的各种社会关系和并购动机；美国国家情报局（ODNI）的调查报告更是明确指出该协议构成了对美国国家安全的威胁。一起典型的中国企业商业行为再次被上升到了政治高度。

面对阻挠华为的应对手段明显不足。长期以来一直回避媒体刻意低调的做法更为企业蒙上了一层神秘的色彩，同时华为对并购动机及未来的发展方向的表述一直缺乏清晰和强有力的商业逻辑，这些都无形中增加了并购的难度。遭遇政治阻挠时华为同样没有开展有针对性的措施，除了简单的澄清外鲜有举措，而作为非上市公司，华为也缺乏评级机构为其提供的公信度高的有利判词。

综上前期准备不足，加之实施过程中的仓促应对最终造成了并购计划的破产，华为丧失了一个成功叩开美国市场大门实现跨越式发展的大好时机（白洁，2008；杜舟，2008）。

三、交易结构安排

并购交易结构安排是并购方与被并购方为完成最终交割而对企业在资产、财务、税务、人员、法律等方面进行的重组，设计出一个更易为市场所接受的"商品"的过程。无论是对于并购交易的财务顾问还是对于交易双方来说，好的交易结构都至关重要。交易结构通常包括四种形式：资产并购、股权式并购、法定兼并、股票收购，以这四种基本形式为基础还衍生出一系列的交易结构创新，如三角兼并、从属兼并等，黄中文等在《跨国并购实务》一书中对交易结构问题进行过介绍（黄中文等，2006）。跨国并购的交易结构安排是跨国并购中最复杂的部分，要受到各国的公司法、税法和会计准则等的共同限制。因此对于不同交易而言不存在一成不变的模式。各国都对各种并购交易结构进行了详细的规定，企业在进行实际的并购交易时应充分重视各国对跨国并购的限制依法办理。具体法律规章和操作流程见第二篇及附录。

（一）资产并购

资产并购（asset acquisition）是指收购公司为了取得被收购公司的经营控制权而对其主要资产、重大资产、全部资产或实质性的全部资产进行并购的投资行为。按具体支付手段不同，又可分为以现金为对价受让目标公司的资产和以股份为对价受让目标公司资产两种资产并购形式。当前由于受到中国金融市场发展水平和企业自身规模的限制，中国公司并购外国公司大都采用此种并购方式。

（二）股权式并购

要约并购是股权式并购中最重要的一种，与法定兼并需要满足一定的技术和法律要求不同，股票要约并购由并购公司或自然人直接对目标公司股东发出要约，以特定价格并购他们手中所持股份，并购行为可以是善意的，也可以是敌意的。股票要约并购主要针对上市公司并购，交易价格同样可用现金、股票、债券和其他资产支付等多种形式，但股票要约并购因存在支付溢价而远远高于法定兼并。

要约并购的最大优点在于没有繁琐的手续，因而可以节约大量的时间。在美国式的要约收购中，收购者一般会寻求目标公司的管理层和董事会的同意，但要约是直接向目标公司的股东发出的。但在英国，收购要约必须首先向被收购公司的董事会发出，并且该董事会有权检验收购人是否有能力执行该要约，然后将董事会的意见与收购要约一同向股东公开。对并购方而言通常会同意并购，如果所需资金是用现金和债券支付的，那么也不需进行股东表决，这都大大缩短了从提出报价到完成收购之间的时间。其次，美国、英国和中国香港等国家和地区还规定，收购者持有50%以上的目标公司的股票时即等于获得了股东的同意。在这意味着企业可以在完成整个收购前就实现控制的目的，然后仍然保留目标公司的存在形式，从而将目标公司变成自己的控股子公司，实现了以最小代价实现控制目标公司的目的。例如，英国的金融买家戈德史密斯对美国的皇冠齐勒拜奇公司的跨国并购，戈德史密斯在购买皇冠齐勒拜奇公司股份50%多一点的时候，由于实际已经掌握了该公司，他突然停止了对目标公司的收购。

企业在采用股权式并购时应注意以下几点：首先，股权式并购受到各国证券交易法及证券交易委员会的相关规定规制，企业在进行并购时一定要严格按照法定的规章制度执行，避免引起不必要的民事甚至刑事责任。以美国为例，其对股权式并购的持股信息披露和并购流程都进行了明确的规定，必须依法按时完成相关事宜。其次，采用此种并购方式涉及对股票的买卖，因此获取的股票来源是并购企业需要非常注意的，美国证券交易法对通过抵押和继承获得的证券都有相关的明确规定，不符合条件者都可能会遭受实际所有权受限的后果。再次，美国虽对并购时间进行了明确限制，但是也做出了相关的延长期规定，当企业在初始要约期满后没有实现预期并购数额的情况下，可以通过履行相应的程序获得3至20个营业日的延长期。最后，如果以股票作为股权式并购的对价，支付给美国股东的股权最好不要超过所有在外发行股票的10%，否则将需要按照相关规定履行特定股票的注册登记义务，该过程繁琐，耗时长，且成本高昂，都会对最终并购收益产生不利影响。

（三）法定兼并

法定兼并是指被并购企业在当地或国外的企业资产或运营活动被完全并入到一个新的经济实体，并购完成后被并购企业的法律实体地位将不复存在，两个或两个以上的法人合并成为一个法人。与股票并购不同，法定兼并通常不在二级股票市场上收购对方的股票，并购协议的签署是在双方协商的基础上完成的，因而大多属于善意并购范畴。

法定兼并是并购交易的基本形式，受到各个国家甚至各个州的法律条款的限制。法定兼并的基本要素包括：规定交易有效赞成票的比例数；谁有资格投票；如何计票；对交易或交易的条款投反对票者的权利等。一般来说，在董事会批准交易后，法定兼并交易文件就被送交各自公司的股东们那里去批准。而批准通过的要求也各不相同，在美国 20 世纪 60 年代以前，许多州要求必须得到有投票权的 2/3 股东的同意。1962 年《商业公司法案》提出了多数票标准。1967 年特拉华州采用了多数票的条款，随后包括加利福尼亚、密歇根州、新泽西州在内的其他州也采纳了多数票标准，而纽约州则继续坚持 2/3 多数票标准。法定兼并协议内容主要有：兼并所需支付的款项（现金、有价证券）、交易执行的条件、双方委派的代表及交易执行的日期。在实际执行日，兼并者以适当的比例向目标公司的股东发放现金和有价证券，除特别规定外，目标公司的资产、合同、债权和债务将自动过渡到后续公司。

法定兼并机制具有许多优点。首先，交易的手续十分灵活。交易双方可以根据自己的偏好确定支付款项的形式，目标公司股东根据协议获得股票、债券、现金或其他形式的支付。其次，资产和负债自动地从目标公司转移到并购者手中而不需要经过复杂的申请过程，减少许多不必要麻烦。最后，并购协议一旦签订就会产生所谓"排挤"效应。投反对票的目标公司股东只有两种选择，要么接受协议条款，要么使用鉴定权寻求法院的保护，这种效应使得并购者可以免除少数股东在法律和经营方面的纠缠。因此大型跨国并购多采用法定兼并形式。法定兼并也存在一些不足之处。例如，支付手段的灵活性有时会使得股东利益协调成本加大，少数股东会利用鉴定权阻挠并购的顺利实施；跨国法定兼并自动转移资产和负债的特点伴随潜在风险，即法定兼并者必须承受并购企业未公开债务的风险，而这一风险有时会严重影响整个并购的效益。同时由于法定兼并属于善意并购，因此并购活动必须得到双方大多数股东的同意，这显然增加了并购的难度。在美国、德国、英国等国家，大型的跨国并购除要经过股东投票决定外，还要求并购公司通过增发股票进行融资时，所发新股必须少于公司在外流通股票的20%，以避免出现股权稀释影响股东权益。

三角法定兼并是为克服一般法定兼并的不足，在法定兼并的基础上创造出的一种新的交易结构。在这种结构中，并购者在东道国设立一家子公司，在并购者、新子公司和目标公司之间建立一种三角形关系。并利用子公司对目标公司进行收购，这种方式在 20 世纪 80 年代美国的金融性并购中被率先使用，目前已发展成为一种重要的跨国法定兼并形式。三角法定兼并结构的最大优点在于减少股东投票程序，节省了大量机会成本。同时三角兼并结构把目标公司作为子公司独立出来，还可避免后期整合失败给母公司带来的各种风险，当目标公司处于经常发生法律诉讼和环境纠纷的行业或国家时，这一优势就显得尤为明显了。

换股并购是跨国法定兼并的另一重要形式。在换股收购中，并购公司不需用任何现金和债券，只需发行部分新股，再用发行的新股去交换目标公司原来的股票就可以完成并购。由于换股并购并不对目标企业进行溢价，因此是成本最低的法定兼并方式。据统计，1990 年换股并购只占跨国并购交易总额和交易数量的 25% 和 10%。到 1998 年，在外国公司与美国公司的跨国并购中，比例分别提高到 67% 和 20%。特别是在大型并购交易中，企业受到自身规模的限制往往难以支付巨额的现金，因而换股并购正越来越受到跨国公司的青睐（黄中文等，2006）。

换股收购的好处在于双方交互股票时，股东无须交纳资本利得税，这使得公司的并购成本大大降低。此外，如果公司希望能够在合并会计时采用权益联营法，则要求必须有 90% 以上的旧股换成新股。否则，就只能采用购买法计账。而采用权益联营法的好处是该方法不会产生巨额的商誉摊销，见专栏 6-5。

【专栏 6-5　戴姆勒 – 克莱斯勒并购案】

在美国，商誉这一无形资产要在 40 年内完成摊销，如果不采用权益联营法，则企业在未来 40 年内必须承担摊销成本。其中，购买价与企业的实际价值的差值构成商誉，以此计算若克莱斯勒的商誉为 560 亿马克，而摊销成本由戴姆勒 – 克莱斯勒股份公司承担，这意味着企业未来的税前利益每年要承受大约 14 亿马克的负担并一直持续 40 年。如果没有实现权益联营法合并，则并购行为将变得非常没有吸引力（孙宇光，2004）。

对其余 10% 没有实现调换的股票，通常有两种方法来并购不愿意调换的股东手中的股票。一种方法是母公司在股息分配上采用不同的分配方式，给不愿调换的股东股票以低的股息，而给母公司股票配以较高的股息率，这样少数股东由于利益受损将放弃股票，母公司可以实现对剩余股票的收购。另一种方法是由法院裁决将剩余股票并购到母公司手中。在符合法律规定的情况下，上述两种方法都能实现对剩余股票的调换。同时换股并购不会引起东道国外汇储备的增加，从而不影响其国际收支平衡因而正受到发展中国家的欢迎。

四、合法避税策略

各国税法的不同和征税差异的存在增加了并购交易的复杂性，同一起并购采用不同的组织交易结构和支付形式，可能会产生对部分资金免税和征税两种截然相反的结果。因此企业在进行跨国并购过程中，如何利用各国税法进行合理避税、提高企业收益是又一个重要的策略选择问题。表 6-1 列举了美国对于跨国并购实施免税的基本要求。

表6-1　美国对跨国并购交易实行免税的基本要求

商业意图测试	交易需要有合理的商业目的，不能仅仅为了税收目的
持续经营测试	并购企业必须继续经营被并购企业的经营业务
兼并模式与支付手段测试	1. 法定兼并或合并 ● 兼并或合并必须符合州的有关立法 ● 被兼并方股东收到的购买总价中必须至少有50%用收购方股票支付（普通股或优先股，有表决权的或无表决权股票） 2. 股票换股票的并购 ● 兼并方只能用有表决权的股票或其母公司有表决权的股票进行交换 ● 兼并方必须获得目标公司有表决权股票的80%和所有无表决权股票总数的80% 3. 股票换资产的并购 ● 兼并方必须获得足够的被兼并方的资产，被兼并方可以此交换兼并方的有表决权的股票或兼并方母公司有表决权的股票 ● 股票换资产的交易后，在对被兼并方清算时，兼并方有表决权的股票必须立即分给被兼并方的股东作为对其的补偿

资料来源：道格拉斯·R. 爱默瑞.1999. 公司财务管理（下）. 北京：中国人民大学出版社。

在许多国家，如美国、日本、德国等，以股换股的换股法定兼并可以享受免税待遇。一般说来，是否应税取决于并购交易的支付方式，如果以现金或债务方式购买目标公司的股票或资产，通常为应税交易；以股票或资产作为支付对价的交易通常被视为免税并购。但是美国法律并非要求免税的并购全部是使用现金或者债务的方式进行的，如果股权支付所占比例（在表决权和股票价值方面）较大（在法定兼并中，该比例为50%；在以股易股的交易中，该比例为80%），则该交易也可认定为免税并购。

除了上述交易结构限制之外，根据美国国家税收总署和法院的相关规定，免税交易的目标公司股东必须在后续公司中保持利益的连续性。其判断的标准是目标公司股东取得后续公司的股票能否达到他放弃的股票价值的40%以上，并要求目标公司对这些满足要求的股票持有两年以上，如果进行出售必须证明这一决定不是在交易完成后做出的。此外，该交易还必须要通过商业目的测试，即该交易需要有合理的商业目的，而不能仅仅为了税收目的。当上述条件都得到满足时才可以实现免税。同时还需要注意的是，免税的结果并不意味着永远免除对在该交易中卖方转让资产产生的税负，只意味着税收递延，卖方还需要在将来某一时点纳税。即使如此，税收递延结果还是能够影响目标公司或其股东的资产安排，从货币的时间价值上看对目标公司或其股东有利。免税的交易结构通常不涉及现金交易，因而能够为企业节省大量的现金流，但是这种交易结构也决定了企业需要承担股权稀释以及股票价格和每股收益下降的风险。

与免税交易相比，在应税交易中并购企业将被允许以实际购买价格或总的购买价格分配到各项资产的金额，确认各项资产的入账价值，可以享受到因可计提折旧资产账面价值增加而得以避税的好处。但同时目标企业必须在出售企业的当年确认可能获得的资本利得。此外，如果目标企业使用了加速折旧，由于过度折旧而形成的利得将被重新作为普通收益而不是资本利得来缴纳所得税。

在具体的并购交易实务中，最终采用何种交易结构完成并购往往是双方博弈的结果，见专栏6-6。但是对于并购企业来说，通过选择有利于目标企业合理避税的交易结构将在并购竞争中赢得目标企业的青睐，更有助于在随后的并购谈判中处于有利位置。而无论出于何种目的，并购企业都必须首先明确特定交易结构将对自身企业产生的影响，并对各种因素进行利弊权衡。

【专栏6-6 并购过程中的合理避税】

在总计17.6亿美元的并购支付中，联想以每股2.675港元的价格向IBM发行了8.21亿股新股和9.216亿股无投票权股份用于部分并购支付。并购完成后如果将无投票权股份计入其中，IBM实质上持有联想9.9%的股份而成为新联想的第二大股东，协议同时规定IBM所持联想股票在5年内将不得随意出售。通过这一形式，联想节省了大量现金并与在一定时间内IBM结成了战略联盟从而更有助于其快速发展，而IBM则凭借法定兼并条款的法律保护享受了大量的税收减免，同时还可以从联想股票市值增加中获得丰厚的利益回报（胡宗良，2005）。

此外，企业除了要对并购交易本身进行合理避税外，还必须要对并购完成后如何实现新建企业的合理避税及利益最大化问题进行利弊权衡。例如，在税率较高的东道国并购一个子公司，就可以尽可能将总部的各种功能收费以及研发支出等记入子公司的成本，从而减少子公司的营业利润而减少税收；通过将同一国家中赢利的子公司与不赢利甚或亏损的子公司进行合并，同样可以利用税赋亏损结转而合理避税。此外，通过把雇员的购股选择权转到其他国家，使用成本加费用核算法，提高向外国子公司收取的特许费等都可以实现避税。中国企业实施海外并购时往往过分重视并购价格的高低，事实上合理避税等其他环节能为企业节省下更多的资金，因此在对并购进行估价时也必须将实际税率、转移价格等因素综合考虑进来。

第七章　并购交易后期的资源整合

企业并购整合是指并购方企业与目标企业在通过收购与兼并等形式进行资产重组的情况下，通过整合管理，使双方企业的有形资产与无形资产有机地融合、企业的经营结构更加合理、企业的管理体制与组织结构更加完善、企业的人力资本更加高效地运用，从而实现企业并购前预期的价值创造目标的过程。

由于并购后的整合需要将两个或更多企业的不同运作体系有机地结合成一个整体，并使其迅速有效地运转起来，因而整合过程往往是整个并购战略中最艰难的部分。美国著名并购研究专家拉杰克斯列举了世界上15位知名并购研究专家或研究机构对并购失败原因的研究结果，见表7-1。

表 7-1　并购失败原因分析

并购失败原因	占所有失败案例的比重/%
整合不利	50
估价不当	27.78
战略失误	16.66
其他因素	5.56

从表7-1的统计结果可以看出，在企业并购失败的案例中由于后期整合不利而造成的案例占据了一半。可见，并购整合的成功与否对整个并购战略的能否成功至关重要。

第一节　并购整合基本流程

企业并购整合是一个动态的过程，除了事前的精心准备外还需要企业针对具体情况灵活应对，从基础的静态资产整合到动态的经营整合，最终到企业文化整合使这个过程构成一个复杂的系统工程，需要在并购整合小组的指挥下，通过各方的通力合作才能顺利完成，并最终发挥整合后企业的协同效应实现并购目标。从并购整合基本流程来看，大致经历以下几个环节，见图7-1。

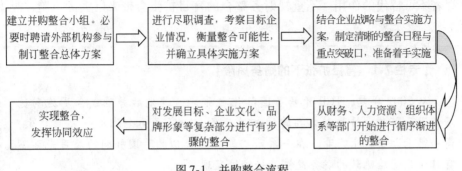

图 7-1 并购整合流程

第二节 并购整合具体问题

一、战略目标整合

企业战略目标整合是指并购方在综合分析目标企业之后，将目标企业纳入其发展战略之内，使目标企业的各种资源符合并购方的总体战略及相关安排与调整，从而取得一种战略上的协同效应。具体包括战略决策组织的一体化和各子系统战略目标、手段、步骤的一体化。企业战略整合是其他整合环节的先导，只有双方拥有共同目标才能为以后的整合工作奠定良好的基础。

思科公司总裁钱伯斯在总结成功经验时指出："我们并购一家公司，不仅是并购该公司目前的产品，同时也是预约即将出现的新科技。当你花钱付给每个员工 50 万至 300 万美元不等的薪资，买下的却只有当前看得到的技术及市场占有率时，那么这就是一桩失败的投资。"（李惠等，2004）因此对公司产品未来市场需求和技术发展趋势的一致性看法在很大程度上影响着并购的成功与否，很难想象当公司与目标企业员工在发展战略上背道而驰时并购会取得成功。

二、财务整合

财务整合是指利用特定的财务手段，对财务事项、财务活动、财务关系进行整理、整顿和整治，以使企业的财务运作更加合理和协调，进而实现相互融合的一种自我适应行为，是对现有财务管理系统的调整和修复。由于财务管理是企业管理体系的核心和神经，因此财务整合是整个并购整合的重要保障，通过整合而发挥的"财务协同效应"是企业实现规模扩张的基础，同时财务控制是并购方对被并购方实施有效管理的根本途径。综上，财务整合在提升并购整合效率方面发挥着不可替代的作用。不重视财务整合的盲目扩张会带来巨大的风险，见专栏7-1。

【专栏7-1　盲目扩张下的财务风险】

从2002年起，TCL开始了国际化之旅，通过先后并购或合资施耐德、汤姆逊和阿尔卡特等知名品牌的相关业务，一跃成为全球第一大彩电生产商和第七大手机生产商。在一系列"蛇吞象"似的跨国并购的炫目光环下，盲目扩张背后隐藏的财务危机开始纷纷显现。

在并购实施前，三家被并购企业相关业务都出现了较大程度的亏损，施耐德公司2001年净亏损为1400万欧元，汤姆逊的彩电业务从2002年就开始亏损，2003年亏损总额达到1.85亿欧元，阿尔卡特手机业务2001～2003年净亏损分别为4亿欧元、1972万欧元和7440万欧元；为实现并购，TCL先后花费820万欧元、3.15亿欧元和5500万欧元，加之上述三家企业的严重亏损状况，都大大增加了TCL经营的财务风险。

并购实施后由于整合过程不顺，致使主营业务成本不断增加，同时净利润也在不断下降，从2003年的5.7亿欧元迅速下降到2004年的2.5亿欧元，到2005年集团更是首次出现3.2亿欧元的巨额亏损，截至2006年9月30日，TTE欧洲业务巨额亏损约2.03亿欧元，而2006财年TCL的亏损也达到了创纪录的19.32亿欧元。在净利润不断下滑的影响下企业的现金流持续萎缩，从2002年的11.05亿欧元下降到2003年的6.66亿欧元，2004年几起并购交易的完成更使现金流减少到−13.14亿欧元，2005年负债持续增加为20.37亿欧元。

从以上的财务数据中可以看出，TCL盲目扩张下的财务风险在不断增大，而大量资金的亏损严重影响到主营业务的发展和对于有良好发展前景的技术研发的投入，使得公司不但没有开拓新市场反倒在自己的优势领域出现了下滑（单宝，2006；陶琳，2008）。

由于跨国并购面临复杂多变的国际市场环境，其间存在诸多不确定性因素。经济、政治、法律、文化的外部环境因素以及目标企业价值评估不当、理财技术和财务管理体制缺陷等企业内部因素都能为财务整合带来诸多不便甚至危及整个并购整合战略的实施。

众多财务整合失败的教训表明，要实现并购整合的顺利进行必须对并购财务整合的风险因素进行深入分析，并在此基础上依据并购动机、目标和企业生产经营特点等因素，有针对性地制订财务整合计划和模式，实现风险的防范和规避。

总体而言，跨国并购财务整合应注意以下几点（谢柳芳，2008；苏永彪，2009；潘爱玲，2006）。

规避环境风险 由于跨国并购涉及全球金融市场的资金筹集和投放，因此风险大小和复杂程度都远非国内并购所能比拟，跨国并购的财务整合必须要对并购目标所在国的政治、经济、法律的环境因素进行深入了解，同时还要关注国际形势和国家政策的变化趋势，并对汇率、利率、通货膨胀等风险因素保持高度警觉。加强信息收集和风险管理能力是增强企业规避环境风险的关键。

适应时代发展要求调整财务整合目标 从全球竞争环境出发开展的跨国并购活动受到诸多因素的交织影响。随着经济全球化和信息化的飞速发展，企业的组织结构、价值实现方式都在发生重大变化，财务管理理念和模式也随之变革，这就要求财务整合目标也必须相时而动，见专栏 7-2。

【专栏 7-2 理财目标的发展演变】

从第一次并购浪潮开始，企业的理财目标在不断发生着改变。从最初的利润最大化到股东财富最大化再到企业价值最大化，发展到今天众多欧美企业越来越认识到商业生态系统的重要性，因此企业理财目标也演变为以利益相关者价值最大化为核心的新式价值观念。强调公司在注重自身利益的同时，要注意承担社会责任和维护公众利益，实现投资者、经营者、债权人、员工、供应商、顾客、政府等多方的共赢。

同时由于各国具体经营环境的不同，企业对于理财目标的认识也呈现出较大差异。调查结果显示，美国财务主管更倾向于选择每股收益及其增长作为财务目标；而在挪威，企业受到税制结构和收益平均化思想的影响，往往负债率较高，因此保持企业资产流动性和现金支付能力是理财的重点。日本和欧洲的很多国家都将税后收益及其增长作为理财目标，不倾向于股东财富的最大化，而索尼、三菱等公司则独立进行国际筹资因而财务管理从股东利益出发，旨在提高企业价值（潘爱玲，2006）。

提高理财技巧，丰富理财经验 海外公司的多层次代理关系决定了其信息的不完全和不对称性，这就要求企业必须适应信息化要求，勇于创新，建立起反应迅速、监管到位的财务管理机制。同时积极利用企业建立的全球信息传递系统，收集市场需求、企业竞争等各方面情报，适时调整经营和理财范围，提高理财技巧，丰富理财经验。

实现有效的财务控制 财务整合的目的在于通过对被并购企业各项财务资源的整合，实现财务协同效应以增强企业的资金实力，因此运用网络信息系统等手段并辅以科学合理的财务管理制度安排实时了解被并购企业的经营状况并进行财务控制就显得至关重要。财务控制的目的正是在于防止被并购企业经营者背离母公司经营目标，阻碍整体利益最大化的实现。当前信息技术的飞速发展使得全球财务管理成为可能（专栏7-3），这无疑增强了跨国并购的财务控制能力。

【专栏7-3　信息系统支持下的全球财务管理】

SUNMICRO SYSTEM 公司作为全球第三大服务器销售商，随着企业的不断发展壮大，全球拥有的分支机构和控股公司达到了 100 多家。公司早期的财务管理体制是为适应全球市场快速发展需要而设置的，曾于 1995 年在全球设立 25 家子公司并实行相对独立的财务运作，这一方式曾为企业的快速扩张提供了很大的帮助。然而随着企业的不断发展，相对独立的财务体系也开始暴露出一定的弊端，造成母公司的资金分散甚至出现了内部竞争的局面，在这样的背景下，从 1998 年起，总部重组了业务流程，改变了相对独立的财务体系，先后在纽约、伦敦和东京设立了三个财务共享伙伴机构将 25 家子公司的部分业务职能向中心转移。2000 年随着集中管理条件的进一步成熟，公司又撤掉了 3 个财务服务中心，将其职能全部收归旧金山总部，实现了全公司财务的集中管理和监控。而共性的财务工作集中管理大大降低了因业务迅猛发展而造成的各项成本，扩宽了财务管理职能，提高了财务管理人员效率和质量，在发挥规模效益的同时也增强了企业对资金监管的能力。

在信息技术的大力推动下，财务信息系统和集中管理正在成为跨国公司财务管理的主要模式，以 IBM 为代表的众多跨国巨头纷纷利用互联网技术实现了财务系统的集权管理并取得了很好的效果（潘爱玲，2006；石连运，2002）。

财务整合是一项复杂的系统工作，是为实现企业并购战略目标对财务管理体制、融资管理、投资管理、营运资本管理、股利分配政策、税收管理以及资产负债等多项指标进行合理改进。企业应在遵循协调性、统一性、匹配性、效益性等多项原则的基础上，依据企业的并购对象特点、并购不同阶段、双方文化背景和业务关联程度、被并购企业对集团文化和总体发展战略的认可度、信息和网络技术的发展情况、并购方式以及并购企业财务管理能力的高低等全面考虑，进而选取适当的并购整合模式。财务整合通常可分为移植模式和融合模式，二者比较见表7-2。

表7-2　财务并购整合模式比较

整合模式	移植模式	融合模式
模式介绍	将并购方的财务控制体系适时地全面移植到被并购企业中，强制要求被并购方执行	将并购后原有企业财务制度中的合理成分加以吸收和融合，形成新的财务制度管理体系

续表

整合模式	移植模式	融合模式
适应情况	1. 被并购方财务控制体系混乱严重影响企业发展，而并购方企业拥有科学完善的财务管理体系 2. 并购方为迅速壮大一次性进行了多家企业并购，统一模式有利于集团业务开展	1. 被并购方财务控制体系比较科学，不影响企业健康运营 2. 并购方财务控制体系不适于被并购企业
特点	存在冲突、整合成本高、风险大、整合速度依赖被并购企业员工的配合情况	冲突小、整合成本高、风险大、整合速度依赖两家企业之间的磨合程度
模式选择	横向并购	纵向并购或混合并购

资料来源：谢柳芳（2008），作者整理。

财务资源整合并非一蹴而就，为达到最终的并购目标，对整合后财务资源进行绩效评价同样非常重要。在绩效评价的基础上，企业可根据存在的问题进行及时调整以实现平稳过渡。对于财务整合效果的评价应该以财务指标评价法为基础，从定性和定量两个方面进行。定量分析包括偿债能力（用于反映整合后企业的短期和长期偿债能力是否得到显著提高）、营运能力（用于反映企业在资产管理方面能力的提升情况）、主营业务状况（用于反映企业长远发展根基的牢固性）；定性分析包括整合后企业财务资源在配置上是否符合企业整体发展战略的需要、是否形成了切实有效的财务管理体系及财务信息传递系统、是否形成了与公司文化及价值观相吻合的理财文化、是否形成一套高效运作的财务组织架构及人力资源体系四个方面（谢柳芳，2008），具体指标见表7-3。

表7-3 财务并购整合效果评价

定量指标	定性指标
偿债能力：股东权益比率、流动比率 营运能力：应收账款周转率、总资产周转率和存货周转率 主营业务状况：主营业务鲜明率和利润率	1. 整合后企业财务资源在配置上是否符合企业整体发展战略的需要 2. 是否形成了切实有效的财务管理体系及财务信息传递系统 3. 是否形成了与公司文化及价值观相吻合的理财文化 4. 是否形成一套高效运作的财务组织架构及人力资源体系

资料来源：谢柳芳（2008），作者整理。

通过财务整合评价体系对财务整合状况从定性和定量两个方面进行全面考核，根据评价结果有针对性地从整合内容和速度上对财务资源整合情况进行调整，对于企业实现财务提升发挥协同效用，并最终实现并购目标具有重要意义。

三、治理结构整合

公司治理结构是指用来协调和平衡公司各利益相关者之间的利害关系和行为的法律、文化、惯例和制度安排的总称（潘爱玲，2006）。公司治理结构整合意味着企业所有者在分析并购双方现有公司治理结构差异的基础上，重新提出一套包括正式和非正式的、内部的和外部的制度或机制，以保证公司决策的科学化，从而实现股东利益最大化，同时维护公司各方面的利益。具体包括权力机构整合、监控机制整合、公司利益相关者关系整合以及信息披露等多个方面。

跨国并购治理结构整合面临企业的代理链加长，文化经营环境复杂等不利因素，都为整合增加了难度。同时跨国并购的风起云涌也加速着公司治理结构的变革，各国公司治理结构正在朝着加速渗透和交织的方向进行。由于治理结构整合的成功与否直接决定了企业能否在未来对被并购企业实现有效控制，因此公司治理结构整合问题正成为并购整合中的又一关键环节。

（一）权力机构整合

1. 从股权结构看

股权结构的差异表现为美国和英国上市公司中银行持股和非金融机构持股比例通常较低，而在日本、德国这两个比率较高，在个人持股比例方面美国要远高于其他国家，因此对中小股东的保护也更为重视。大股东构成差异表现为在英国主要是机构投资者，美国为个人及机构投资者，而日本和德国主要是银行和非金融机构，由于大股东与企业的长期利益关系不同，因此股票流动性和企业行为也存在较大不同。企业在进行跨国并购时应充分注重股权结构上的差异从而顺利实现并购。

2. 从董事会设置看

不同国家同样存在较大差异。美国企业重视股东利益，并受到法律和制度限制，独立董事占据多数并拥有较大话语权。德国和日本企业注重强调劳资关系和利益相关者关系，因此日本企业董事会成员通常按照内部晋升机制经过层层提拔而形成，董事会成员人数一般多于其他国家，而德国董事会不但拥有其他国家董事会的责任，同时还是负责公司日常运作的执行机构，实际上相当于英美国家以总经理为首的管理层。

企业从事跨国并购往往受制于不同的法律规定、资本市场发育程度和文化差异的方面的限制，因而在董事会设置方面面临重重考验，目前不少跨国公司积极借鉴美国公司成功经验，在董事会中加大非执行董事的比例，吸收有跨文化管理经验的专家作为独立董事以实现对被并购公司的有效管理。

3. 从监事会设置看

在英美等国，法律规定公司设立股东大会和董事会，不单独设立监事会，对公司经营的监管主要由审计委员会执行，而审计委员会成员主要来自外部董事。而日德等国，除董事会外还会单独设立监事会并对股东大会负责，监督职能与执行职能是平行的。在日本监事会只从事监督职能，成员主要来自于退休的高级经理人员。而德国公司法规定，监事会由非执行董事组成，行使监督职能；员工人数超过2000名的，在监事会成员中，股东和职工代表各占一半。

跨国并购后组建符合地方法律规定的监事会，对于加强对被并购公司的战略、资本、财务等方面的控制以及业务指导都具有重要意义。

4. 从经理层设置看

在许多国家的公司治理结构中，董事会是决策机构负责公司的战略方向和重大决策，而经理层是执行机构，负责董事会决策的实施及公司的日常管理工作，二者相辅相成相互配合。并购实施后，往往面临着原有公司组织结构、企业文化等多方面的重大调整，因而容易造成被并购公司经理层的心理落差而致使大批人才的流失，同时跨国并购的经营特点又造成代理链的延长而诱发代理问题道德风险的产生，因而造成并购公司管理上的失控。对于被并购公司经理层的整合意义重大（潘爱玲，2006）。

对于目标公司经理层的整合应该视不同情况区别对待，有些目标公司陷入困境的原因的确是由于公司管理层的软弱无能造成的，在这样的情况下，通过欧美等发达国家非常完备的职业经理人市场和大批专业的猎头公司重新为公司物色新的人选是十分必要的。在另外一些情况下，企业经营不善往往并不是由于管理者能力不足而造成的，原有经理层是企业重要的战略资源，是未来竞争成功的关键，他们一般对当地文化和社会关系非常熟悉，对公司经营有深刻了解，并与员工或客户建立了密切的关系，这些都是并购企业和外部人选所不具备的，如果不能合理利用这些人才，不但会造成企业短期权力真空和管理不善，还会由于人才流失而造成竞争对手实力的增强，进而对并购造成不利影响。最后，对于并购企业经理层的整合，无论是采用保留原有经理形式，还是采用外部聘用形式，都要在对并购企业的实力和被并购企业的具体情况分析的基础上，对目标候选人交际能力、处理不确定性能力、文化感悟能力和知识传授能力等众多方面进行权衡利弊以挑选公司适用的管理人才。

TCL的失败教训见专栏7-4。

【专栏7-4　TCL 的失败教训】

在对阿尔卡特实施并购并成立 TAMP 公司后，TCL 迅速为新公司确立了新的董事会和管理层，董事会共有 7 名成员组成。其中，TCL 派出 4 人，阿尔卡特派出 3 人；管理层方面，确立了以万明坚为 CEO 的 9 人领导团队。其中，首席财务官、首席技术官和首席协调官均由 TCL 方面人士出任。带着明显 TCL 文化特征的新任领导层并未在阿尔卡特员工面前树立应有的权威，同时其强势的管理风格深受阿尔卡特员工的反感，大多数员工都将 TCL 管理层的到来看做是异物的入侵，一位前阿尔卡特的员工说："现在的指示和操作跟过去的阿尔卡特很不一样，我们根本无法适应。"管理风格的格格不入造成的直接后果是当管理者们仍然按 TCL 的方式发号施令时，一些员工已开始暗地里为离职做着准备，更谈不上所谓的工作效率了（文照谋，2005；王琳，2005）。

（二）监控机制整合

对目标公司的监控机制整合包括控制和监督两个方面。其中，对于目标公司控制的目的在于维护并购公司战略利益安全，实现企业整体利益最大化。为此企业应充分利用控制力的各种因素，通过资本控制、组织控制、财务控制和知识控制等方式对被并购公司实施控制。同时控制模式的选择还要充分考虑到时间因素、被并购公司对并购公司的依赖性、被并购公司的当地响应程度等诸多方面。

对于目标公司监督的目的在于通过建立监督机制更好地实现对目标公司的监管，避免由于信息不对称造成对目标公司管理的失控。为实现有效监督而又不影响正常经营，监督方式通常采用以查账为主的财务监督方式。由于各国法律和经营环境不同，审查方式也不尽相同。德国主要由母公司的监事会督导子公司的内部审计，日本则由独立监察人负责监督，英美则是在董事会内部设立专门由外部董事组成的审计委员。为实现对目标公司的有效监管，并购企业应注意以下几点：以强化集团资产控制为主线，建立审计网络，坚持下一级审计，保证被并购方企业的财务信息和业务信息的充分性和可靠性；对被并购方的一些工程项目、经济合同、对外合作项目、联营合同等进行单项审计；实行离任审计制度，审查和评价被并购方责任主体的经济责任履行情况；定期或不定期地对被并购企业的内部控制机制进行评估，监督和完善下属各个企业的内部控制制度；充分利用现代化的信息网络，在并购各方建立起审计信息的传输网络，增强监控信息反馈的及时性，从而实现对整个集团经营管理活动的全过程监控，全面提高并购后企业集团的审计工作效率（潘爱玲，2006）。

（三）公司利益相关者关系整合

跨国并购不仅影响并购双方也深刻影响公司各利益相关者之间的关系，而企业长期经营过程中所建立起来的利益共同体关系对于企业的发展至关重要，对并购企业而言不但要获得目标企业的核心资产，更重要的是获取它的良好社会网络。处理好公司与各利益相关者之间的关系，实现经济行为主体契约的规范以及相互之间利益关系的协调，会直接导致企业组织形态的演变，这种动态变化过程中适应性效率获得与当事人相关地位的变化，又直接影响到企业的边界，因此利益相关者的协调问题成为公司治理整合的又一关键。

为实现对并购双方利益相关关系的整合，企业应努力做到以下两点。

全面分析，及时沟通。由于利益相关者团体所代表的利益集团不同，他们对并购的期望和反应也不尽相同。为了照顾各团体的利益，并购企业需要在对各方详细了解和分析的基础上，制定有针对性的权益保障制度，尽量满足各方对利益的要求为顺利整合铺平道路。同时及时有效的沟通也是必不可少的，一项调查显示，86%的公司认为存在并购后没有及时充分与新的联盟伙伴和利益相关者进行沟通。投资者、雇员、客户、分销商和供应商等对不确定性的不满，会延长并购整合的时间，并影响并购整合的效果。

沟通不足的后果见专栏7-5。

【专栏7-5 沟通不足的后果】

瑞士制药集团罗氏制药公司在并购德国宝灵曼公司后，由于缺乏及时沟通，合并之路充满了不顺。1997年5月并购交易公布后，18 000名宝灵曼员工便开始关注他们的未来，随着10月罗氏集团宣布将在全公司削减5000名员工的计划，一时间在公司内部掀起了巨浪，由于具体裁员计划并未对外公布因此各部门员工都忧心忡忡致使工作效率下降，影响到了整合的进度。后来罗氏为弥补信任危机不得不投入相当多的时间和精力用于改变员工看法以重建信任关系，沟通不畅而造成的高昂代价值得所有企业警醒（潘爱玲，2006）。

保持与利益相关者关系的连续性，维护其合法权益。众多的跨国并购案例经验表明维持与利益相关者的连续性关系并保护其合法权益在并购整合中发挥重要作用。整个过程涉及利益整合的方方面面，以维护股东和客户关系为例进行说明。

股东作为企业的所有者在企业经营管理中发挥重要作用，因此在并购过程中保护股东权益，特别是维护中小股东的利益至关重要，对于维护并购企业形象，不断吸引资金注入都具有积极的意义，见专栏7-6。

【专栏7-6 苏尔维公司对股东的高度重视】

　　苏尔维公司是一家世界级的化学和制药集团公司，总部位于布鲁塞尔，业务领域涉及碱、塑料、过氧化物、加工及保健。成员企业遍布44个国家，股票在10个证券交易所上市。通过并购企业实现了几何级数的快速增长，整个并购过程中股东一直重视对股东权益的维护，公司年报采用荷兰语、英语、法语和德语等语言进行公开，公司始终将"确保公司股东能得到满意的不断增长的股份与股价"作为企业的使命，而长期战略的最终目标是获取能保证股利、股价稳定增长的利润，提供实现公司战略所需的现金流量。公司对股东的高度重视也获得了很好的回报并一直深受投资者的追捧（拉杰科斯，2001）。

　　客户作为一项很难得到但极易失去的重要资产，在激烈的国际竞争中占据举足轻重的地位。相关统计显示，除去正常的顾客减少率，新近兼并而引起的客户流失率高达5%~10%，因此挽留顾客、尊重顾客是确保并购整合成功的重要环节，为此企业需要在对目标企业原有客户群分析的基础上，识别双方存在的法律契约，并按照法律规定对原有客户群履行承诺以维护与原有客户的连续关系，进一步通过改善服务质量和范围来吸引更多的客户，见专栏7-7。

【专栏7-7 并购过程中的客户争夺战】

　　实施海外并购对于并购企业而言既是一个机遇又是一个巨大的挑战。并购整合过程中所引发的消费者疑惑和不满都将为竞争对手提供挖墙脚的机会。联想并购 IBM 过程中，HP、Dell 的乘势营销；华为并购 3COM 过程中，思科的煽风点火，都为企业敲响了警钟。

　　Vrel 公司和 Compression Labs 作为网络电视设备领域中的佼佼者，二者的合并被视为是顶尖技术的组合、研发环境的改善以及客户群的重新整合，如果并购顺利实施无疑将给竞争对手以致命一击，因此在两家公司于1996年宣布合并之时，竞争对手立即开始围绕客户资源与其展开了争夺战，不断大肆宣扬整起合并的失败之处以及未来给潜在客户带来的不利影响等，一时间造成客户间的人心惶惶。

　　面对这一不利形势，Vrel 公司很快做出回应，对老客户进行公关，在各地召集终端用户和经销商举行座谈会，通过向他们宣传合并后的良好前景以及将会出现的产品和服务方面的改良来打消客户的疑虑，增强客户的信心。进一步采取将参会者的意见反馈给高层决策者以便采取有针对性的公关

> 措施。一系列行动也取得了立竿见影的效果，不但保留住原有客户，而且扩大客户群，并赢得业界的尊重（菲尔德曼，斯普拉特，2003）。

此外，并购企业还要妥善处理好与目标企业雇员、所在国政府、社区、供应商、经销商、债权人等多方的利益，只有这样才能实现并购整合顺利进行的目标。

（四）信息披露

信息披露既包括财务信息，也包括非财务信息，还包括审计信息的披露。高质量的信息披露是进行公司治理和决策的前提。在当代经济活动中，信息披露已成为公司治理的重要组成部分，不仅影响投资者的价值判断和决策，同时也影响债权人等利益相关者的决策，因此企业实施跨国并购后如何规范新企业的治理信息披露成为公司治理整合中的一个重要环节（李维安，2001）。为提高信息披露的质量，采用东道国的治理原则或会计准则，或采用"国际会计准则"这一高标准来规范公司信息披露是多数企业采取的主要措施。

信息披露的目的在于让股东和利益相关者了解公司的经营状况，提高公司的经营管理透明度，强化对公司经营者的监督和控制。跨国并购受到文化、地域、被并购企业特点等众多因素的限制，通过信息披露强化对被并购企业的控制意义重大，为此企业应在充分考虑地理距离、文化差异等因素的基础上，通过与被并购企业的共同协商，利用现代化计算机及网络技术克服信息披露与获取中的消极因素，保障并购后双方企业之间的信息畅通。

公司治理结构整合作为并购整合的重要环节，在跨国并购中具有重要的意义。公司通过并购形成的海外子公司的筹资和投资活动必须适应东道国的金融操作流程和公司治理规范，才能获得成功，尤其是具有不同治理模式的公司之间开展的跨国并购，更需要做好双方公司治理结构和治理机制的整合工作。公司治理结构整合不仅要考虑董事会构成以及股东和经理之间的关系，还要考虑公司与其他利益相关者如职工、顾客、供应商、债权人、社区关系以及公司社会责任等多个方面，全面、综合而又有针对性的整合是取得成功的关键（潘爱玲，2006）。

四、人力资源整合

对于科技型企业而言获取核心研发人员和经营管理人才是实施并购的基本动机，因此通过迅速、高效而富有针对性的人力资源整合，留住企业核心员工，并做到各尽其职，是整合工作的重中之重。为了顺利实现企业整合目标，在具体实施时企业应循序渐进，由简入难地做到以下几点。

（一）调整公司管理层，确定人力资源，整合领导班子

通过吸收原有骨干和注入新鲜力量相结合的形式改组董事会，调整管理层，明确管理人员权限、上下级关系及责任承担，避免出现机构重叠、权限不明、职责不清的混乱状况，使之更适合新公司在新环境下的发展需要。同时，尽早落实人力资源整合的领导班子并形成专业互补的整合团队，带领新公司制定具体的人力资源整合策略并开展行动。

联想并购 IBM PC，见专栏 7-8。

【专栏 7-8　联想并购 IBM PC】

考虑到跨国并购人员整合问题的重要性和复杂性，联想集团在并购 IBM PC 事业部后，随即任命原 IBM 高级副总裁史蒂芬·沃德为新联想 CEO，并承诺事业部原有分支机构工作人员仍维持原有的工作和福利待遇不变，由联想派出部分员工分驻海外参与分支机构运营和管理，这一举措最大限度地稳定住了 IBM PC 事业部员工的情绪。同时迅速组建以杨元庆和沃德为统帅，人力资源部门为主力的专业工作小组以开展人力资源整合工作。

同时，联想的人力资源战略并不仅仅局限于从 IBM 内部获取高级别人才，而是在全球范围广泛网罗跨国经营和管理人才，先后挖来了原戴尔亚太区总裁阿梅里奥在内的 4 名高管并委以重任，通过不断的强势引援战略，联想迅速提升了跨国经营管理水平，并基本确立了中西结合的管理团队，指导整合各项工作的开展（罗洋，2007）。

（二）建立信任机制缓解精神压力

并购发生后往往会给被并购企业员工带来较大的心理冲击和精神压力，谣言的传播更会引起员工对公司信任水平和忠诚度下降从而使得公司生产经营陷入困境。因此迅速建立与原有员工的信任机制，缓解其竞争压力至关重要。要实现这一点企业必须及时建立信息传递机制并与各层面员工开展沟通工作。通过及时将并购进展、目标、发展规划、整合原则、雇佣计划等政策信息传递给广大员工打消他们对并购的疑虑，进一步通过与各层面员工开展形式各异的沟通工作，提高员工在并购整合中的作用，不但可以提高企业对于并购整合细节的把握能力和员工的需求状况，而且增强了整合的公正性和透明性，有助于提高企业的认同感和归属感，实现人员整合的稳步进行，思科的成功经验体现了这一点，见专栏 7-9。

【专栏7-9 思科的领导艺术】

并购发生后往往意味着企业与员工之间旧契约的失效与新契约的产生，在此过程中，由于信息的不对称往往会引起被并购企业员工的信任危机，造成员工精神压力的增大，从而影响企业的正常运转。在这样的情况下，加强沟通建立信息传递机制，通过信息传递增强员工对并购动机及进展情况的了解，认识到并购后双方人员的平等地位就显得至关重要了。采取一系列措施使员工认识到并购不是工作生涯的结束而是通往成功的又一个跳板，将极大增强其对企业未来发展的信心，从而更有利于各项管理工作的顺利展开。

在思科的并购艺术中，通过迅速高效的信息传递以最大限度地减少员工的不信任程度，人性化的管理风格以提高员工的归属感是其不断成功的又一个法宝。在并购实施前，思科通常会承诺至少一年内不会解雇被并购企业的员工或强迫他们改变工作，为其职业生涯调整创造出充足的缓冲期，同时将员工原有的期权安排转化为思科的特有的期权安排。并购完成后，被并购企业的每名员工都将立即得到思科提供的关于企业文化、并购情况的一整套信息包，里面涵盖了员工关心的关于各种福利待遇的对比表格、思科高管的电话和电子邮件，以方便双方及时就并购事宜进行协商。思科还会定期与员工代表开展形式各异的见面会，以了解员工的现实需求并不断打消其疑虑。迅速高效的并购整合使得被并购员工通常一个月内就了解关于工作细节的所有说明并明确上下级之间的隶属关系，完全融入思科当中。

同时思科的整合过程又是人性化的，思科总裁甚至深入工作间为员工提供冷饮并与员工开展零距离的谈话。这都极大地增强了员工的归属感和认同感，缓解了由于并购所引起的精神压力，从而为后续人员整合铺平了道路（艾珍珍，2004；李惠等，2004；汪继峰，2001）。

（三）针对关键人员的留人策略

相比于普通员工，关键人才更加具有战略意义，掌握专业技术技能的员工是企业未来开展技术竞争的关键，是相比于专业技术和专利而言更富价值的"活技术"；核心管理和销售人员更熟悉东道国的法律、政策、文化以及客户需求，庞大的社会关系网络和市场网络是企业长期发展赖以成功的无价之宝。为此针对关键人员制定特殊的留人策略具有格外重要的意义。路明跨国并购的成功之处正是在于对关键人才的保留，这也为广大中国企业提供了宝贵经验，见专栏7-10。

【专栏7-10 路明并购后的留人策略】

路明公司并购 AXT 光电公司后，很重视对 AXT 公司原有精英研发团队的整合。由于原公司的 10 多位博士及其研究团队对公司的发展至关重要，于是路明便为他们提供了一流的工作环境和薪酬待遇，同时对海外员工承诺："只要你愿意留下，就别担心我养不起；只要你敢报项目，就别怕我不敢批。"大大提高了原有研发团队的积极性。在企业管理方面，路明对原 AXT 公司光电事业部的核心管理人员仍然委以重任，聘请何晓光博士和马欣荣博士担任新成立的路美公司的两位副总经理，此外大部分原 AXT 光电部门的员工来到大连后职位都没有发生变化，甚至连原来车间班长都没有更换，从而最大限度地维护了企业组织结构和人员管理方面的稳定性，也为人力方面的整合奠定了良好的基础（何伊凡，2006）。

留住关键人员的第一步应该是评估和确定重要人员名单。借助各方面信息对候选人进行系统考察并对关键人员进行适当分类，按重要性和专长领域分为不同的组，作为选取的重点候选人。接下来，应针对重点候选人的离职概率和工作需求进行分析，在此基础上为其进行职业生涯规划和薪酬激励设计并制定聘用谈判行动方案。最后，分别由相关领域专家与重点候选人进行聘用谈判，以激励机制与人文关怀相结合的方式，为其提供广阔的个人发展空间和良好的工作环境，增强候选人的自尊心和归属感，激发其工作热情。

（四）建立员工培训体系

新经济时代，企业之间竞争越来越表现为员工素质的竞争，因此除了留住员工外，更重要的是重视对员工培训，创建学习型企业。健全的管理培训体系是激励、吸引和留住人才的有效策略，通过不断更新员工的知识结构，最大限度地发挥其聪明才智，培育和提升企业核心竞争力是实现市场竞争胜出的又一制胜法宝。思科的成功经验充分证明了这一点，见专栏7-11。

【专栏7-11 思科公司的独特培训体系】

作为并购成功的典范，思科从来不仅仅将获取对方核心研发人员作为最终目标，其对员工的培养更显出其过人之处。为了增强员工的职业素质，培养更多的销售和技术支持工程师，思科建立起了一整套完备的培训体系并在世界各地成立思科实验室用于培训项目的研发。目前全球认可的思科认证工程师可分为 CCNA、CCNE 和 CCIE 等多个档次。其中，CCIE（思科认证网络互联专家）级别是最高档次。通过建立认证工程师体系，思科为公司、代理商和用户培养了大量优秀人才。通过培训获得的大量优秀人才又成为思科大步前行的有力保障（晓红，1999）。

人力资源整合是科技型企业并购整合的重中之重。大量的成功案例表明，科技人员作为企业未来发展所依靠的核心资产，在对其进行整合的过程中应尽量做到快、准、稳，所谓快就是说在并购实施过程中应尽快通过信息传递机制让广大被并购企业员工对并购相关事宜进行充分了解以打消其疑虑，从而降低人员流失率和整合无效率；同时应准时、准确地确定出对方的核心人员，并对其制定有针对性的整合方案，通过适宜的薪酬激励和人文关怀留住核心人员；最后，并购后的人力资源整合只是人力资源管理的一个初级阶段，作为企业未来发展的主力，对员工的培训和重塑是企业实现长盛不衰的根本，而完善系统的培训体系是其中的关键。

五、文化整合

世界银行的一份报告显示，1/3 的中国企业对外投资存在亏损，即使在全球范围内也有 65% 跨国合作是以失败告终的。其中，85% 的 CEO 承认管理风格和公司文化差异是造成并购失败的最主要原因。全球著名商业论坛机构 Conference Board 的另一份报告则显示，在对财富 500 强中 147 位 CEO 和负责并购事务的副总调查中，90% 的调查认为要实现并购整合的成功，文化因素与财务因素同样重要（陈弘，2006）。

企业文化是企业核心能力构成的重要组成部分，文化整合在实现并购整合目标中发挥基础作用。文化整合的顺利进行有利于带动双方在发展战略、组织结构、人力资源管理及财务制度等多方面的整合速度，相适应的企业文化可与管理要素相辅相成共同推进企业的健康发展。了解文化差异是实现文化整合的前提，跨国并购面临的文化差异包括：宏观的民族文化差异和微观的企业文化差异两个方面。因此，要实现并购文化整合也必须针对两种差异的不同特点进行有针对性的差异整合策略。

（一）民族文化差异

民族文化差异是指各国间由于语言、传统、生活方式的不同而造成的企业内不同国籍员工在价值观、宗教信仰和文化传统等方面的不同。通常认为民族文化包含四个维度，即权力差距、个人/集体主义、男性化/女性化、回避不确定性。具体而言，主要国家民族文化差异比较见表7-4。

表7-4　主要国家民族文化差异比较

国别	权力差距	个人主义/集体主义	男性化/女性化	回避不确定性程度
美国	小	高度个人主义	男性化	弱
日本	适中	集体主义	男性化	强
法国	大	个人主义	女性化	较弱
英国	适中	个人主义	男性化	适中
德国	小	集体主义	女性化	强

资料来源：潘爱玲（2006），作者整理。

其中，权力差距反映员工对机构或组织中权力分配不平等现象的接受程度。在权力差距小的国家，员工间上下级地位平等，下属对上级的依赖有限，处理问题时多以商讨为主，等级制度不过是职务不同而已，公司监督人员较少。在权力差距大的国家，组织倾向于采用更多的层级结构，权力相对集中，公司监督人员比例较高。

个人主义/集体主义反映了人们在感情上保持与群体、组织和其他集团的相对独立的程度。在个人主义文化盛行的国家中，员工往往希望能够按照自己的兴趣行事，工作要按照员工意愿与雇主利益相一致的方式加以组织，发放奖金或给予个人奖励应根据每个人的工作表现，同时在这样的文化氛围下，企业往往需要建立管理与培训体系以便于管理者定期对下属的表现进行总结和回顾，与员工之间的交流可以直截了当。在集体主义倾向的国家，员工倾向于结合在强大而紧密的群体内并按照群体内利益行事，共识和协作将比个人采取行动付出努力更有价值，报酬是以作为集体一员（忠诚和保全）为基础的，在这种文化氛围下，领导者的角色是促进团队的共同努力与整合，创造出团队环境与文化，对员工表现的评价应采用间接方式为主。

男性化/女性化反映了社会中主导价值观男性化程度。在一个崇尚男性化的国家中，人们重视权威、自信、物质成就，以工作为中心、忽视生活质量，管理方式实行成果导向而非培养社会关系，激励方式以金钱和物质为基础，对公司而言利益高于一切，股东利益高于职员和顾客利益。而女性化社会正好相反，员工更重视生活质量，领导的作用是保证员工的福利，企业要承担更大的社会责任。

回避不确定性是指员工对于不确定性和未知情境感到威胁和回避的程度。在强回避不确定性的国家，员工比较忙碌、积极、活泼，对法律规章的需求以情感为基础，对精细规划和组织管理正规化有迫切需求；希望将管理活动系统化、结构化，规章制度严格详尽；要求较高的专业化程度，管理人员更倾向于稳定性和安全性。弱回避不确定性国家的员工正好相反，但是更容易产生根本性革新思想（潘爱玲，2006）。

由于跨国并购往往涉及对不同国籍员工的文化整合，因此忽视上述差异将会造成管理过程中的沟通障碍甚至交流误解，从而成为企业整合的绊脚石（专栏7-12）。

【专栏7-12 忽视民族文化兼容性的恶果】

1998年，当克莱斯勒与戴姆勒－奔驰宣布合并时，前者是世界上赢利能力最强的汽车制造商，而后者是世界头号高档轿车的生产者，二者的合并被普遍认为是"天作之合"。然而后期的发展却使得人们大跌眼镜，2000年第三季度克莱斯勒出现了9年内的第一次亏损，戴姆勒－克莱斯勒公司的股价甚至低于原戴姆勒－奔驰一家的市值。是什么原因造成原本被普遍看好的合并如今却深陷困境呢？《经济学家》杂志给出了答案："两家公司巨大的文化差异犹如水和油一样难以融合，整合的不利严重影响协同效应的产生，从长期来看，前景不容乐观。"足可见企业文化整合在这个并购整合中的重要位置。

戴姆勒是典型的技术导向型德国企业，充满官僚习气，而克莱斯勒则是一家市场导向型、行动灵活的典型美国风格企业，因此二者在行动步伐上很难统一。此外，美国企业普遍认为只要能够保障公司业绩的持续增长，公司的高管们就应该享受高额的薪水，而德国人则认为CEO的薪水应该接近普通员工的工资，不应存在较大的薪酬差异。双方认识的不一致造成了严重的后果，并购后由于在待遇问题上的不满，以克莱斯勒前CEO为首的10多名高管纷纷离职，公司上下人心惶惶纷纷自谋出路，重要人物的离职不仅使得企业缺少了先进的管理者，更失去了他们所拥有的社会网络资源，从而为企业经营带来重大损失。双方在企业文化上巨大差异的公开化直接导致了巨额亏损的产生（杨作媛，2007）。

（二）企业文化差异

企业文化可理解为汲取传统文化精华，结合先进管理思想，为企业员工构建的一套明确价值观念和行为规范。企业文化作为"微型"文化尽管受到宏观民族文化的影响，但是不同企业作为独立的经济实体身处不同行业处于不同阶段的限制因素都会形成不同的文化特性，从而形成企业文化差异，企业文化是民族文化的拓展和延伸（潘爱玲，2006；陈弘，2006；王朝晖，徐波，2005）。例如，同属于美国文化背景下的惠普公司强调市场和环境的适应性，而IBM则侧重尊重人、信任人并善于运用激励手段；同属日本文化背景下的索尼强调开拓创新，而尼桑则侧重于顾客至上。对于并购企业的文化整合，既要重视民族文化的宏观差异，又要了解企业特有的微观差异，文化整合得力会成为企业并购中有力的推进器，而文化整合的不协调则很可能会造成双方最终的分道扬镳，见专栏7-13和专栏7-14。

【**专栏 7-13   TCL 并购的企业文化差异整合教训**】

为实现规模扩张，TCL 先后并购了汤姆逊和阿尔卡特，双方在技术和市场、产品领域和业务范围等方面的互补关系本应很好地发挥并购所带来的协同效用，但是正是由于企业文化整合的不利为最终的失败埋下了种子。

首先，在与汤姆逊公司的文化整合中冲突不断，汤姆逊作为一家法国企业在追求浪漫的艺术气息的同时更加专注于产品细节，而 TCL 作为中国的新兴企业更加倾向于立竿见影的"拿来主义"，重视产品更迭速度。二者企业文化的冲突导致整合效率和速度的低下，并最终由于无法适应快速变化的市场而走向失败。其次，与阿尔卡特的文化整合不利表现得更为明显。例如，在确定领导人标准方面，阿尔卡特希望新企业的领导人能够受过良好教育并拥有理论学识和各种头衔；而 TCL 则更加注重企业家精神，是否敢于冒险并承担风险是判断的第一准则。在工作流程方面，阿尔卡特喜欢按照设定好的体制和程序来做事并且十分看重操作流程的可行性；而 TCL 更加专注于采取迅速行动以迎合市场变化。在人员管理方面，阿尔卡特强调人性化管理，员工在一种宽松而备受尊敬的环境中工作；而 TCL 的管理方式近乎军事化，简单而粗糙，让原阿尔卡特员工无法适应。

TCL 的两起并购都存在前期文化差异评估不足，后期整合策略调整缓慢的问题。文化观念的冲突直接导致了文化整合的不利，使得新公司的各项战略部署和决策开展缓慢，不但没有发挥出预期的协同效应，反倒由于"水土不服"而造成行动迟缓，效率低下（刘鹏，2007）。

【**专栏 7-14   "坦诚、尊重、妥协"的跨国文化整合**】

联想一开始就将文化整合放在一个非常重要的位置上，为迎接即将到来的文化挑战，联想采取了两项措施：一是聘请英语教师提高联想员工的英语水平，方便与外籍员工的交流。二是由人力资源部门建立文化整合小组，识别双方文化差异并制定有针对性的应对策略。

杨元庆在总结与沃德沟通经验的基础上，提出"坦诚、尊重、妥协"的 6 字沟通融合方针并贯彻到整个文化融合工作中。柳传志、杨元庆等公司领导做客公司内部的"网上 C-TIME"沟通平台与 2000 多名员工进行互动，就并购之后员工发展、薪酬、公司文化等问题为员工指明方向。

同时在杨元庆和 Steve 的指导下，联想全球文化整合小组很快成立。由 Bill Matson 和乔健任组长，执行组长由具有深厚跨文化管理背景的联想人力资源部学习总监伊敏担任，成员是来自联想、IBM、麦肯锡三方的战略和文化等方面专家。小组从双方历史文化着手，在深刻理解新公司战略的基础上，运用先进的跨文化整合工具与方法，协同推进联想新文化的建立。经过反复研讨最终确立文化整合工作的三个重点：实施 Quick Wins 计划开展双方文化交流；保障新联想高层之间高效沟通与工作；形成基于双方优势的新联想文化。

按照文化整合小组的计划，由联想和 IBM PC 事业部高管团队共同启动"联想全球文化整合项目"，在联想和 IBM PC 事业部的全球各地分支机构进行了联想文化全面审计活动，确定新联想的核心价值观。在确定公司新价值观之后，文化整合小组组织了全体新联想同仁，参加了一系列持久而丰富多彩的联想新文化建设活动。例如，文化鸡尾酒行动。该活动期望如勾兑美味的鸡尾酒一般将两家企业的文化精髓和谐地调和在一起。在 2007 年 8 月 23 日，联想向全球同步发布了联想全球新文化。这标志着联想作为一个崭新的国际企业，建立起了自己新的企业文化，与 IBM PC 的企业文化整合获得了成功（高玉玲，2007；罗洋，2007）。

了解文化差异是实行针对性文化整合的基础，而文化整合的目的在于通过充分了解文化差异并采取适当的整合模式以实现并购双方的协同发展。根据并购双方在民族文化和企业文化两个层面的差异、并购企业对于多元文化的宽容度和并购双方业务关联度高低以及被并购企业对自身文化和并购企业文化认同度的高低，跨国并购文化整合模式大致可分为以下五种模式，具体见表7-5。

表7-5 文化整合模式比较

模式	特点	适用性	优点	缺点
融合模式	并购后组成新企业，双方进行平等交流取长补短，选择各自精华部分进行紧密融合，寻求新企业文化生长共同点	并购双方对各自企业文化认同度高，同时希望吸取对方的合理成分	求同存异的原则容易得到并购双方的认同和欢迎，文化整合阻力小风险低，能够形成兼容性强的文化合金	整合速度慢
移植模式	将母公司文化体系主体移植到被并购公司内部，而较少考虑子公司所在地的本土文化和子公司。通过将并购企业的强势文化导入，实现并购对象弱势文化的替换	双方社会文化背景差异较小但企业文化差距较大	整合过程中由一个强有力的核心文化起主导和推动作用，整合速度快，效果明显	自上而下的文化整合模式常带有强制性，容易受到被并购企业员工的抵制和对抗，存在一定的文化风险

续表

模式	特点	适用性	优点	缺点
渗透模式	直接向被并购企业派遣管理人员并凭借强大的经济实力和文化优势对并购对象进行文化渗透	双方社会文化差异较大，短时间难以整合	被并购企业容易接受，不易发生强烈冲突	整合速度慢
嫁接模式	以子公司的地域或组织文化为主体，选择母公司文化的核心部分进行嫁接	双方文化存在较大差异并能实现嫁接	整合速度快，针对性强，通过核心要素注入提高被并购企业文化水平	嫁接过程中的不适应性而引起的整合无效率
自主模式	并购企业对双方的文化差异进行规避，运行被并购企业继续维持原有的文化风格	并购双方文化差异巨大，并购企业无能力管理差异，特别是宗教势力强大的地区实施并购	文化整合难度小，维持各自的独立性，减少对各自优秀文化因素的干扰	对被并购企业缺乏有效管理而出现失控

资料来源：潘爱玲（2004和2006）、杨泉（2002）、Nahavandi和Malekzadeh（1998）。

　　文化整合模式的选择不是由单一因素决定的，而是受到并购双方的民族文化、企业文化、并购企业管理能力及集权化程度等多种因素影响的。同时整个模式选择过程也是并购双方的互动过程，并购企业不仅要考虑自身对多元文化的态度以及企业业务相关度的认识，还要调查和评估被并购企业员工对自己文化的认可及其对并购方文化吸引力的看法。同时文化整合是一个动态过程，企业应根据不同阶段的具体情况进行适时的调整方能达到最佳效果。

六、品牌整合

　　随着跨国并购的不断发展，企业对整合问题的认识也在不断深入，同早期的重视市场份额、生产设备、财务资源和营销渠道等显性资源整合相比，现代的跨国并购中企业对于目标企业以文化、品牌为代表的无形资产管理和整合重视程度不断提高，以品牌为核心已成为企业并购重组和资源配置的重要机制（张承耀，1999）。

　　美国著名营销专家科特勒认为："品牌是一种名称、名词、标记和设计，或是它们的组合运用，其目的在于辨识某个销售者或某群销售者的产品和劳务，并使之同竞争对手的产品和劳务区分开来。"（郭元胜，2003）可见，品牌代表着产品的质量、性能、顾客满足感以及市场定位、文化内涵和消费者忠诚度等，是产品质量和企业信誉的重要标志，品牌整合正在成为企业迎合消费需求，扩展产品市场，实现竞争优势的重要武器。世界知名企业的海外扩张正在经历由产品输出到资本输出、技术输出，直到今天的品牌输出，无数成功经验都正在不断验证着品牌营销的巨大价值。

对于广大中国企业而言，通过海外并购获取知名品牌以实现企业社会地位提升，增强企业知名度和影响力是实施并购的主要动机之一，然而并购交易的成功仅仅意味着品牌获取的第一步，成功的品牌整合才是实现战略目标的关键。对并购双方而言，品牌整合不仅关系到被并购企业品牌的存亡，更关系到并购企业的形象。如果整合取得成功会有力地提升企业品牌的知名度、美誉度和忠诚度，从而实现价值增值，反之则会由于整合不利而出现客户流失、品牌受损，严重时更会直接危机到整个并购的成功与否。

并购品牌整合比较见专栏 7-15。

【专栏 7-15　并购品牌整合比较——TCL、明基和联想的经验】

三家企业作为中国企业海外并购的先驱者都曾有过并购欧美知名品牌相关业务的经历，TCL 先后并购了施耐德、汤姆逊彩电业务和阿尔卡特手机业务、明基并购了西门子手机业务、联想则并购了 IBM PC 业务。三家企业在后期品牌整合方面存在很大差异，也最终造成了整合效果上的差异。

TCL 希望通过激活被收购品牌而使其承载自身产品的内涵，然而低价并购而得的几个品牌产品，不是品牌老化就是形象不佳，致使 TCL 尽管投入了大量资源仍然没有取得较好结果；明基希望通过对西门子品牌的重新定位为其稳重的品牌形象注入时尚化基因，然而没有料到西门子的名气反而增加了变革的惰性，在竞争激烈的手机行业，品牌整合的不利无疑埋下了失败的种子；联想的品牌整合战略略显不同，将 IBM 品牌作为"护花使者"并凭借其品牌力量把 Lenovo 带向全球。特别是针对 ThinkPad，联想顺应电脑从高科技向大众消费品转化，高端定位的空间日渐狭小的趋势对其进行了重新定位，通过渐进性的行动逐步将 ThinkPad 从高端向下俯冲，从而避免海外市场销售的严重滑坡，并对 Lenovo 发挥带动作用（王坤，2006；李煜耀，2008；李松媛，王坤，2008；高玉玲，2007）。

（一）过渡阶段

品牌整合经历品牌识别、价值挖掘、整合评估等一系列流程，整个过程需要以专业的知识为指导进行针对性的融合行动。在并购交易完成后的初期过渡阶段尤其如此，因为在这一时期企业面临新环境，无论是员工还是企业组织都需要进行适当的调整，所以对于过渡期的品牌维护十分重要。通过精心的工作逐渐增强企业员工和新旧客户对于新品牌或原有品牌新的特点的认同感，维持并增强其忠诚和信赖是并购企业需要解决的关键问题。

国际著名品牌大师奥林斯指出："对于并购企业管理者来说，不能沉浸于过去，不能过分强调并购双方的不同，更不能颐指气使的命令被并购方。重要的是通过信息传递，向所有员工表明现在我们是一家企业，需要在大家的努力下共同创造一个全新的文化，在这种文化中，没有特定的国籍，但却有着一个非常强的、特定的身份和识别系统——新的品牌。"（余光卓，康佳丽，2007）

（二）影响因素分析

影响品牌差异的因素是多方面的，在进行品牌整合前必须要对影响因素进行深入分析才能真正实现有的放矢，针对性地进行品牌整合，具体而言，造成品牌差异的影响因素主要包括以下几点（孟茹，任中锋，2005；余光卓，康佳丽，2007；刘文纲，1999）。

1. 企业发展战略

企业发展战略是企业从事一切生产经营活动的指导，并购交易完成后为适应新的环境，企业通常会推出一系列新的发展计划和营销战略，这直接决定品牌整合工作的方向，因而以企业发展战略为指导，进行品牌整合设计是并购企业需要注意的首要问题。

2. 品牌间文化差异

文化是品牌塑造的土壤，而企业文化是在漫长的成长过程中逐步树立起来的，因而很难在短时间内实现并购双方文化的完全融合，这就造成了并购后由于文化不兼容而造成的品牌整合困境。因此为实现有效整合并购企业需要寻找双方核心文化的共通点或相似点，通过品牌管理进行适当引导。

3. 品牌形象与个性

作为反映品牌内涵的外在方式，品牌形象与个性将直接影响消费者的认知与情感联系。受制于企业发展目标的指引，不同企业、产品会有不同的品牌形象与个性特征。因此在进行品牌整合时，必须对不同品牌形象和个性所表现的差异问题进行高度关注（专栏7-16）。

【专栏7-16 品牌形象的重要性】

品牌作为反映企业独特个性的载体在不同企业间存在着很大的差异。例如，香烟行业中的"万宝路"以西部牛仔的形象传达出粗犷、豪放、自由的品牌个性，而"红塔山"则凭借得天独厚的云南玉溪自然环境为其塑造了优质、独特、成功的形象。在高科技企业也同样如此，品牌形象对于产品的推广更是发挥重要作用，不重视品牌形象的盲目并购往往效果不佳（孟茹，任中锋，2005）。

为了缓解激烈的国内市场竞争并实现企业跨国经营的目标，TCL一直将叩开欧洲市场作为自己努力的方向。为此希望通过对德国施耐德品牌的并购以达到企业发展目标。但是曾为德国"三大民族品牌"之一的施耐德，因经营不善社会形象已经变为一个保守的、不断破产转卖的私人企业，产品技术甚至还不如 TCL 先进。在传统电视机市场已经趋于饱和的德国市场，实现市场突破的关键是销售高精尖产品，但德国人知道施耐德生产不了高精尖产品，如果把 TCL 的超薄高精尖电视机贴上施耐德的品牌到德国去卖，德国人根本无法接受，甚至还不如 TCL 自己的品牌，后来的事态发展也证明了这一点。

因此企业在通过并购实现品牌整合时，对被并购品牌的形象、个性与企业的发展战略的匹配性分析是实现整合的出发点（庞雅，2005）。

4. 品牌定位策略

品牌定位是寄希望于通过设计适合的产品与企业形象以达到在目标消费者心中确定与众不同地位和鲜明品牌特征的目的。因此当被并购品牌与并购者品牌定位差异过大而造成品牌管理工作难度加大时，就需要考虑是否可以通过对品牌的重新定位以保证二者的协调发展。

5. 产品相关度

并购双方产品相关度的高低也是影响品牌整合的重要因素。当双方处于同一行业时整合难度相对较低，并购者长期的品牌经营策略也可以得到充分的利用。而当跨行业并购时，并购企业往往不具备相关产品和品牌的营销能力，为此需要特别注意整合过程中的差异性管理策略。

6. 消费者态度转变

并不是所有消费者都看好并购后的企业前景，对于联合品牌产品的忠诚度可能会低于对原有单一品牌的忠诚度，因此企业在进行并购时需要特别注重消费者态度的转变，并及时制订针对性解决方案。

品牌并购中的消费者争夺战见专栏 7-17。

【专栏 7-17　品牌并购中的消费者争夺战】

当联想宣布并购 IBM 全球 PC 及笔记本电脑业务的消息放出后，许多人因担心日后产品质量下降和服务范围受限而争相购买纯 IBM "血统"的电脑珍藏；同时 DELL 和 HP 也充分利用这一消费者心理波动发动了一系列攻击性宣传以抢夺消费市场。如果联想没有开展一系列稳定消费者信心的宣传攻势，后果可能是不堪设想的。因此在品牌整合过程中必须时时关注消费者心理的变化情况，最佳的整合效果应该是发挥各自比较优势整合双方消费群（刘楚峰，2007）。

（三）整合模式选取

在经历了初步的磨合期后，企业需要考虑的就是如何将并购双方的品牌进行有机融合。品牌整合模式大致可分为四类：单一品牌、多品牌、新品牌和联合品牌。

1. 单一品牌整合模式

这意味着并购完成后，并购双方只保留一个品牌，另一个品牌则走向消亡，而这其中又包括使用并购企业品牌和被并购企业品牌两种。前者占据品牌整合的主流，适用于并购企业拥有良好的声望，通过使用其品牌能够实现对被并购企业的升级，增强并购对象的实力和客户满意度。这种整合方式的不足之处在于传达了一个很强的信号，即收购方是成功者，被收购方是失败者，容易造成两家公司员工的分裂状态，被收购公司的顾客也可能会产生强烈不满，或担心他们与原公司的关系不被承认或者被忽视。当被并购企业品牌价值较高时，投资者也会对这种整合模式提出质疑。同时，如果被并购企业产品出现质量问题，也会直接影响并购企业品牌的形象（唐少清，白素英，2007）。

使用统一品牌，维护企业形象，见专栏 7-18。

【专栏 7-18　使用统一品牌，维护企业形象】

惠普公司成立至今，已先后收购了 100 余个品牌，但是始终坚持使用统一的"惠普"品牌，这一举措强烈地传达出整合统一的形象和日益发展壮大的企业规模、实力水平，极大地增强了惠普的市场影响力和品牌支持力度。并购完成后，惠普往往对被并购企业进行全面改造和技术升级以使其符合惠普强势品牌的发展需要（孟茹，任中锋，2005）。

此外，波音公司兼并麦道后，除保留 100 座 MD-95 的麦道品牌外，全部民用客机都使用波音品牌，以利用其强势品牌与空中客机开展竞争。汇丰银行为争夺区域性市场份额并购法国银行 CCF、GE，为进入特殊市场并购缺乏成长资源的小公司以及思科为获取新技术开展一系列并购等所采用的品牌整合方式都属于前者。

后者是品牌整合中的极少数，不足 10%，这种模式的优点是有助于缓解并购双方的对立情绪，鼓舞被收购公司员工士气，并且还创造性地把收购者的运营能力和被收购者的客户资源融合在一起。缺点则是让人疑惑到底谁是这场交易中的胜者，收购公司的员工考虑到被收购公司得到如此高的地位会感觉到他们的权力被剥夺。因此现实中，这种情况较为少见，比较典型的案例是 Allied Signal 收购了 Honey well 后，它不再采用 Allied Signal 品牌而使用 Honey well 的品牌。

由于上述两种模式都存在明显不足，因而在实际整合过程中，众多企业创造性的开发出了另一种品牌整合模式，特别是对于两个品牌价值势均力敌的情况，即在整合的早期采用复合名字作为品牌，经历了过渡期后再采用并购公司的品牌，这个策略会使弱势品牌价值慢慢转化到强势品牌价值当中，而且给公司成员充分的时间来逐渐适应，缓冲因失败所带来的各种冲击。过渡期会为原品牌的顾客群体争取时间，有助于培养他们对新品牌的忠诚度（唐少清，白素英，2007）。

2. 多品牌整合模式

并购完成后，两家企业仍将继续使用原有品牌进行生产经营，不同的品牌直接形成品牌组合，满足多样化个性需求（潘爱玲，2006）。对于并不致力于将公司员工和顾客进行全面整合的企业并购而言，多选用此种方式，这种方式的优点在于为收购公司的投资组合服务，它降低了收购公司的风险，也弥补了机体增长缓慢的缺点。这种模式由于在外在表现形式上并未发生变化，因而更能得到顾客的满意。缺点是并购可能因不会发生显著变化而受到顾客和员工的质疑。同时投资者也会质疑并购公司是否有足够的能力来承担多品牌和多系统的操作（专栏 7-19）。

【专栏 7-19　TCL 与汤姆逊的联姻】

2003 年 11 月 4 日，TCL 和汤姆逊签署合并重组意向书，双方合并彩电和 DVD 的资产及业务，成立 TCL-Thomson 电子公司（TTE）。根据双方的商标特许协议：Thomson 向 TTE 及其若干附属子公司授出为期 20 年的不可转授不可转让的商标特许使用权，其包含品牌为"Thomson"、"RCA"、"Scenium"、"LiFE"和"SABA"；其授权使用范围是"北美、欧洲和其他地区若干国家"。TCL 对新公司采取多品牌整合策略，在不同市场发挥不同品牌的威力。例如，在亚洲及新兴市场推广 TCL 品牌为主的低价位产品，在欧洲和北美市场则实行以 THOMSON 和 RCA 品牌为主的高端产品。TCL 多品牌整合策略的目的在于通过发挥各个品牌的独特优势获取更多的市场份额，并扩大企业的产品产量实现规模经济（李健，2004）。

此外，很多知名企业间的并购也都采用双品牌战略，惠普和康柏合并就是其中的典型，作为两大主要电脑生产商，二者都具有响亮的品牌和互补性的优势领域，因此二者的联姻也被视为是应对戴尔竞争的强强联合（专栏 7-20）。

【专栏 7-20　基于比较优势的多品牌整合模式】

美国电脑巨头惠普公司于美国当地时间 2001 年 9 月 4 日宣布，将以 250 亿美元的股票收购方式收购美国另一著名电脑制造商康柏公司，此次并购成为 IT 行业有史以来规模最大的并购活动。合并前的康柏与惠普分别是全球 PC 行业的老二与老三，老大戴尔（DELL）公司对它们构成极大的威胁。由于市场不景气及价格战盛行，两公司的 PC 销售均不尽如人意，如果合并后新公司在服务器市场的占有率会提高到 37%，将有力地巩固康柏目前的领导地位。但惠普和康柏具有类似的产品线和产品，那么并购后惠普如何化解品牌难题呢？并购之后的惠普决定采取多品牌策略，因为虽然两家都属 IT 行业，然而康柏是以电子类产品见长，例如家用电脑、手提电脑及其相关的配件等；而惠普则在影像类产品及其周边设备上略胜一筹。康柏的个人电脑类产品销售额要远远高于惠普，惠普正是看中了康柏的这一无形资产，它继续在其优势产品上沿用"康柏"这一品牌来扩大自己在个人电脑类产品方面的销售，同 IBM、DELL 等对手竞争（孙丽君，吴异光，2002；刘琪，2004）。

---

3. 新品牌整合模式

意味着建立一个全新的品牌形象，并购完成后公司将启用一个全新的名字和标志。这种模式的优点在于以全新的形象标志着新的开始，吸引新投资者的资金注入，同时新品牌也往往意味着一个新的经济增长点。缺点在于新建品牌的推广会花费较多的时间和精力，因而成本较高，同时没有很好地利用原有品牌的影响力，因此相对而言风险较高。典型案例如 2005 年 5 月，在产品生命周期管理软件方面拥有先进技术的世界知名法国达索集团与 ABAQUS 软件公司合并，组成达索 SIMULIA 公司。达索并购 ABAQUS 后，二者联合共同开发新一代的模拟真实世界的仿真技术平台，并将 SIMULIA 作为该技术平台的新品牌。2009 年 3 月，芒果网完成对易休旅行网的收购和业务整合，并在此基础上推出全新品牌——青芒果旅行网（丁娅琳，2005；高江虹，2009）。

4. 联合品牌整合模式

这是指合并两家公司的品牌名称和标志（专栏7-21）。这种模式的优点在于既保留了原有品牌的价值，又清晰反映了新的变革，传达出双方各种资源的相互融合以发挥"协同效应"，使外界感觉到一个更强大组织的出现。缺点在于联合品牌维持时间过长将会使得原有品牌的个性和战略定位相对模糊，在一方强势的情况下，另一个品牌有被同化的危险，最终可能会导致合同到期时无法分离，或者分离时造成客户流失等风险的出现。同时顾客会担心双方的合并会不会造成价格垄断，从而减少消费者效用，同时双方员工和投资者都会存在一定的疑虑，协同效应能否出现和效果如何直接决定了成功与否（唐少清，白素英，2007；余光卓，康佳丽，2007）。

【专栏7-21 知名品牌的强强联手】

知名品牌被广泛认可的原因在于其在消费者心中的明确定位，而品牌联合则预示新品牌将集二者特征于一身从而实现强强联手。瑞典知名电信设备制造商爱立信公司与日本电子消费品制造商巨头索尼公司联合开展手机业务并将产品品牌定名索尼－爱立信，开创了品牌合作的新纪元。爱立信代表电信设备制造专家和高规格的产品品质，而索尼则代表着时尚与潮流，二者品牌内涵的结合成就了索尼－爱立信这家全球第五大手机厂商。

此外，中国台湾明基电通集团联合德国西门子组成新的运营实体 BenQ-Mobile，并推出了 BenQ-Siemens 联合品牌手机，戴姆勒－奔驰公司和克莱斯勒公司合并成立戴姆勒－克莱斯勒公司等，都是此种品牌整合模式的典型案例。

品牌整合不是简单的品牌叠加，企业需要从整体性、全面性、战略性的角度出发，考虑各方面影响因素并估计员工、投资者、顾客等多方面的利益关系，在此基础上方可结合企业发展战略选择适合的管理方式。同时，品牌优势的建立是一个长期过程，因此为进一步提升品牌形象企业还需要从多个方面不断地进行品牌深化，通过开展文化建设夯实并购企业的品牌精神，通过对企业员工的品牌教育，增强他们的品牌意识以及维护品牌意识的责任感与使命感。通过广告宣传拉近与客户之间距离等，实现企业发展战略、管理制度、企业文化、人力资源等众多方面的协同推进。只有这样才能保证品牌资产优化的同时不断塑造时代鲜明的品牌形象特征，进而实现企业的飞速发展与利润的持续增长。

七、发挥协同效用

通过上述分析可以看到，并购整合实际上是一套集全球战略、管理思路和整合方式为一体的系统工作，涉及战略、财务、人力资源、品牌、文化等多个方面。整合的目的在于通过企业生产要素的重新配置发挥协同效用，以实现价值增值和企业的战略目标，因此相关契约和资源整合的效果是跨国并购成功与否的关键环节。现有大量并购案例表明，对同样的并购资产，在不同企业的领导下通过不同方式的整合，最终的效果往往存在着天壤之别。仅仅追求跨国并购的表面效应，忽视并购后的有效整合及绩效评价将最终导致企业并购的失败。

对于发展迅速不断壮大的中国企业而言，部分知名企业已经拥有一流的技术水平、雄厚的资金实力、便捷的融资渠道，具备通过海外并购实现跨越式增长的硬要素。但与之相比，跨国经营管理经验和组织能力往往是中国企业最为欠缺的，而这些软要素作为连接各项生产要素的纽带，是维持企业健康运行的润滑剂，在并购整合过程中发挥着不可替代的作用。通过对现有科技型企业跨国并购案例分析，从中总结成功经验和失败教训，对指导中国企业开展跨国并购，提高整合的能力和水平，降低并购风险都具有重要现实意义。

第四篇　中国企业实施跨国科技

并购的问题与对策

　　跨国并购作为提升中国企业竞争力、促进其迅速成长的一个途径，越来越受到中国企业的重视，但相比于其他西方国家的跨国公司，中国企业跨国并购的开展时间较晚，仅有 20 年左右的并购史，纵观中国企业 20 多年的跨国并购史，中国企业的海外并购业务仍存在着一些问题，制约甚至阻碍着企业的进一步发展。

　　本篇结合当前跨国并购的形势，在分析、梳理与提炼中国企业在跨国并购中存在和面临的现实问题的基础上，指出中国企业的不足以及亟待改进之处，提出相应的对策建议，以期通过政府的政策引导、扶持，企业自身技能的提升等来实现跨国并购的完成。

第八章　中国科技型企业跨国并购的
现实问题与对策

第一节　中国科技型企业跨国并购面临的现实问题

中国企业在走出去进行跨国并购过程中主要面临五方面的问题。

第一，由于信息服务机构的缺位，众多拟"走出去"并购的企业无法获取关于国际规则、相关法律法规等必要的信息，使得中国企业在对跨国并购的系统规划不足、缺乏可行性分析的情形下就进行并购增加了不确定性和风险，中介服务机制和法规不健全，使得中介服务机构的作用在并购过程中不能得到充分发挥。

第二，宏观体制机制的不完善，效率低下导致跨部门的协调很难实现，使得资源整合、协同效应无法充分发挥，表现在以下4方面：①审批制度僵化，程序复杂。按照现行规定，海外投资超过一定规模的项目，需要上报国家有关部门审查批准，从并购计划的报告上交，到相关部门审批，再到最后的审批结果下发，至少需要一个半月的时间，这不但增加了企业开展跨国并购的难度，也影响了并购的时机，尤其是面对着瞬息万变的国际并购市场，虽然企业可以迅速就并购做出判断，但由于政府环节冗杂、效率低下的审批程序使中国企业错过稍纵即逝的并购时机，在一定程度上挫伤中国企业海外并购的积极性。②滞后的金融改革无法为企业提供金融支持。中国企业在进行海外并购时会受到国内贷款额度和特定的外汇额度等限制，影响了跨国并购的企业的融资能力，使得不少已经走出去的企业很难发挥国内的力量实现对境外项目的强有力支持，从而失去了一些有利的跨国并购机会。③宏观战略管理滞后，行政干预过多。政府不能针对经济形势变化制定、出台相应的政策，对企业行为进行宏观战略指导和管理。中国目前还缺乏相关的产业政策和产业指导规范对拟"走出去"的企业进行指导，使得众多企业处于无序状态，影响了中国企业海外并购的效率和效果。中纪委、财政部、外经委、外汇管理局以及相应主管部门都对跨国投资、并购进行干预，而没有一个机构能负责统一的协调和战略指导，且管理制度僵化，办事效率低下，严重妨碍了我国企业的跨国并购。④保险体系的缺乏。中国银行制度市场化的滞后，金融体系不健全，资本市场不发达，使得中国企业缺乏好的融资环境和融资渠道，难以在国际市场上与其他国际性大公司竞争。

第三，70%的企业在跨国并购完成后，由于整合不好使得并购以失败告终，而当前中国对"走出去"并购的企业还没有制定相应的配套的优惠政策，以及相关并购法律的缺位使得很多企业在并购后的运营中存在障碍，受到一些国际规则、法律的影响和制约。

第四，在跨国并购交易过程中，中国企业除了可能遭遇商业风险，还会受到各种政治风险和压力的影响。政治风险和压力不仅包括东道国的政治动荡和社会不安、税收和企业国有化等情况，还可能包括来源于东道国对外资并购的审查程序本身，更多的可能来自于对中国参与的跨国并购的误解和偏见，两个国家意识形态的差异，或者双边贸易不协调，高调的并购宣传和激进的并购行为也可能引起东道国政府的警惕，从而导致政治压力产生。这些政治风险一旦发生，对中国企业而言将是致命性的打击。

第五，中国企业的跨国并购多是企业出于自发性的考虑，集中在第一、二产业，很少涉及第三产业。在跨国并购过程中，政府的引导作用没有得到充分发挥，形象工程和指令性摊派现象严重，而没有以市场机制为主导，在完善的市场机制带动下进行跨国并购。

第二节　对策与建议

一、构建信息平台，完善法律法规，培育中介服务

借鉴发达国家为其跨国并购的企业提供相关信息服务的经验，建立涵盖商务部门、金融机构、海外机构、中介服务机构、驻外使领馆等的跨国并购信息服务平台，为中国企业提供信息服务、项目咨询以减少企业决策失误。

首先，通过完善的情报体系和信息网络，强化信息、情报搜集，形成高效、灵敏的情报机制，及时掌握国际产业和企业动向，尤其及时掌握发达国家或处于技术领先地位的，被列入破产倒闭和需要并购的企业情况，以便为中国企业提供全面而可靠的信息，帮助企业进行项目评估，准确而迅速地做出并购决策，在跨国并购投资活动中取得更大的主动性，提高企业海外并购的应变能力和决策能力。

其次，由于跨国并购是一项复杂的系统工程，需要周密、系统的规划，在可行性分析基础上制定科学、可行、最优的策略完成并购。跨国并购信息服务平台主要从四方面为我国企业跨国并购提供帮助。第一，通过信息服务平台对并购目标企业所在国的相关政策、法律法规及国际规则的解读，在全面了解、遵守国际规则和东道国相关法律法规后，以相关规则、政策法规为指导，绕开规则的限制，避免违法行为的发生，从而提高跨国并购的成功率。第二，在信息平台的指

导下制订正确的、系统的战略规划，根据国际市场的竞争状况，结合自身的优势，合理选取并购的目标企业，在具有发展前景的产业展开并购，减少并购的风险及不确定性。第三，通过可行性分析确定合适的并购对象。建立信息服务平台，对目标企业的背景、有形和无形资产、所处产业的发展前途、运营情况等进行考察和评估，权衡利弊选取合适的对象。第四，科学评估目标企业的价值。尽可能利用信息服务平台获取关于目标企业的商业秘密、会计准则等有意隐瞒的问题，使得拟并购企业可客观的评价目标企业的价值，降低由于过高估价而导致并购成本增加的可能性。

再次，根据国际经验，高效的中介服务机构在企业跨国并购过程中发挥至关重要的作用。由于中国服务业市场化程度不高，很多企业没有意识到中介机构的重要性，使得中介服务机构无法充分发挥作用。同时由于相关的法律法规不健全、机制的不完善，在中国律师事务所、会计师事务所、评估事务所以及投资银行等中介机构尚处于初级发展阶段，其服务水平远未达到市场经济的要求，所以当前中国在吸引、鼓励和推动越来越多的国际知名中介机构进入中国的同时，培育国内的中介机构，通过与国外有实力的中介机构的合作，充分利用其信息渠道和关系网络来拓展自身的业务能力和范围，为中国企业跨国并购的事前咨询、并购方案设计、并购融资以及并购后的整合提供智力和财力支持。

最后，通过中介机构相关政策法规的制定，体制机制的完善，整顿中介市场，加快中介机构的信用制度的建立，强化对中介机构的监督和管理，确保中介服务机构独立、客观地为企业提供服务，因为当前中国大多数企业在跨国并购过程中仍依赖于国外中介服务机构，这无疑大大增加了其并购成本，所以中国应极力推进中介服务机构的建立、培育和发展，尽快形成具有国际影响力的，为中国企业跨国并购提供全方位的辅助服务。

二、简化审批程序，提高办事效率，实现跨部门协同

对并购中涉及的审批程序、外汇管制、保险支持等有关问题制定适用的操作方法和程序，简化跨国并购的审批制度，加快金融体制的改革，建立相应管理机构为并购的战略提供指导，并完善中国企业跨国并购的保险支持，实现跨国并购的法制化、规范化。

第一，完善对外投资审批制度，简化审批手续，提高政府部门办事效能。改变跨国并购多头管理的状况，逐步实行"一站式"审批，尝试设立专门管理机构对对外投资、并购进行审批，简化程序，方便企业对外投资，实行审批限期制以提供高效服务，使得中国企业在看准时机的情况下可以迅速地做出决策，并采取行动，把握并购时机，不仅会提高并购的成功率，也将刺激中国企业跨国并购

的积极性。

第二，加快中国金融体制改革的步伐，尽力完善金融体系，使其与国际金融体系接轨，开拓国际化的投融资渠道。政府应适当放松对企业的金融控制和外汇管制，在必要时政府为其提供担保，确保走出去的企业能够在国家政策的支持下实现良好的运营，企业则应通过在国际金融市场上发行股票、债券或成立基金等直接筹集国际资本，扩大海外资金来源，避免由于金融体制的弊端使得企业在跨国并购中失去良机。

第三，设立统一、独立的管理机构，建立统一的管理体制，制定有关中国企业跨国并购投资制度有关的方针政策和管理措施。国家可在商务部的境外投资管理机构下设立跨国并购管理处，及时协调发改委、商务部、中国人民银行、财政部等各相关部门的工作，为中国企业并购提供政策方面的指引和咨询服务，及时解决实践中出现的各种问题，为相关企业指明产业发展导向，通过制定详细的产业结构调整计划及鼓励或限制、禁止跨国并购的产业政策，从宏观指导企业的跨国并购行为，引导企业向优化国内产业结构、产品结构和产业组织结构的方向发展。设立一套科学的企业绩效综合评价体系，通过量化指标对"走出去"并购的企业进行客观评价，加强对跨国并购企业的统一监管，确保中国企业跨国并购活动健康稳定地发展。

第四，借鉴发达国家的经验，建立健全企业跨国并购的投资保险制度，为企业跨国并购提供必要的保险支持，使得中国企业可以充分利用健全的资本市场和保险制度保证投、融资环境与渠道的畅通。促进对外投资企业加强与风险投资公司、保险公司的联系建立风险共担机制，帮助中国企业防范和化解海外并购风险。

三、完善相关法律法规，提供并购后运营支持

中国政府应对"走出去"并购的企业提供相应的税收减免、融资优惠等以促进并购企业能够迅速、有效地完成对目标企业的整合。通过对跨国并购企业给予一定年限的税收减免，与目标企业所在国签订避免双重征税的协议，为跨国并购企业提供低息贷款等以维护跨国并购企业的利益。通过促进并购企业与银行等金融机构的合作降低其在资本运营上的成本和风险，通过建立健全、完善中国的风险投资机构，设立海外投资基金，为跨国并购的企业提供资金保障和扶持，从根本上消除企业在投融资上的顾虑，并将对其并购后整合和运营起到至关重要的作用。增加中国金融机构的海外分支机构的数量，扩大其业务范围，在经营东道国的业务外，可以为中国跨国并购企业直接提供资金，也可通过开发当地融资市场或利用当地的业务关系为企业争取运营资本。

加快制定、建立和完善跨国并购的相关法律体系以应对瞬息万变的跨国并购大环境，从而利用法律手段和市场经济手段来促进跨国并购的实现，并逐步改善行政摊派对跨国并购的指导。对涉及并购的处理、债务安排、税收程序、人员安排等相关内容做出明确的规定和制度安排，完善与跨国并购相关的配套的法律法规，明确跨国并购相关的经营主体、审批程序、经营范围、产业政策、所有权形式、法律形式、企业内部管理体制、利润分配及双重征税等问题的界定，进而实现对跨国投资、并购企业的监督与监管，从法律上确保企业在并购后的运营状况。

四、化解国际政治压力，构建和谐并购环境

随着国内经济发展和企业自身成长需要，跨国并购仍将是发展中国家有效提升创新能力的主要途径之一，而涉及的领域将主要集中在能源、金融、通信、电子等重要产业和关键技术领域。因此，政府有必要重视西方国家对中国企业跨国并购的政治压力，并采取有效手段应对和化解。

首先，政府在利用经济手段鼓励企业对外投资方面可以继续加强，但在企业跨国并购的过程中要保持中立，尽可能淡化中国企业对外投资的官方背景。例如，在中海油宣布竞购美国优尼科公司以后，美国国会众多议员以"能源威胁"、"国家安全"以及"获取核心技术"等借口，要求财政部所属的外资委员会（CFIUS）对该项交易进行严格审查，目的就是要采取政治方式阻止该项交易进行，其中各方面反对中海油并购美国优尼科公司最主要原因就在于中海油作为中国石化三家国企之一，拥有强烈的官方背景，而美国优尼科公司在美国拥有先进技术，一旦中海油获得对其控制权，很有可能构成对美国国家安全的威胁，所以禁止交易的发生。

其次，企业可采用国际化手段，如在东道国聘请公关公司游说该国国会议员等，逐步消解政治阻力，达到顺利投资的目的，在此过程中，最好是能够事先取得目标公司的配合。在联想收购 IBM 的过程中，由于联想首先和 IBM 在收购问题上达成了一致，因此，IBM 在促成该项收购顺利完成的过程中不遗余力，派出大量人员游说美国政府批准该项收购，并最终如愿以偿。这可以在很大程度上为我国以后企业的对外投资活动提供借鉴。

再次，跨国并购政治压力产生的原因可能来自于双边关系。例如，由于两个国家意识形态的差异，或者双边贸易不协调，或者是由于发达国家因担心中国的崛起，在面对跨国并购等较大国际投资时，东道国政府往往借题发挥，对企业之间正常的商业行为施加政治影响。针对这一问题，中国政府一方面可考虑优先选择与中国政治关系好、经济合作意愿强、与中国有较强经济互补性的国家和地

区，尤其是周边国家和地区。另一方面，应该对重点国家展开有针对性的"商业外交"，在涉及大型跨国并购时，政府相关部门应该相互协调、保持沟通，对外形成统一决策，而不是各自为政。同时，国家外事部门可以在对外交往过程中承担更多经济职能，为我国企业跨国并购提供更多服务与保障，例如跨国并购的官方协调、政治风险的预测与评估以及相关风险的规避策略指导等。另外，就是在发生政治阻挠时，发动更多外交攻势，争取将跨国并购的风险降至最低。

最后，在对东道国敏感领域和关键企业的并购过程中，中国政府应该明确自身定位，尽可能消除外国政府对跨国并购的敌视。针对这一问题，企业可以在政府的帮助下，采取灵活有效的并购方式，令东道国政府更加容易接受。邀请东道国企业和投资机构加盟并购团队，通过并购主体的多元化以避免并购被视为国家行为；同时，在并购目标公司的具体过程中，也可以先以合资或合作的方式进行，等待政治压力减轻时再进行并购交易；另外，参与并购的企业也可以不采取全资并购的形式，而只采取控制型并购，等待条件成熟再进一步并购。

五、发挥政府引导和扶持作用，减少"行政动员"和"政绩工程"

对于企业之间的跨国并购行为，政府的引导作用应该体现在促进产业整体发展的宏观层面，而不应该是利用跨国并购来衡量自己的政绩，避免形象工程。根据国际并购的发展趋势，发达国家参与国际并购以第三产业为主，并且集中在资本密集型和技术密集型领域。我国企业参与跨国并购起步较晚，但发展较快，基本涵盖了第一、二、三产业。在 2005 年以前，主要为第一产业当中石油、矿产等资源开发型企业为主，第三产业较少。近些年来，传统第一产业的并购仍然占有较大比例，但是第三产业也发生了一些较大的并购案例，由相关统计数据可知，如果以投资规模作为衡量标准，目前我国跨国并购的主要产业已经由以往的第一、二、三产业的排序转变为第三、一、二产业的排序，显示出与国际并购的产业发展相同的趋势。在世界范围内，三个产业的并购存在各自的重点区域。第一产业主要集中在资源比较丰富的国家，例如，石油并购主要发生在东南亚、俄罗斯，矿产并购主要发生在拉美、澳大利亚等地；第二产业主要集中在贸易壁垒较高的国家，例如，海尔公司收购意大利麦尼盖蒂公司，TCL 收购德国施奈德公司等；而第三产业主要集中在发达国家和新兴市场经济实体。另外，虽然不同企业并购的动因各有差别，但是相同产业内的企业往往具有相似性。与大型国有企业获取战略性资源不同，在第二、三产业中，很多非国有企业跨国收购的主要动因是希望获取世界领先的技术，提高企业的研发能力。因此，政府应该发挥其宏观层面的引导作用，针对中国目前不同产业的发展现状和发展需求，结合全球跨国并购的区域分布特征，帮助企业完成收购活动。

　　以获取先进技术为目的的并购，应该主要定位于北美、欧洲、日本等发达国家；以获得战略资源储备为目的的并购，应该定位于环太平洋、中东等资源丰富的地区；以拓展市场空间、实现产业转移为目的的并购，应该选择经济发展水平较低、劳动力成本低廉的地区，如非洲、东南亚等发展中国家；以绕开贸易壁垒、减少贸易摩擦为目的的并购，应该直接选择美国、欧盟或者与其有关税协议的地区。另外需要指出的是，虽然政府在企业跨国并购活动中具有重要作用，但是不应该影响到企业参与跨国并购的主体地位。跨国并购产生的基本条件来自于企业自身生存和发展的内在要求，而其能否成功的关键环节取决于收购企业对自身发展战略的客观分析，对目标企业选择的科学决策以及并购结束对被收购企业的有效整合。因此，政府在企业跨国并购过程中应该找准自身的定位，更多通过产业支持与优惠政策等市场调节手段参与并购。同时，并购各个环节也应该淡化政府色彩，弱化政府操纵，以降低跨国并购的盲目性，避免"政绩工程"类型的跨国并购发生。

参 考 文 献

艾珍珍. 2004. 思科的并购艺术. 企业管理, (12): 48, 49

白洁. 2008. 华为收购受挫触动国家安全意识. 信息安全与通信保密, (3): 14

曹婧逸. 2007-8-24. 路明集团谱写"创新四部曲". 中华工商时报

畅言. 2009. 跨国并购 2008 年下滑三成. 资本市场, (3): 108

潮阳. 2005. 双赢才是王道. 视野, (13): 110～112

陈弘. 2006. 企业跨国并购中的文化冲突与整合. 求索, (7): 88～90

崔瑜. 2008. 2007 年五大并购之华为渐变. 互联网周刊, (2): 40, 41

道格拉斯·R. 爱默瑞. 1999. 公司财务管理(下). 北京: 中国人民大学出版社

邓小河. 2000a. 并购有道"思科"崛起的秘诀. 中国信息导报, 4: 44～46

邓小河. 2000b. 思科公司崛起之路. 世纪风, (5): 26～28

丁娅琳. 2005-06-14. ABAQUS 加入达索联合舰队. http://articles. e-works. net. cn/cae/
   article30834. htm

杜舟. 2008. 美国政客疑神疑鬼以中企为敌手, 华为收购 3Com 一波三折终流产. IT 时代周刊,
   (7): 66, 67

菲尔德曼, 斯普拉特. 2003. 并购. 黄宜寺译. 海南: 海南出版社

干春晖. 2005. 并购案例精粹. 上海: 复旦大学出版社

高江虹. 2009-03-26. 芒果网与易休网并购收官. http://nf. nfdaily. cn/epaper/21cn/ content/
   20090326/articelJ19004fm. htm.

高毅. 2006. 中国企业跨国并购方法研究. 商业时代, (4): 74, 75

高玉玲. 2007. 联想集团跨国并购及整合研究. 成都: 西南财经大学硕士学位论文

桂港. 2006. 思科: 善良的并购大鳄. 中外管理, (6): 30～32

郭凌云. 2007. 中国企业跨国并购案例分析. 合作经济与科技, (9): 16, 17

郭伟. 2003. 科技型企业并购战略研究. 南京: 南京工业大学硕士学位论文

郭元胜. 2003. 品牌整合模型研究. 企业研究, (1): 40～43

国家发展和改革委员会外事司. 2008. 2008—2009 世界经济展望. 中国经贸导刊, (24):
   24, 25

何伊凡. 2006. 路美芯片组合拳高手. 中国企业家, (10): 73

胡丹. 2005. 美国并购国家安全审查制度法律问题研究——兼论对构建中国相关制度的借鉴.
   北京: 中国政法大学硕士学位论文

胡飞, 黄玉霞. 2008. 跨国并购国际特征与中国政策. 沿海企业与科技, (7): 8, 9

胡康秀, 喻琼. 2002. 中国企业核心竞争力培养的两种国际渠道. 湖北商业高等专科学校学报,
   14 (4): 30～32

胡嫒．2006．闪亮的生意．IT 经理世界，（8）：100～103

胡宗良．2005．联想收购 IBM 个人电脑业务的价值评价．经济管理，（7）：75～78

黄国成，郭艳琼．2003．蛇吞象：一桩国际并购案的财技与暗影——京东方收购韩国现代 TFT-
　　LCD 业务的财务分析．时代财会，（11）：30～33

黄中文，李玉曼，刘亚娟．2006．跨国并购实务．北京：中华工商联合出版社

李凡，吴娟．2007．冲突——收购 IBM 后联想的薪酬方向．法制与社会，（9）：562

李惠，陈英，马利军．2004．思科公司的并购之道．新理财，（1）：32～34

李婕．2004．TCL 汤姆逊合并案赏析．企业家天地，（1）：34，35

李萍．2005．中国企业跨国并购的动因分析——联想收购 IBM PC 案例的分析．市场周刊，
　　（4）：103，104

李松嫒，王坤．2008．中国企业跨国并购的跨文化管理研究——以明基收购西门子手机业务为
　　例．黄河科技大学学报，（4）：62～64

李维安．2001．中国公司治理原则与国际比较．北京：中国财政经济出版社

李夏，季红．2004．华立：核心技术收购的先锋．经济导刊，（6）：26～36

李煜耀．2008．我对明基收购西门子手机失败的感悟．IT 时代周刊，（21）：21

李远．2008-06-25．诺基亚 4.1 亿收购 Symbian 对抗谷歌 Android．http：//news. ccidnet. com/art/
　　1032/20080625/1486293_ 1. html

梁咏．2009．美国国家安全体制下的中国海外投资保障研究——基于中海油收购优尼科案分析
　　的视角．国际商务研究，（1）：44～51

刘楚峰．2007．联想集团并购整合 IBM PC 业务问题研究．大连：东北财经大学硕士学位论文

刘耕耘．2008．中国企业跨国并购战略研究．北京：北京林业大学硕士学位论文

刘和平．2006．美国反托拉斯法上的外资并购控制及启示．现代法学，（5）：182～193

刘力．2006-09-19．风起云涌的跨国并购．http：//www. china. com. cn/xxsb/txt/2006-09/19/con-
　　tent_ 7173714. htm

刘丽靓．2008-11-19．产权市场：经济过冬 并购正火．http：//zqrb. ccstock. cc/html/2008-11/
　　19/content_152732. htm

刘鹏．2007．TCL 国际化失败给中国企业的启示．黄山学院学报，（12）：98～100

刘琪．2004．惠普康柏合并案．国际融资，（1）：48～51

刘文纲．1999．企业购并中的无形资产协同效应分析．经济体制改革，（6）：74～78

刘雪梅．2006．明基整合之战．IT 经理世界，（2）：28，29

闻海琪．2009-03-27．2008 年全球外国直接投资下降．http：//finance. stockstar. com/JL2009032
　　700001111. shtml

罗清启．2005．海尔竞购美泰克"换车主版"的并购．世界机电经贸信息，（7）：55

罗洋．2007．联想与 TCL 跨国并购比较研究．重庆：重庆大学硕士论文

马克·菲尔德曼，迈克尔·斯普拉特．2003．并购企业在重大重组中必须面对的七大困惑．海
　　口：海南出版社

孟茹，任中锋．2005．企业购并后的品牌整合管理．企业研究，（2）：50，51

潘爱玲．2004．跨国并购中文化整合的流程设计与模式选择．南开管理评论，（6）：104～109

潘爱玲．2006．企业跨国并购后的整合管理．北京：商务印书馆

潘思言 . 2002. 华立的"美国式收购". 大众商务,(6):8,9

庞雅 . 2005. 两年之痒——TCL 收购施耐德案例评析 . 中国质量与品牌,(2):29,30

清科研究中心 . 2009-04-20. 一季度跨国并购保持活跃,能源、生技/健康行业并购下滑 海外
    并购政策环境日益宽松,VC/PE 相关并购总额同比增 6 倍 . http://news. zero2ipo. com. cn/
    n/2009-04-20/2009417113017. shtml

单宝 . 2006. TCL 跨国并购之痛——中国企业跨国并购警示录 . 上海企业,(1):68~70

沈乎 . 2008- 01- 18. 2007 年中国跨国并购创新高 . http://www. caijing. com. cn/2008- 01-
    18/100045648. html

石连运 . 2002. 论新经济对跨国公司财务管理的影响 . 齐鲁学刊,(5):137~141

石少侠 . 1994. 美国公司法概论 . 吉林:延边大学出版社 . 344~351

史建三,赵永 . 2008. 换股并购若干法律问题研究 . 东方法学,(1):24

苏永彪 . 2009. 论跨国并购财务整合的风险及防范 . 财税金融,(2):25

孙丽君,吴异光 . 2002. 惠普康柏合并后的世界 IT 格局 . 中国电子商务,(5):16~20

孙宇光 . 2004. 从"戴姆勒 – 奔驰"与"克莱斯勒"合并案例看收益法在企业并购中的运用 .
    中国资产评估,(1):19~22

谭浩俊 . 2009- 06- 10. 中国海外并购怎么才能不当冤大头 . http://news. xinhuanet. com/com-
    ments/2009-06/10/content_ 11514219. htm

唐少清,白素英 . 2007. 企业并购中的品牌整合策略 . 商业时代,(17):31,32

陶琳 . 2008. 企业跨国并购与资源整合过程中的财务风险控制——基于 TCL 的案例研究 . 江苏
    纺织,(10):20~22

汪继峰 . 2001. 思科公司在这样并购 . 世界潮流,(6):36,37

汪力成 . 2005. 进去之前先想好出路 . 企业文化与管理,(10):25,26

王朝晖,徐波 . 2005. 企业跨国经营中的文化冲突和融合 . 经济与管理,(5):17~23

王东 . 2004. 中国企业"走出去"的成功典范——京东方收购韩国现代 TFT-LCD 业务 . 会计
    师,(10):30~34

王坤 . 2006. TCL 跨国并购分析 . 北京:对外经济贸易大学硕士学位论文

王礼,冯戈 . 2003-02-13. 京东方收购现代 TFT-LCD 业务将自主生产液晶面板 . 国际金融报

王亮 . 2005. 企业并购与企业成长的探讨 . 理论界,(7):58~60

王琳 . 2005. TCL 并购阿尔卡特的教训 . 企业改革与管理,(9):7

王英杰 . 2004. 京东方并购的启示 . 北京:清华大学工商管理硕士专业学位论文

王钰 . 2006. 从 TCL 跨国并购视角看中国中小企业国际化战略 . 管理世界,(3):150,151

王元地 . 2005. 联想 + IBM = 世界第三 . 软件工程师,(3):84~88

魏彩慧 . 2006. 我国企业跨国并购方式的选择 . 企业活力,(1):8,9

文顺风 . 2003. 3. 8 亿美元的豪赌——京东方收购 TFT-LCD 业务 . 中国科技财富,(3):34~38

文心 . 2005. 联想演绎新蛇吞象的故事——收购 IBM 个人电脑事业部 . 市场论坛,(1):44,45

文照谋 . 2005. TCL 并购阿尔卡特手机遇融合难题遭离职风波 . 中国经营报,(3)

吴非,胡逢瑛 . 2005. 中国跨国企业并购案与国际传播技巧——以联想与 IBM 并购案为例 .
    探索经纬,(6):34~36

吴添祖,陈利华 . 2006. 跨国并购获取核心技术——中国企业核心竞争力的培育模式 . 科学学

与科学技术管理，27（4）：139～143

吴夏莉．2006．中国企业跨国并购研究——以联想与 TCL 跨国并购为例．北京：对外经济贸易
　大学硕士学位论文

晓虹．1999．思科：成功的秘密．市场与电脑，（10）：7～9

谢华，朱丽萍．2008．企业国际并购风险研究．科学与管理，（6）：54～58

谢柳芳．2008．刍议跨国战略并购财务整合的分析．经济师，（6）：90，91

熊焰．2009．跨国并购布局全球．商界评论，（1）：67～70

许博．2008．中国企业跨国并购的制约因素及对策研究．青岛：中国海洋大学硕士学位论文

亚历山大·里德·拉杰斯科斯．2001．并购的艺术：整合．北京：中国财政经济出版社

杨逢柱．2007．美国对跨国并购的国家安全法律审查制度研究．厦门：厦门大学硕士学位论文

杨泉．2002．跨国企业中的跨文化管理．中国人力资源开发，（3）：13～16

杨作媛．2007．从戴姆勒克莱斯勒并购案论文化对跨国并购的影响．北京：对外经济贸易大学
　硕士论文

佚名．2009-02-08．2009 开年遭遇裁员月　高科技企业全线受损．http：//tech. sina. com. cn/it/
　2009-02-08/09412802587. shtml

余光卓，康佳丽．2007．企业并购中的品牌管理．消费导刊，（7）：92，93

臧恩富．2007-04-29．论资产并购中的股东权保护．http：//www. law - lib. com/lw/lw_ view. asp？
　no = 8223

张诚．2007．大连路明的惊险一跃．销售与管理，（8）：48～51

张承耀．1999．品牌价值与企业价值．中国工业经济，（2）：70～74

张华侨．2002．华立世纪豪赌赢在哪里？财经界，（6）：46～49

张文联．2006-10-18．发达国家产业安全的保护之路．http：//www. c007. com/fwxr/6023. htm

朱继东．2005．海尔竞购美泰克跨国并购蜀道行．财富智慧，（6）：76～79

Ackerly J，Larsson M. 2005. The Emergence of a Global PC Giant：Lenovo's Acquisition of IBM's Pc
　Division. Harvard Business School Paper

admin. 2009-10-22. 诺基亚-Symbian 交易的七大重要意义．http：//www. 587766. com/ypnew_
　view. asp？id = 529

American Bar Association. 2009-04-06. Model Business Corporations Act. http：//www. abanet. org/
　buslaw/committees/CL270000pub/nosearch/mbca/home. shtml

Federal Trade Commission，Department of Justice. 2009-04-08. Hart-Scott- Rodino Annual Report Fis-
　cal Year 2007. http：//www. ftc. gov/os/2008/11/hsrreportfy2007. pdf

Li Yan- Ru. 2009. The technological roadmap of Cisco's business ecosystem. Technovation，29（5）：
　379～386

Nahavandi A，Malekzadeh R. 1998. Acculturation in Mergers and Acquisitions. Academy of manage-
　ment review，13（1）：27～51

Securities and Exchange Commission. 2009-04-15. General rules and regulations promulgated under the
　Securities Exchange Act of 1934. http：//www. law. uc. edu/CCL/34actrls/index. html

Securities and Exchange Commission. 2009-04-15. Trust Indenture Act of 1939. http：//
　www. investopedia. com/terms/t/trustindentureactof1933. asp

UN Conference on Trade and Development. 2009-04-15. World investment report. http：//www. unctad. org/Templates/webflyer. asp? docid = 11911&intItemID = 3492&lang = 1

United States Department of Defense. 2009-02-20. Section 721of the Defense Production Act of 1950, 50 U. S. C. App. 2170. http：//www. treas. gov/offices/international-affairs/cfius/docs/Section-721-Amend. pdf

United States Department of Justice. 2009-04-16. Exon-Florio Amendment. http：//content. lawyerlinks. com/default. htm # http：//content. lawyerlinks. com/sec/m_a/cfius/1_cfius_bridge. htm

United States Department of Justice. 2009-04-16. Foreign Investment and National Security Act of 2007. http：//www. treas. gov/offices/international-affairs/cfius/docs/FINSA. pdf

United States Department of Justice. 2009-04-20. Hart-Scott-Rodino Antitrust Improvements Act. http：// www. ftc. gov/bc/docs/statute. pdf

United States Department of Justice. 2009-04-20. Regulations pertaining to mergers, acquisitions, and takeovers by foreign persons. http：//www. treas. gov/offices/international-affairs/cfius/docs/CFI-US-Final-Regulations-new. pdf

United States Department of Justice. 2009-04-20. Sarbanes-Oxley Act of 2002. http：//fll. findlaw. com/ news. findlaw. com/hdocs/docs/gwbush/sarbanesoxley072302. pdf

United States Department of Justice. 2009-04-20. Securities Act of 1933. http：//www. law. uc. edu/ CCL/33Act/index. html

United States Department of Justice. 2009-04-22. Securities Exchange Act of 1934. http：//www. law. uc. edu/CCL/34Act/index. html

United States Department of Justice. 2009-04-22. The Clayton Antitrust Act. http：//www. stolaf. edu/ people/becker/antitrust/statutes/clayton. html

United States Department of Justice. 2009-04-22. The Federal Trade Commission Act. http：//www. law. cornell. edu/uscode/html/uscode15/usc_sup_01_15_10_2_20_i. html

United States Department of Justice. 2009-04-23. The Investment Advisers Act of 1940. http：//www. law. uc. edu/CCL/InvAdvAct/index. html

United States Department of Justice. 2009-04-23. The Investment Company Act of 1940. http：//www. law. uc. edu/CCL/InvCoAct/index. html

United States Department of Justice. 2009-04-25. The Sherman Antitrust Act （1890）. http：//www. stolaf. edu/people/becker/antitrust/statutes

附录1 美国并购规制体系

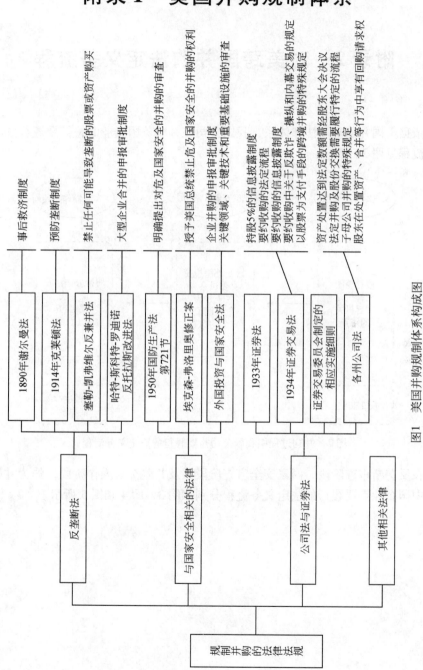

图1 美国并购规制体系构成图

规制并购的法律法规

反垄断法

1890年谢尔曼法	事后救济制度
1914年克莱顿法	预防垄断制度
塞勒-凯弗维尔反兼并法	禁止任何可能导致垄断的股票或资产购买
哈特-斯科特-罗迪诺反托拉斯改进法	大型企业合并的申报审批制度

与国家安全相关的法律

1950年国防生产法第721节	明确提出对危及国家安全的并购的审查
埃克森-弗洛里奥修正案	授予美国总统禁止及危及国家安全的并购的权利
外国投资与国家安全法	企业并购的申报审批制度 关键领域、关键技术和重要基础设施的审查

公司法与证券法

法律	制度/内容
1933年证券法	持股5%的信息披露制度
1934年证券交易法	要约收购的法定流程 要约收购的信息披露流程 要约收购中关于反欺诈、操纵和内幕交易的规定 以股票为支付手段的跨境并购的特殊规定
证券交易委员会制定的相应实施细则	

其他相关法律

法律	制度/内容
各州公司法	资产处置达到法定数额需经股东大会决议 法定并购及股份交换需要履行特定的流程 子母公司并购的特殊规定 股东在处置资产、合并等行为中享有回购请求权

附录2 对美跨国并购法定义务流程

依据美国并购规制法律体系，我国公司在并购美国企业时，需要履行的法定义务流程见图2。

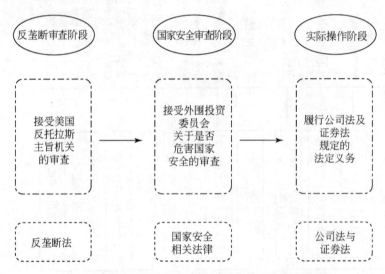

图2 并购过程中我国公司需要履行的法定义务流程

在反垄断审查阶段、国家安全审查阶段以及并购交易操作阶段，作为并购公司的中国企业需要履行的法定义务流程分别如图3、图4和图5所示。

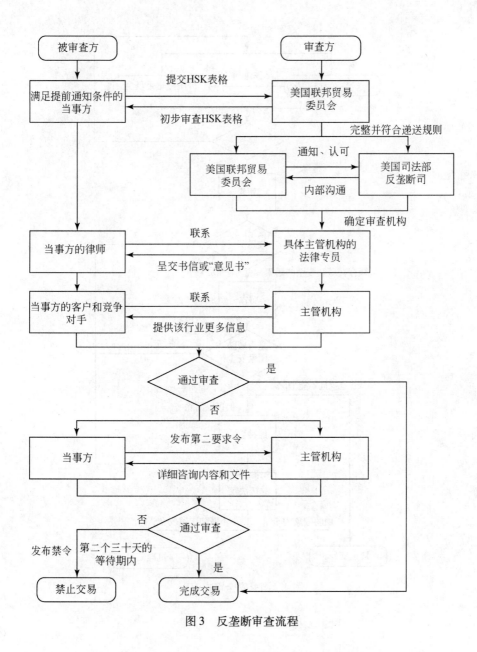

图 3　反垄断审查流程

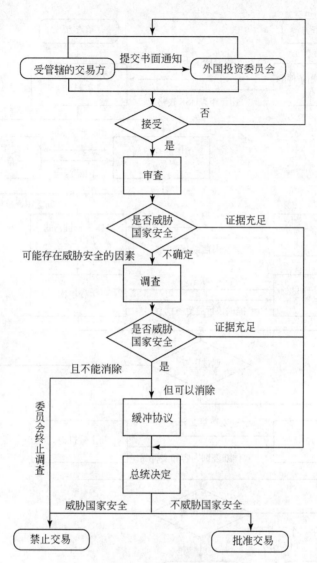

图 4 国家安全审查流程

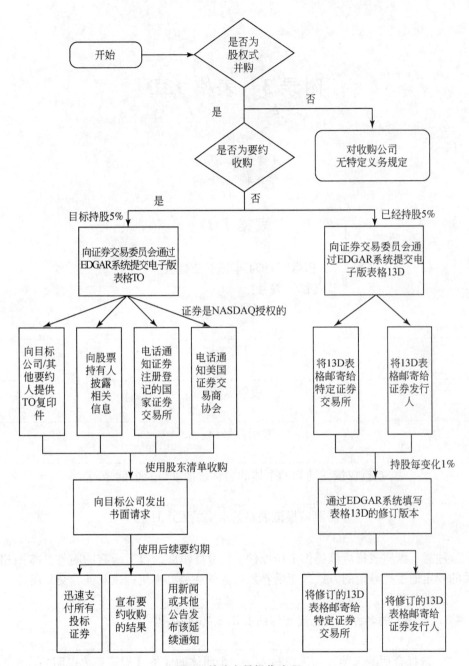

图 5　并购交易操作流程

附录3 表格 13D

美国
证券交易委员会
华盛顿，20549

表格 13D

依据《1934 年证券交易法》
（修订编号： _____ ）

发行人名称

股票名称

库斯普号码①

被授权接受通知的个体的名称、地址以及电话号码

需要填报该表格的事实的发生日期

注意：纸质表格应该提供 1 份原件、5 份复印件，包括所有的附件，按照相关的规定通过挂号信的方式送至证券发行人的主要办事机构以及证券交易所。

库斯普号码： --

1. 报告人的名称以及上述实体的 I. R. S. 识别代码②：

----

2. 选择合适的选项，如果填写人是一个团体的成员（详见填表说明）：

---

① 辨认所有美国股票及注册债券的编号，CUSIP 系统由美国统一证券辨认委员会（Committee on Uniform Securities Identification Procedures，CUSIP）管理。

② I. R. S. 为 Internal Revenue Service（美国）国内税务局的缩写。

 （a） _____

 （b） _____

3. 美国证券交易委员会专用：_____

4. 资金来源（详见填表说明）：_____

5. 是否有按照条款 2（d）（e）规定需要披露的涉及诉讼过程的内容：_____
_____

6. 国际或者组织的所在地：_____

每个报告人拥有具有下述四种权利的股票总数。

7. 独立投票权：_____

8. 共享投票权：_____

9. 独立处置权：_____

10. 共享所有权：_____

11. 每个报告人持有的实际所有权股份的总数：_____

12. 内容 11 中是否含有除外的特定股票（详见填表说明）：_____

13. 每类股票占内容 11 中统计总数的比率：_____

14. 报告人的类型（详见填表说明）：

_____

_____

_____

封面填写说明

1. 报告人的名称以及上述个人的 I. R. S. 识别代码。

提供填写报告的个体的法定全称，每个个体都需要自己填写表格，包括团体中的每个成员。不包括在报告中需要证实的但是不是报告人的个体。如果报告人是组织机构，还需要提供 I. R. S. 识别代码，但是该代码的提供是自愿的。

2. 是否是一个团体的成员。

如果持有特定股票实际所有权的报告人是一个团体的成员，且成员的身份已经被明确地确认过，则需要填写（a）；如果报告人声称是一个团体的成员或者描述了与其他个体的关系，但是并没有确认一个团体的存在，则需要填写（b）。

3. 供委员会内部使用，请保留空格。

4. 资金的来源。

确定用于购买的资金的来源以及其他相关考量，需要在条款 4 中填写一下标示：

目标公司　　　　　　　　SC

银行	BK
报告人的附属机构	AF
报告人的运营资本	WC
报告人的个人资金	PF
其他	OO

5. 按照本款第2项e和d的规定，如果需要披露相关诉讼情况，则需要填写本部分。

6. 是哪一国的公民以及组织机构的登记地。

7～11、13. 每个报告人拥有的实际所有权总数。

7～11、13 是要根据本表条款5完成，所有的百分比需要变成一位小数。

12. 检查11中报告的所有实际所有权的股票数是否包括股东披露的股票但根据《1934年证券交易法》规则13d-4的规定其实际所有权是被放弃的。

14. 报告人的类型。

类型	符号
证券商	BD
银行	BK
保险公司	IC
投资公司	IV
投资顾问	IA
雇员福利计划或者捐赠基金	EP
母公司控股公司/控制个体	HC
储蓄协会	SA
教会计划	CP
公司	CO
合伙	PN
个人	IN
其他	OO

注意：本部分要求提供的份数与封面第二项（填写人）涉及人数相同，每个报告人一页。为了避免不必要的重复，填表人可以参照表格中的相应条款做出回答。该方法只适用于表格封面与表格条款相对应的情况。报告人可以通过直接填写或者通过委员会提供的表格、印刷传真、计算机打印传真填写本封面，提供满足委员会规则以及满足现行证券交易法规则的清晰度和大小规定的统一形式的表格文件。

填表的特殊说明

本表中要求披露的信息是强制性的，除了填表人的 I. R. S. 识别代码的披露是自愿的。本表填写的信息可以作为披露特定股票的特定实际所有权的依据，该陈述最后被列为公共档案，任何信息都可以为所有公民获取。因为信息的公共性，委员会可以在任何目的下使用信息。不提供本表要求的相关信息（身份代码除外），将会违反联邦证券法及其相关规则，导致承担民事或者刑事责任。

填表的一般说明

A. 条款号及标题在表格中需要列出，但关于条款的说明文字可以删掉。对不能提供陈述的条款，请予以说明。

B. 如果信息中包括陈述相关的附件，该信息需要在相应的每项中提到，除非会引起陈述的误解、不完整、不清晰或者困惑。陈述过程中在相应信息出现的地方需要标明。

C. 如果陈述是由普通合伙公司、有限合伙公司、辛迪加和其他团体做出，2~6项内容需要关于：（a）普通合伙的每一个合伙人的信息；（b）有限合伙公司的每一个管理人；（c）辛迪加或者团体中的每个成员；（d）控制此类团体的每个成员。如果陈述是由公司或者（a）（b）（c）或（d）提到的个体做出的，则上述条款中要求提交的信息应该由下述个人做出：（i）每家此类公司的执事或者董事；（ii）控制每家此类公司的个人；（iii）每家此类公司的执事或者董事，或者最终控制该公司的个体。

第1项 股票和发行人

陈述与陈述相关的特定种类股票的名称、特定股票发行人的主要执行机构的名称和地址。

第2项 身份和背景

如果填表人或者本部分提到的人是公司、普通合伙公司、有限合伙公司、辛迪加或者其他团体，需要陈述其名称、州或者组织所在地、主营业务、主要办事处地址以及本项d和e规定填写的内容；如果填表人或者陈述中提到的人是自然人，则需要提供本部分所有的信息。

a. 名称；

b. 居住地或者主要营业地地址；

c. 目前主要的工作和名称以及涉及的公司的主营业务和地址；

d. 近5年之内，是否涉及刑事诉讼，如果有，列出日期、涉罪事实、裁决法院的名称和地址、处罚或者关于案件的其他处置；

e. 近5年之内，是否有行政违法行为或者涉及民事诉讼，如果有，对相关过程进行描述，且对裁决进行简要陈述；

f. 国别。

第3项　资金的数量及其来源或者相应的考量

陈述用于或者将用于购买的资金来源和数量。如果资金全部或者部分来源于银行日常经营业务的贷款，填表人可以向委员会请求，不向公众提供银行的名称。

第4项　交易的目的

陈述目的或者获取发行人股票的目的，描述关于报告人将要进行的或者将会导致的计划或者提议：

a. 从拥有证券发行人额外股票的任何个体手中获取证券，或者通过对证券发行人发行股票的处置获取证券；

b. 特殊的公司交易，比如合并、改组、清算，与证券发行人或者其子机构相关；

c. 证券发行人或其子机构本质性量财产的出售或者转移；

d. 证券发行人的董事会或者经理的变化，包括任何计划或者提议改变董事的数量或者期限，或者计划或提议填补现有董事会的空缺；

e. 关于发行人现有资本化类型以及股息分配方针的实质性变化；

f. 发行人业务或者公司治理结构的实质性改变，包括但不限于此，如果发行人是登记的封闭投资公司，关于其按照投资公司法第13章需要投票的投资政策的变更；

g. 发行人公司章程、规章制度或者相关文书或者能够阻碍任何人获得发行人控制权的行为的变更；

h. 造成一类股票从证券交易所摘牌；

i. 根据《1934年证券交易法》12（g）（4）的规定有一类股票可以终止；

j. 与上述行为类似的行为。

第5项　发行人股票证券权益

a. 按照条款1陈述特定股票的总数、占发行股票的比例（按照证券发行人向委员会提供的最近期的在外发行股票的数量计算，除非填表人知道或者有理由知道这个信息不准确）、条款 2 中提到的个人所拥有的实际所有权数量，这部分的陈述应该与条款 2 中提到的个体相对应。

b. 对于在 a 中提到的个体，分别指出其拥有单独投票权或者支配投票权、分享投票权或者支配投票权、单独处置权或者支配处置权以及分享处置权或者支配处置权的股票的数量，还需要提供这些个体的名称。

c. 描述 60 日之内发生的或者自从填写表格 13D 之后产生的影响与报告相关的股票的任何交易（交易可以从以下几个角度进行陈述：交易人的身份、谁影响交易、交易日期、涉及股票的数量、股票或者每个交易单元的价格、交易如何受到影响）。

d. 任何个体被知道有权接受、有权支配或者取得销售中特定股票的股息，关于该影响的陈述应该在本部分提出，如果该利益涉及 5% 以上股权，特定个体的身份需要被确认，按照投资公司法案规定注册的投资公司的股东、雇员福利计划与养老基金以及捐赠基金的实际所有权人除外。

e. 如果可能，陈述报告人终止 5% 以上特定股票实际所有权的日期。

第 6 项　与证券发行人的股票相关的合同、安排、理解或者其他

条款 1 提到的个体之间的任何合同、安排、理解或者关系（法律的或者其他）；以及上述个体与其他任何个体之间的关于特定证券发行人的任何证券的任何合同、安排、理解或者关系（法律的或者其他），包括但不限于特定股票的转移或投票、中间人佣金、企业合资、借款或者期权安排等。

第 7 项　其他材料以及附件

需要提供以下相关附件：与联合获取相关书面协议的复印件，以及与下述内容相关的书面协议、合同、安排、解释、计划或者提议。（1）条款 3 涉及的资金来源披露的借款。（2）条款 4 涉及与证券获取相关的控制、清算、资产出售、合并、公司业务的改变或者公司治理结构的改变以及相关事宜。（3）条款 6 涉及的特定股票的转移以及投票、中间人佣金、企业合资等相关事宜。

签字：

在合理的询问以及在我知道并了解的范围内，我确定前述信息的真实、完整以及准确。

日期

签字

名称

填写陈述的负责人都应该签字。一旦签字，就代表该陈述由相关个人做出。每个人的签字都应该在下方打印出。

注意：关于事实的故意的错报或者漏报将会受联邦刑法约束。

附录 4　表格 TO

美国
证券交易委员会
华盛顿，20549

表格　TO①

《1934 年证券交易法》14（d）（1）或者 13（e）（1）规定的要约收购
（修订编号：..........................）

....

目标公司（发行人）的名称

....

填表人的名称（标示出填表人的身份，是要约人、发行人还是其他）

....

特定种类股票的名称

....

目标股票的库斯普号码

....

被授权接受通知的个人以及填表人联系人的名称、地址以及电话号码

登记费用的计算	
交易价值*	登记费用的总数

* 陈述登记费用计算的依据。

　[ ] 选中此框，如果其中一部分的费用已经被支付了，并且填写已经支付费用的数额、以前登记陈述的号码、填表人以及填表日期。

已经支付的费用：..

以前登记陈述号：..

---

　① 本表格主要条款部分来自美国证券交易委员会制定的 M&A 规则。填写时，保留各条款的标题，关于条款的说明需要删除。此外，关于本表的一般、特殊注意事项也需要删除。

填表人：⸻⸻⸻⸻⸻⸻⸻⸻⸻

填表日期：⸻⸻⸻⸻⸻⸻⸻⸻

[ ] 选中此框，如果表格的填写仅仅与开始要约收购之前的准备阶段做的交流相关，本陈述与下列何种指定的交易相关：

　　[ ] 规则 14d-1 规定的第三方要约收购

　　[ ] 规则 13e-4 规定的发行人要约收购

　　[ ] 规则 13e-3 规定的私有化交易

　　[ ] 对规则 13d-2 规定的表格 13D 的修改

　　[ ] 选中此框，如果表格的填写是报告要约收购的最终结果。

<hr>

一般注意事项

A. 如果允许提交书面表格，需要向委员会提交 8 份复印件，包括所有的附件。

B. 提交表格的同时必须向委员会支付相应的费用。

C. 如果表格是由普通或者有限合伙、辛迪加或者其他团体填写，第 3 项、第 5 ~ 8 项中对于第三方要约收购的内容以及第 5 ~ 8 项关于发行人要约收购的内容，必须给出：（a）普通合伙的每一个合伙人的信息；（b）有限合伙公司的每一个管理人；（c）辛迪加或者团体中的每个成员；（d）控制此类团体的每个成员。如果陈述是由公司或者（a）、（b）、（c）或者（d）中提到的个体做出的，则上述条款中要求提交的信息应该由下述个人做出：（i）每家此类公司的执事或者董事；（ii）控制每家此类公司的个人；（iii）每家此类公司的执事或者董事，或者最终控制该公司的个体。

D. 如果填写仅仅包含要约收购开始之前所做的准备沟通的相关信息，则不需要提供签名以及登记费用。填写人不需要对表格中的各项内容进行回答。

E. 对不能提供陈述的条款，请予以说明。印刷、送达给证券持有人的陈述可以不包括这些否定的及不能提供的回答。如果表格中包含着不能印刷、送达给证券持有人的信息，需要用引文的形式在相应的款项中标出。在印刷、送达给股票持有人的表格或者任何文件中不要重复引用表格要求的文本。

F. 包含在附件中的信息需要在相应的每项中提到，除非可能会造成误解、不完整、不清晰或者迷惑的。提到的信息必须作为附件提交给委员会，除非该信息已经通过 EDGAR 系统提交了电子版本。

G. 如果在封面上选择了相应的合并填写的选项，且在表格 13D 封面上的第 14 个披露项与合并表格中封面上的填表人保持一致，填表人可以在表格 TO 中对先前填写的表格 13D 进行修改。

H. 在最终的修订版本中，要约人在要约收购中获取的股票应该满足《1934

年证券交易法》13（d）规定的披露要求。

I. 对该表格所提交内容的修订版本可以省略之前陈述过的信息。

J. 如果披露信息的要约收购涉及私有化交易，表格 TO 需要和表格 13E-3①相结合，后者需要在前者的封面下提交给委员会。两个表格需要的所有信息都需要提交，表格 TO 的第 1~3、5、8、9 项可以省略，在其与表格 13E-3 重复的情况下。

K. 本陈述中，下述概念分别指：

1. 要约人是指发出要约收购的个人或者做出要约收购的个人的代表人。

2. 发行人要约收购指由特定股票的发行人或者其分支机构做出的收购要约。

3. 第三方要约收购指由非发行人做出的要约收购。

表格 TO 的特殊说明

根据《1934 年证券交易法》13（e）、14（d）、23 以及相关的规则规定，证券交易委员会要求根据本表提供相应的信息。

本表中要求披露的信息是强制性的，除了填表人的 I. R. S. 识别代码的披露是自愿的。本表填写的信息以披露要约收购以及私有化交易为主要目的。该陈述最后被列为公共档案，任何信息都可以为所有公民获取。因为信息的公共性，委员会可以在任何目的下使用信息。不提供本表要求的相关信息（身份代码除外）将会违反联邦证券法及其相关规则，导致承担民事或者刑事责任。

第 1 项　主要条款说明书

提供一个英文版本的主要条款说明书，除非相关信息已经通过符合证券法要求的招股说明书传达给了证券持有人。该说明书应该用要点描述的形式主要描述提议交易的最本质的条款。要点不仅仅是提供给股东的披露文件中的主要细节，更主要的是需要使股东理解被提议交易的本质和重要性。

第 2 项　目标公司的信息

a. 名称和地址。陈述目标公司（如果是发行要约收购则是发行人）的名称、总部的电话和地址。

b. 股票。陈述目标公司在外发行股票的精确标题和数量，自最近的可行日期起。可以依据目标公司最近期向委员会提交的信息，除非填表人拥有更新的

---

① 美国证券交易委员会规定当证券交易涉及私有化交易时需要填写的表格。详见：http：//www. law. uc. edu/CCL/34ActRLS/rule13e-100. html

信息。

c. 交易市场和价格。辨别目标公司的主要市场，陈述目标公司股票在主要市场上的最高和最低价格（或者，如果没有主要市场时，陈述卖价和估价的来源的最高值和最低值）。

d. 股息。陈述目标公司近两年支付股息的频率和数量。简要描述目标公司当前或者将来支付股息的限制。如果填表人不是目标公司，提交的信息应该在合理询问之后做出。

e. 先前证券的公开销售情况。如果填表人在过去的 3 年之中已经按照《1933 年证券法》的规定进行了登记（或者存在法律规定的免除登记的情形）并且经受了书面公共要约，应该陈述要约的日期、要约股票的数量、要约的每股价格以及获取的收益。

f. 先前的股票购买情况。如果填表人在过去两年之中购买过任何目标公司的股票，需要陈述购买股票的数量、价格的范围以及购买股票每个季度的平均价格。代理机构不负有陈述在未成为代理前相应信息的义务。

第 3 项　填表人的身份和背景

在第三方要约收购的情形下，提供如下信息：

a. 名称和地址。陈述每一个填表人的名称、商务电话、地址。如果填表人是目标公司的代理机构，还需要陈述代理机构的本质。如果填表人是目标公司，也需要陈述相应的信息。

b. 如果任何填表人（除了目标公司）或者任何人根据相关规定并非是自然人，则需要陈述组织机构的地点或者根据本项 c iii 和 c iv 规定提供信息。

c. 自然人的业务和背景。如果填表人或者相关人根据相关规定是一个自然人，则需要提供下列信息：

i. 当前主要的业务领域（职业）以及名称、主要业务领域以及公司或者从事主要业务的地址；

ii. 在过去 5 年内的主要职业、职位，给出每项的起始时间、名称、主要业务领域、涉及公司的地址；

iii. 在近 5 年之内，是否涉及刑事诉讼，如果有，列出日期、涉罪事实、裁决法院的名称和地址、处罚或者关于案件的其他处置；

iv. 近 5 年之内，是否有行政违法行为或者涉及民事诉讼，如果有，对相关过程进行描述，且对裁决进行简要陈述；

v. 国籍。

在发行人要约收购的情形下，仅需要提供名称和地址，即陈述每一个填表人的名称、商务电话、地址。如果填表人是目标公司的代理机构，还需要陈述代理机构的本质。如果填表人是目标公司，也需要陈述相应的信息。

第 4 项　交易条款

在第三方要约收购的情形下，提供如下信息：

a. 在要约收购的时候，需要提供以下信息：要约中寻求的特定股票的数量；向股票持有人提供的对价的种类和数量；预计的截止日期；如果交易是一个第三方要约收购，是否提供后续要约期；要约是否会被延长，如果是，将如何延长；股票持有人可以撤回对要约的承诺的期间；要约的承诺以及承诺的撤回的程序；股票接受支付的方式；如果要约的数量少于全部特定股票的数量，按照特定比例接受股票的期间以及要约人当前关于认购超额的打算；交易结果所产生的证券持有人权利重要差异的解释；如果重要，关于交易的会计处理的简要陈述；如果重要，交易需要支付的联邦所得税。

b. 在合并以及类似交易时，需要提供以下信息：关于交易的简要描述；提供给股票持有人的对价；进行交易的原因；赞成交易的票数；交易结果所产生的证券持有人权利重要差异的解释；如果重要，关于交易的会计处理的简要陈述；如果重要，交易需要支付的联邦所得税。

在发行人要约收购的情形下，提供如下信息：

a. 重要条款。陈述下列交易相关的重要条款。

i. 要约收购。在要约收购的时候，需要提供以下信息：要约中寻求的特定股票的数量；向股票持有人提供的对价的种类和数量；预计的截止日期；如果交易是一个第三方要约收购，是否提供后续要约期；要约是否会被延长，如果是，将如何延长；股票持有人可以撤回对要约的承诺的期间；要约的承诺以及承诺的撤回的程序；股票接受支付的方式；如果要约的数量少于全部特定股票的数量，按照特定比例接受股票的期间以及要约人当前关于认购超额的打算；交易结果所产生的证券持有人权利重要差异的解释；如果重要，关于交易的会计处理的简要陈述；如果重要，交易需要支付的联邦所得税。

ii. 合并以及类似交易。在合并以及类似交易时，需要提供以下信息：关于交易的简要描述；提供给股票持有人的对价；进行交易的原因；赞成交易的票数；交易结果所产生的证券持有人权利重要差异的解释；如果重要，关于交易的会计处理的简要陈述；如果重要，交易需要支付的联邦所得税。

b. 购买。陈述特定股票是否是从任何目标公司的官员、董事或者附属机构手中购买的，并且提供每项购买交易的细节。

第 5 项　过去的合同、交易、协商和协议

在第三方要约收购的情形下，提供如下信息：

a. 当下述情况出现时，需要陈述，发生在近两年内的，填表人之间进行的交易的性质以及交易涉及的大致美元数量（不包括那些在本项 b 中涉及的内容）：

i. 目标公司或者其附属机构并不是自然人，如果交易的总价值多于目标公司在交易发生财政年度（如果交易发生在本年度，本年度已经过去的部分）的综合收入的 1%。

ii. 目标公司的执事、董事或者附属机构是自然人，如果此人进行的交易的总价值超过 60 000 美元。

b. 公司重大事件。描述在近两年内填表人（包括填表人的附属机构）和目标公司及其附属机构之间的任何协商、交易或者重要合同，包括：合并、兼并、收购、对目标公司人任何股票的其他要约收购、目标公司的董事的选取、目标公司重大数量的财产出售或者转移。

在发行人要约收购的情形下，须提供如下信息：关于目标公司股票的协议。描述填表人与任何人之间的关于目标公司的任何股票的任何协议、安排或者理解，无论其是否具有法律强制性。需要提供与协议、安排或者理解相关的所有当事人的名称以及相关重要的条款。

第 6 项 交易的目的、计划和打算

在第三方要约收购的情形下，提供如下信息：

a. 目的。陈述交易的目的。

b. 计划。陈述与下列事项相关或者会导致下列事项的计划、提议或者协商：

i. 任何涉及目标公司或者其附属机构的特别的交易，比如合并、改组或者清算；

ii. 目标公司或者其附属机构的重要数量的财产的购买、出售或者转移；

iii. 关于目标公司的股息分配率或者方针、债务以及资本化的重大改变；

iv. 目标公司现存董事会或者管理上的变化，包括但不限于：改变董事数目或者任职期限、填补董事会空缺、任何执事任职期限的本质性改变的提议；

v. 公司治理结构以及营业范围的重要变化；

vi. 将目标公司的任何一类股票从国家证券交易所中除名；

vii. 目标公司的任何一类股票根据证券交易法的规定终止登记。

在发行人要约收购的情形下，提供如下信息：

a. 目的。陈述交易的目的。

b. 获取股票的使用。指明通过交易获取的股票是否被保留、收回、作为库存股票或者以其他方法处置。

c. 计划。陈述与下列事项相关或者会导致下列事项的计划、提议或者协商：

i. 任何涉及目标公司或者其附属机构的特别的交易，比如合并、改组或者清算；

ⅱ. 目标公司或者其附属机构的重要数量的财产的购买、出售或者转移；

ⅲ. 关于目标公司的股息分配率或者方针、债务以及资本化的重大改变；

ⅳ. 目标公司现存董事会或者管理上的变化，包括但不限于：改变董事数目或者任职期限、填补董事会空缺、任何执事任职期限的本质性改变的提议；

ⅴ. 公司治理结构以及营业范围的重要变化；

ⅵ. 将目标公司的任何一类股票从国家证券交易所中除名；

ⅶ. 目标公司的任何一类股票根据证券交易法的规定终止登记；

ⅷ. 目标公司不再履行证券交易法规定的报告义务；

ⅸ. 目标公司额外股票的获取或者目标公司额外股票的处置；

ⅹ. 目标公司章程、规章制度或者治理说明的改变，或者其他妨碍目标公司控制权的行为。

第 7 项　交易资金的数目和来源以及相关考量

a. 资金的来源。陈述资金的特定来源以及数量，或者其他相关的考量。如果交易涉及要约收购，则需要披露用于购买要约寻求最大数量股票的所需资金数量以及相关考量。

b. 条件。陈述 a 涉及的与财务相关的重要条件。披露当主要资金计划落空时的资金的安排或计划的备选方案。如果没有，也需要陈述。

c. 借入资金。如果资金需要或者预计需要，直接或者间接，通过借款获得，需要提供如下信息：提供每一个借款协议或安排的概要，概要应包括：各方当事人、主要条款、担保、期限、利息以及其他借款相关的本质条款和条件；简要描述财务以及还款相关的计划或者安排，如果没有相应的计划或者安排，也需要陈述。

第 8 项　目标公司股票的证券权益

a. 股票所有权。陈述条款 3 中提到的每个个人、其合伙以及附属机构所拥有的实际所有权的股票的总数以及比率。需要给出其合伙以及子机构的名称和地址。

b. 股票的交易。描述在近 60 天内目标股票的交易情况。该描述需要包括但不限于：涉及个人的身份、交易的日期、涉及股票的数量、每股的价格、交易地点以及影响该交易的要素。

第 9 项　个人/财产、存续、雇佣、偿还或者使用情况

提供关于雇用、存续或者与补偿的相关安排的重要文件的摘要。

第 10 项　资产负债表

如果重要，提供发行人要约收购中的发行人以及第三方要约收购的要约人的如下信息：

a. 如下的财务信息：填写在公司年度报告中近两个财政年度经过审计的资产负债表，未审计的资产负债表、相应的从年初至今的损益表及每股平均收益、现金流量的陈述以及在公司最近季度报告中的综合收益，最近两个财政年度以及最近季度报告期间固定支出收益率，依据出示的最近资产负债表计算的每股账面价格。

b. 如果重要，提供揭露交易造成影响的模拟财务信息：公司最近两个财政年度以及最近季度报告期间资产负债表，公司最近两个财政年度以及最近季度报告期间损益表、每股平均收益以及固定支出收益率，依据出示的最近资产负债表计算的每股账面价格。

第 11 项　附加信息

a. 协议、法律法规要求以及法定程序。如果存在对于股票持有人出售、提供或者持有要约寻求的目标股票产生重大影响的下列文件，则需要提供：要约人以及其任何执行机构、董事、控制人、子机构和目标公司以及其任何执行机构、董事、控制人之间的已经生效或者提议的合同、安排或者理解（不包括已经在本表格中已经披露的合同、安排或者理解）；在要约人经过合理调查即可知道的要约收购过程中需要遵守的法律法规要求；适用的反垄断法；适用的《1934 年证券交易法》第 7 章以及相关规则规定的保证金要求；与要约收购相关的重要的未决法律程序，包括未决法律程序的法院或代理处的名称和地址、时间、主要参与人、过程以及寻求救济的简要陈述。

b. 其他重要材料。

第 12 项　附件

表格相关的文件的附件，主要包括：

a. 关于证券持有人或者填表人代理人的任何披露信息，包括要约收购的材料（包括传达的文件）、恳求或者推荐、私有化过程的披露文档、当证券是按照证券交易法登记时的交换收购的说明材料以及其他披露材料；

b. 与资金来源相关的借款协议；

c. 陈述交易股票相关的协议、安排、谅解或者关系的文件；

d. 相关个人做出的口头恳请、推荐以及填表人代理人直接或者间接使用的文件的书面说明、表格或者其他资料；

e. 在填表人要求下法律顾问出示的关于交易的税收后果的书面意见。

第 13 项　表格 13E-3 需要填写的信息

如果本表格与表格 13E-3 相结合，需要提供表格 13E-3 需要填写但是未列入本表中需要填写内容的相关信息。

签字：

在合理的询问以及在我知道并了解的范围内，我确定前述信息的真实、完整以及准确。

签字

名称

日期

对签字的说明：

本表格必须由填表人或者其授权的代理人签字。如果陈述是由填表人代理人做出的（不包括公司的执行机构或者合伙的合伙管理人），需要附带证明代理关系的凭证。在本表格上签字的任何个人的名称需要在签字下方打印出来。

附录 5　表格 CB

美国
证券交易委员会
华盛顿，20549

表格 CB

要约收购/附权发行告知表格

（修订编号：＿＿＿＿＿＿＿）

请在本表格使用的条款后面打"×"：

《1933 年证券法》规则 801（附权发行）［　　］

《1933 年证券法》规则 802（交换收购）［　　］

《1934 年证券交易法》规则 13e-4（h）（8）（发行人要约收购）［　　］

《1934 年证券交易法》规则 14d-1（c）（第三方要约收购）［　　］

《1934 年证券交易法》规则 14e-2（d）（目标公司回应）［　　］

规章 S-T 规则 101（b）（8）允许提交文件［　　］

注意：如果规章 S-T 规则 101（b）（8）仅允许根据《1934 年证券交易法》第 13 章或第 15 章（d）的规定不负有报告义务的一方需要提交表格 CB。

目标公司的名称

目标公司的英文翻译（如果能够提供的话）

目标公司成立的管辖权

提供表格的个体的名称

目标公司股票的名称

目标公司股票的库斯普号码

被授权接受通知的个体以及目标公司的名称、地址以及电话号码

要约收购/附权发行开始的日期

代理机构不能够处理或者发起信息的收集，个体亦不需要相应信息的收集，除非已经达到法定有效的数量。公共的任何成员可以给委员会提供关于信息精确性以及关于减轻信息提供责任的建议。

一般注意事项

Ⅰ. 应用表格 CB 的适格要求

A. 根据《1934 年证券交易法》规则 13e-4（h）（8）、14d-1（c）和 14e-2（d）以及《1933 年证券法》规则 801、规则 802 的规定，填写本表格，提供相应信息。

说明：

1. 本表中，目标公司指在附权发行中股票的发行人以及寻求要约收购的股票的公司。

2. 本表中，要约收购包括通过现金以及股票进行支付的要约收购。

B. 本表中提交的信息以及文件不应该被视为向委员提交的档案，也不是按照《1934 年证券交易法》第 18 章履行的义务。

Ⅱ. 递交表格的说明

A.（1）规章 S-T 规则 101（a）（1）（vi）要求一方按照规章 S-T 前面的 EDGAR 规则通过委员会电子数据收集以及检索系统（EDGAR）递交电子形式的表格 CB。个体可以通过电话咨询（（202）551-8900）EDGAR 文件支持办公室，获取关于 EDGAR 的技术帮助以及索取登录账号。

（2）如果递交表格 CB 方并不是证券交易法法定的报告人，规章 S-T 规则 101（b）（8）允许其通过纸质或者 EDGAR 递交表格 CB。不管是自愿还是强制递交 EDGAR 文件的个体，当提交电子格式的表格 CB 时，都需要同时通过 ED-GAR 提交本表格第 I、II 部分要求的原地管辖权的文件，除非存在第 II 部分（2）描述的情况。

（3）一方也可以按照规章 S-T 规则 201 或规则 202 的规定，以困难除外原则为由提供纸质的表格 CB。当依据困难除外原则提供纸质版本的表格 CB 时，一方必须按照规章 S-T 规则 201 或规则 202 的规定在表格的封面提供相应的标识。

（4）如果依据困难除外原则提供纸质版本的表格 CB，一方必须向其主要办事处的委员会提交 5 份表格以及关于该表格任何修改（见第 I 部分，条款 1（b）），包括所有的附件以及应该作为表格一部分提交的任何文档。文件需要装

订或者用其他结合方式装订成一本或者几本，装好的文件不能有硬质封面。装订或者其他结合方式需要在侧面，保证主要内容的清晰。

B. 当提交电子版本的表格 CB 时，第 IV 部分涉及的个体需要按照规章 S-T 规则 302 提交相应的签名。当提交纸质版本的表格 CB 时，第 IV 部分涉及的个体需要在表格和修改版本原件以及至少一份附件上签名。必须使无签名的副本保持一致。根据《1933 年证券法》规则 402（e）以及《1934 年证券交易法》规则 12b-11（d）的规定，只要签名能够保证存留 5 年，可以采用打印、签字机或橡皮图章代替手签的影本签字。

C. 将表格递交给委员会的时间，应该不晚于按照目标公司原地管辖权随表格附带的披露文件公开或者散布时间的下一个营业日。

D. 如果填写纸质版本，除了需要包括一些内部的编号之外，还需要在表格以及其修订版本的原始签字版上以手写、打印或者其他形式，从文件的第一页到最后一页包括附件，进行编号。除此之外，还需要在文档的首页说明总文件的页数。

Ⅲ. 遵从表格 CB 的特殊说明

根据《1934 年证券交易法》第 3 章 3b、7、8、10、19、28，《1934 年证券交易法》12、13、14、23、36 以及上述部分涉及的规章和规则的规定，委员会有权要求涉及特定发行人的股票的要约收购、附权发行或者商业合并的实体提交本表格提供相应的信息。披露本表要求的信息的义务是法定的强制性的。保证要约人有资格应用本表格、保证投资者能够获取保证他们投资决策做出的交易的信息，这是利用本表提供信息的目的。我们将本表作为一个获取公共记录的途径。因此，本表提供的信息应该为所有人所了解。因为信息的公共本质，委员会能够在多种目的下使用该信息。

第 1 部分　送达给股票持有者的信息

第 1 项　原地管辖权文件

a. 提供给证券持有人的或者按照目标公司原地管辖权的规定需要向美国持股人提供的或者需要在美国公布的全部披露信息的文档（包括相关的任何修改版本），必须随表附英文版本。

b. 对附带文档或者文档的修订，必须以本表格作为封面呈送。需要在表格的封面注明修订编号。

第 2 项　信息标识

在提交文件的封面上需要包含规则 801（b）、规则 802（b）中规定的信息标识。

第 2 项的注意事项

如果通过电子方式提交原地管辖权文件，需要提供的信息标识必须以能够合理的引起其注意的方式提出。

第 2 部分　不要求送达给股票持有者的信息

下列制定的附件必须同表格一起提交，但是不需要送达到股票持有人手中，除非按照原地管辖权要求需要送达到股票持有人手中。

（1）向委员会递交的英文翻译版本或者报告或者信息的英文摘要，按照属地管辖权的要求，必须保证公众的可得性，但是不需要向所有证券持有人送达。任何提交的英文摘要必须满足规章 S-T 规则 306（a）（如果提交的是电子材料）以及《1934 年证券交易法》规则 12b-12（d）（3）（如果提交的是纸质材料）的要求。

（2）提交的文件必须提交按照属地管辖权规定的参照。

（1）（2）的注意事项

根据规章 S-T 规则 311（f）的规定，当按照本部分（1）的规定提交电子格式的英文摘要时，或者当按照本部分（2）的规定提交附带参照的英文文件时，一方可以在关于完整的外语文件的表格 SE 的封面之下提交文件。

如果第 4 部分规定的个人根据代理委任书在已经在表格 CB 上签名，按照规章 S-T 规则 302 的规定，一方提交的表格 CB 的电子版本必须包含已经签名的委任书的副本。一方提交的纸质表格 CB 也必须包含已经签名的委任书的副本。

第 3 部分　送达同意书

（1）当表格提交给委员会，填表人（如果填表人非美国个体）需要同时向委员会提交书面的不可撤回的承诺以及以表格 F-X 为形式的委任书。

（2）通过表格 F-X 修订版向委员迅速提交关于代理机构的名称以及地址的变更。

第 4 部分　签字

（1）代表提交表格的每个个体（或者其被授权的代表）都需要在表格上签字。如果一个个体的授权代表进行签字，且这个被授权的代表不是执事或者普通合伙人，则需要随带表格提供代表授权的证明。

（2）在本人签字的下方打印本人的姓名。

在合理询问以及我知道并了解的范围内，我确定前述信息的真实、完整以及准确。

日期

签字

名称

附录6 表格 F-X

美国
证券交易委员会
华盛顿，20549

表格 F-X

送达代收人以及事务代理人的任命

一般注意事项：

Ⅰ. 下述表格 F-X 应该被委员会归档：

（a）按照《1933 年证券法》填写表格 F-4、表格 F-9、表格 F-10、表格 F-80 登记的证券发行人；

（b）按照《1934 年证券交易法》填写表格 40-F 登记的证券的发行人；

（c）在表格 40-F 填写定期报告的发行人，如果其还没有就填写表格 40-F 的特定种类的股票填写表格 F-X；

（d）填写要约收购文件（表格 13E-4F、表格 14D-1F、表格 14D-9F）的发行人以及非美国个体；

（e）按照《1933 年证券法》填写表格 F-4、表格 F-9、表格 F-10、表格 F-80 登记的证券的非美国信托人；

（f）加拿大发行人根据规则 A 条款的要求需要提供一个陈述；

（g）非美国发行人根据要约收购、附权发行或者商业合并向委员会提供表格 CB。

与委员会的其他表格相关的表格 F-X 不应该被放在一起或者与其他表格使用同一份附件。

Ⅱ. 表格 F-X 的 6 份副本，其中一定有一份必须有签名，需要被委员会总部存档

A. 发行人或者填表人名称：＿＿＿＿＿＿＿＿＿＿＿＿＿＿＿＿＿＿＿＿＿

B. （1）本表是：

填表人填写的原始表格 ［　］

填写人填写的修订版本 ［　］

（2）如果依据规章 S-T 规则 101（b）（9）规则填写本表，需要在方框中标识 [　　]。

注意：规章 S-T 规则 101（b）（8）下述情况下仅要求发行者提供纸质的表格 F-X。

（a）如果填表方或者提交表格 CB 方并不是《1934 年证券交易法》第 13 章或第 15 章（d）中规定的负有报告义务的当事人；

（b）如果填表人是根据规则 A 条款的要求需要提供一个陈述的加拿大发行人；

（c）也可以根据规章 S-T 规则 201、规则 202 的规定，依据困难除外原则提交纸质版本的表格 F-X。

当依据困难除外原则提交纸质版本的表格 F-X 时，填表人必须按照规章 S-T 规则 201（a）（2）、规则 202（c）的规定在表格 F-X 封面做相应的标识。

C. 与表格填写相关的需要确认信息：

登记者名称：_____

表格类型：_____

文档号（如果知道的话）：_____

填写人：_____

填写日期（如果是同时填写的话，请指出）：_____

D. 如果填表人是股份有限的或者组织在下述法律下的（该发行人依据其成立的其法律的管辖权名称）_____以及该组织的主要办事机构（包括地址的全称以及电话号码）_____

E. 发行人制定或者任命（美国代理人的名称）_____（"代理人"）位于（在美国的地址全称以及电话号码）_____作为填表人的在法律过程、答辩、传票或者其他文件中的代理人：

（a）由委员会发起的任何调查或者行政程序；

（b）任何涉及填表人或者以填表人为被告的民事诉讼中，在美国各州、美国附属领地以及哥伦比亚特区具有司法管辖权的地区法院，进行关于如下事宜的调查、诉讼程序以及引起诉讼的行为：（i）满足表格（表格名称）_____在（日期）_____进行登记的股票的要约作出或者关于此类股票的购买或者出售；（ii）填写表格 40-F 履行年度报告义务相关的证券的出现，以及相关证券的购买与出售；（iii）关于向委员会提交表格 13E-4F、表格 14D-1F 或者表格 14D-9F 的加拿大发行人的特定股票的要约收购；（iv）按照《1939 年信托投资法》规则 10a-5 的例外条款的规定，填写人作为信托人的相关股票。填写人规定并同意相关民事诉讼或者行政诉讼可以由代理人开始。

F. 每个个体应该就下述事宜填写该表格：

（a）表格 F-9、表格 F-10、表格 40-F、表格 13E-4F、表格 14D-1F 以及表格 14D-9F 的使用，规定且同意任命一个送达代收人；或者规定了填写表格 F-X 的修订版本，如果填表人解除代理人的代理或者代理人不愿意或者不能够代表填表人行使相应职权，在发行人的与表格相关的股票已经按照证券交易法的规定终止报告的 6 年内。

（b）表格 F-8、表格 F-80 或者表格 CB 的使用，规定且同意任命一个送达代收人；或者规定了填写表格 F-X 的修订版本，如果填表人解除代理人的代理或者代理人不愿意或者不能够代表填表人行使相应职权，在表格 F-8、表格 F-80 以及表格 CB 的最后修订日期的有效日期的 6 年内。

（c）登记的证券的信托人，规定且同意任命一个送达代收人；或者规定了填写表格 F-X 的修订版本，如果填表人解除代理人的代理或者代理人不愿意或者不能够代表填表人行使相应职权，在关于契约的任何股票始终保持保留状态的时间内。

（d）表格 1-A 和其他根据规则 A 确定要约的表格的使用，规定且同意任命一个送达代收人；或者规定了填写表格 F-X 的修订版本，如果填表人解除代理人的代理或者代理人不愿意或者不能够代表填表人行使相应职权，在依靠规则 A 的除外条款进行的证券的最后销售日期的 6 年内。进一步，填表人保证能够在修订表格的合适的时间之内及时向委员会提供关于变更后代理的名称和地址。

G. 每一个填表人，除了本表一般说明 I（a）中涉及的填表受托人，需要亲自或者通过电话保证提供下述信息，表示回应委员会职员的询问；或者当被委员会职员要求时迅速提供下述信息：如果可能，提供一般说明提到的 I（a）、I（b）、I（c）、I（d）、I（f）的表格以及需要提供的陈述，表格以及需要提供的与陈述相关的证券，此类证券涉及的交易。

填表人确定能够使得该委任书、许可、约定、协议通过下述填写生效：

_____ 年 _____ 月 _____ 日，_____（国家）_____（城市）

_____（填写人）

_____（填写人签名）

陈述是在下述个人以下述身份在下述时间做出的：

签字

名称

日期

说明：

1. 委任书、许可、约定、协议需要填表人以及其授权的美国代理人签字。

2. 每个在表格 F-X 中签字的个人需要在其签字下方打印出其名称。如果一个人的签字占据了一个以上的特定位置，需要说明其签字代表的特定个体。如果签字是根据董事会决议做出的，需要随表格 F-X 附董事会决议的副本。经核准的决议副本需要同签字表格 F-X 副本一同提交。如果签字是根据委任书做出的，需要随表格 F-X 附委任书的副本。有签字的委任书副本需要同签字表格 F-X 副本一同提交。

后　记

　　2008 年 8 月，在全球金融危机愈演愈烈之际，科技部国际合作司召集部分专家在北京召开中国应对全球金融危机科技行动研讨会，经过反复研讨，拟定十个重大研究课题，委托相关单位进行深入研究，提出具有操作内涵的政策建议。本研究是十个委托研究的重大课题之一。课题组于 2009 年初向科技部国际合作司提供研究报告征求意见稿。2009 年 6 月，课题通过科技部国际合作司的初步验收，并将相关建议提供给政府部门和应用企业，2009 年 10 月通过科技部组织的专家评审。

　　本课题的立项和研究得到科技部国际合作司续超前副司长、中国科学技术发展战略研究院赵刚研究员的悉心指导和帮助，在课题研究成书出版之际，谨对他们表示衷心感谢！

　　在项目前期策划过程中，大连市科学技术局刘晓英局长、赵人楠副局长、李军处长、赵宏志处长，科学出版社科学人文中心胡升华主任、人文分社侯俊琳社长等给予多方指导。在书稿的修改、完善过程中，科学出版社宋旭编辑、陈超编辑和杨婵娟编辑提出许多宝贵意见。在本书出版之际，谨对多位领导、专家的指导和帮助表示衷心感谢！

　　本书由刘凤朝提出总体写作方案，各章分工如下：第一章由刘凤朝、李滨撰写，第二章由姜滨滨、赵宸浩撰写，第三章由姜滨滨、赵宸浩撰写，第四章由杨玲、韩姝颖撰写，第五章由李滨、马荣康、徐茜撰写，第六章由李滨、马荣康、刘莹撰写，第七章由李滨、马荣康、陈星撰写，第八章由刘凤朝、李滨、姜滨滨、马荣康撰写。刘凤朝、杨玲负责统稿。

刘凤朝

2010 年 11 月 15 日于大连

"21世纪科技与社会发展丛书"

第一辑书目

《国家创新能力测度方法及其应用》

《社会知识活动系统中的技术中介》

《软件产业发展模式研究》

《软件服务外包与软件企业成长》

《追赶战略下后发国家制造业的技术能力提升》

《城市科技体制机制创新》

《休闲经济学》

《科技国际化的理论与战略》

《创新型企业及其成长》

《劳动力市场性别歧视与社会性别排斥》

《开放式自主创新系统理论及其应用》

第二辑书目

《证券公司内部控制论》

《入世后中国保险业竞争力评价与对策》

《服务外包系统管理》

《高学历科技人力资源流动研究》

《国防科技资源利用与西部城镇化建设》

《风险投资理论与制度设计研究》

《中国金融自由化进程中的安全预警研究》

《中国西部区域发展路径——层级增长极网络化发展模式》

《中国西部生态环境安全风险防范法律制度研究》

《科技税收优惠与纳税筹划》

第三辑书目

《大学－企业知识联盟的理论与实证研究》

《网格资源的经济配置模型》

《生态城市前沿探索——可持续发展的大连模式》

《财政分权与中国经济增长关系研究》

《科技企业跨国并购规制与实务》

《高新技术产业化理论与实践》

《政府研发投入绩效》

《不同尺度空间发展区划的理论与实证》

《面向全球产业价值链的中国制造业升级》

《地理学视角的人居环境》

《科技型中小企业资本结构决策与融资服务体系》